本书由上海大学基础教育"攀登"计划专项基金资助

新时代语文教育的探索与实践

谭旭东　主编

XINSHIDAI YUWEN JIAOYU DE
TANSUO YU SHIJIAN

上海大学出版社

图书在版编目(CIP)数据

新时代语文教育的探索与实践/谭旭东主编.—上海：上海大学出版社，2024.1
ISBN 978-7-5671-4922-9

Ⅰ.①新… Ⅱ.①谭… Ⅲ.①语文课-教学研究-中小学 Ⅳ.① G633.302

中国国家版本馆 CIP 数据核字（2024）第 010004 号

责任编辑　李　双
封面设计　倪天辰
技术编辑　金　鑫　钱宇坤

新时代语文教育的探索与实践
谭旭东　主编
上海大学出版社出版发行
（上海市上大路99号　邮政编码200444）
（https://www.shupress.cn　发行热线 021-66135112）
出版人　戴骏豪

*

南京展望文化发展有限公司排版
上海东亚彩印有限公司印刷　各地新华书店经销
开本710mm×1000mm　1/16　印张19.25　字数325千
2024年3月第1版　2024年3月第1次印刷
ISBN 978-7-5671-4922-9/G·3600　定价　78.00元

版权所有　侵权必究
如发现本书有印装质量问题请与印刷厂质量科联系
联系电话：021-34536788

本书编委会

主　编

谭旭东

副主编

肖青峰　周骏青

顾　问

李志芳

编　委

谭旭东　谈永康　孔　屏　程　敏　黄超群　樊裔华
邹文荟　童晓萍　许道军　张永禄　常　静

目录 CONTENTS

第一辑 统编版语文教材的研究 ················· 1
  统编版小学低学段语文教材古诗词选文特点及使用建议
  ···················· 谭旭东 张立蓉 3
  统编版小学低学段语文教材童话选文分析
  ···················· 谭旭东 陈诗敏 16
  统编版小学语文教材中的外国文学作品收录状况及教学建议
  ························· 刘 艺 25
  灾难教育融入语文教育的必要性与可行性 ······ 陈婵娟 谭旭东 34

第二辑 语文教育的思考 ····················· 43
  核心素养导向下课堂生长力的创新思考 ············ 陶 静 45
  欲人勿疑，必先自信——探析语文教师教育活力的三大源泉
  ··························· 刘 静 52
  以问促思　构建生命课堂 ···················· 孔 屏 57
  如何唤醒学生的"真阅读" ···················· 梁迎春 65
  美美与共：谈语文教学的跨学科融合 ··············· 程 敏 73

第三辑 整本书阅读和阅读课的探索 ················ 79
  群文阅读与整本书阅读的对比分析 ················ 彭娅婷 81
  高中语文阅读思维品质的课堂教学逻辑实例研究 ········ 邵英英 90
  小学生课外阅读的管理和指导策略 ················ 梁 玉 101
  "双减"背景下小学语文阅读的收与放 ··············· 张 悦 107

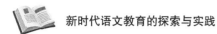

  初中语文非连续性文本的阅读指导策略探究……………… 穆劲伊 114
  校外课程整本书阅读的认知与策略…………………………… 邵英英 121
  K-12学段阅读黄金期的有效激活方法 ……………………… 孙琳琳 127

第四辑 语文教学问题思考……………………………………………… 131
  新课标下小学语文教学中激活学生思维能力的策略…… 周骏青 133
  小学一年级阅读问题与策略探究……………………………… 陈 妍 139
  依托"六度"课堂观察评价表激趣小学语文课堂
    ……………………………… 陈 颖 缪秋红 徐程程 147
  小学语文课堂阅读与课后阅读的整合策略………………… 刘 艳 155
  脑科学背景下小学语文输出型语用课堂探索………… 欧阳志平 162
  童话美学：统编版语文第一学段童话教学中的审美构建
    ……………………………………………………… 赵志宏 170
  如何解决一年级语文朗读"拖音"问题………………… 蒋宇婷 177
  教育生活化与儿童本位——谈统编版教材小学语文课程的
    设计与使用……………………………………………… 谭旭东 183

第五辑 作文教学的新思考……………………………………………… 189
  生态作文教学实践探索………………………………………… 谈永康 191
  基于语文学科核心素养的习作教学初探…………………… 陈立颖 204
  中学作文教学中的创意写作探索…………………………… 朱美菊 211
  如何利用新媒体提高写作能力……………………………… 常 静 219

第六辑 语文课教学设计………………………………………………… 227
  基于核心素养的统编版语文教材五年级下册第七单元设计
    ……………………………………………………… 邹文荟 229
  统编版语文教材三年级下册第五单元整体教学设计
    ……………………………………………………… 赵志宏 238
  小学"实用性阅读与交流"任务群微探——以五年级下册
    "寰宇纷呈，笔走天下"为例……………………… 魏嘉玲 250
  言语实践：让"老生常谈"的舐犊深情绽放温暖光芒

——统编版教材《慈母情深》一文的教学设计……… 张　芹　257
《雪地里的小画家》教学设计说明 ………………… 刘海星　269
《记金华的双龙洞》教学设计说明 ………………… 梁　玉　278
《白鹅》教学设计说明 ……………………………… 高诗棋　282
《小壁虎借尾巴》第一课时的教学设计 …………… 耿　晨　288

编后记………………………………………………… 谭旭东　298

第一辑

统编版语文教材的研究

统编版小学低学段语文教材古诗词选文特点及使用建议

谭旭东　张立蓉

随着新课标的颁布与实施,古诗词在教材中的比重明显增大。与人教版相比,统编版小学低学段语文教材中古诗词选文数量显著增加。小学低学段的学生尚处于幼小衔接的阶段,语文基础知识较薄弱,文化底蕴不足,低学段的语文教学将为学生未来的语文学习奠定重要基础。因此,小学语文教师需要对统编版语文教材中古诗词的选文有准确把握,制订合理的教学计划并结合科学的教学方法,在小学语文课堂中将传统文化教育的渗透落到实处。

本文以统编版小学低学段语文教材为研究对象,对统编版和人教版两版教材中的古诗词选文进行比较,以总结统编版教材中古诗词选文的特点和可改进之处,尝试为教材的改革创新和小学教师的古诗词教学提供参考,帮助小学语文教师更准确地把握统编版教材古诗词的选文特点和教材的编写意图,更高效地利用统编版教材,优化教学效果。

一、对统编版和人教版两版小学低学段语文教材古诗词选文的对比分析

统编版语文教材由教育部组织编写,人民教育出版社出版,取代人教版教材投入使用。下文对两版教材中选录的古诗词进行统计与量化分析,试探究统编版小学低学段语文教材中古诗词选文的特点。

(一)选文朝代的比较

通过对两版教材古诗词选文的分析可知,选文涉及的朝代主要有两汉、魏晋南北朝、唐、宋、明、清,这几个历史时期的文学发展较繁荣,因此也涌现

了许多优秀的诗歌作品。但不同的朝代收录的作品数量也不相同,下文将对不同朝代收录的诗歌数量做具体分析:

表1 人教版小学低学段语文教材古诗词选文朝代统计表

朝代 年级	两汉（首）	魏晋南北朝（首）	唐（首）	宋（首）	元（首）	明（首）	清（首）
一（上）	0	0	4	1	0	1	0
一（下）	0	0	1	1	0	0	2
二（上）	0	0	3	1	0	0	0
二（下）	0	1	3	1	0	0	0
总计	0	1	11	4	0	1	2
占比（%）	0	5.3	57.9	21.0	0	5.3	10.5

由表1可知,人教版小学低段语文中的古诗词选文以唐朝选录的数量最多,共11首作品,占总比例的一半以上,并且在一年级上册出现的数量最多;宋朝的作品位列其次,共选录4首,均匀地分布在每一册教材中,共占总数的21.0%;清朝的诗歌共选录2首,均出现在一年级下册;魏晋南北朝和明朝的诗歌均选录1首,占总数的5.3%。而两汉时期和元朝时期均无作品收录。

表2 统编版小学低学段语文教材古诗词选文朝代统计表

朝代 年级	两汉（首）	魏晋南北朝（首）	唐（首）	宋（首）	元（首）	明（首）	清（首）
一（上）	1	0	5	0	0	0	0
一（下）	0	0	5	1	0	1	0
二（上）	0	1	5	1	0	0	0
二（下）	0	0	4	1	0	0	2
总计	1	1	19	3	0	1	2
占比（%）	3.7	3.7	70.4	11.1	0	3.7	7.4

由表2可知，统编版教材的古诗词选文也以唐朝为主，且在人教版的基础上增选了8首，占总数的70.4%。但统编版教材中唐朝诗歌选文的数量在四册教科书中分布较为平衡；宋朝和清朝的诗歌选文分别占11.1%和7.4%，较人教版比例均有小幅下降，宋朝诗歌选文数量较人教版有所减少；魏晋南北朝和明朝各选录1首；统编版教科书中也没有选录元朝的作品，但增选了1首两汉时期的乐府民歌。

通过上文的分析可以发现，统编版小学低学段语文教材中古诗词的选文朝代范围有所扩大，将选文范围向前推进至汉代。同时，统编版更加突出新课标提出的"典范性"要求，例如在人教版的基础上又增选了8首唐朝的古诗，其次是宋朝。值得注意的是，两版教科书均未选录元代的古诗词。教材编写者应当让学生从初级阶段起就接触多样的文学作品，为高学段的语文学习奠定基础。

（二）选文诗人的数量比较

不同时期的诗人身处不同的社会背景，有不同的身世和遭遇，这些客观因素都塑造了诗人创作出的诗歌的不同风格，传递着不一样的感情。以唐朝最著名的两位诗人李白和杜甫为例，由于所处的社会背景不同，两位诗人的诗歌创作风格、呈现出的情感价值也完全不同。李白生活在唐朝的鼎盛时期，当时唐朝万国来朝的气度在李白的诗歌中也有所体现，因而他的作品常常充满天马行空的幻想，带有极强的浪漫主义色彩，或传达着积极乐观的精神；而杜甫诗风与李白迥异，他生活在衰败的晚唐时期，国破家亡与身世飘零决定了他的诗风是沉郁顿挫的，充满忧国忧民的现实主义色彩。不同诗人的诗歌作品传达着不同的情感态度与价值观，增选优秀诗人的作品能够让学生的情感体验更加丰富，也能对我国历史发展有更全面的认知。两版教材在选择诗人的数量上呈现出不同，统计结果如下：

表3　人教版小学低学段语文教材古诗词选文诗人作品数量统计表

单位：首

作者\年级	北朝民歌	唐									宋			明	清	
		李白	杜甫	白居易	王维	骆宾王	孟浩然	李绅	贺知章	杜牧	邵雍	杨万里	苏轼	唐寅	高鼎	袁枚
一（上）		1			1	1		1			1			1		

续　表

作者 年级	北朝民歌	唐									宋			明	清	
		李白	杜甫	白居易	王维	骆宾王	孟浩然	李绅	贺知章	杜牧	邵雍	杨万里	苏轼	唐寅	高鼎	袁枚
一(下)							1					1			1	1
二(上)		1						1	1				1			
二(下)	1	1	1	1								1				
总数	1	3	1	1	1	1	1	1	1	1	1	2	1	1	1	1

由表3可见唐朝入选的诗人最多，共有9位，其中唐朝诗人李白的作品选录最多，共3首，其余诗人均选录1首；宋朝诗人共3位，其中杨万里的作品选录2首，其余作者均选录1首；清朝有2位诗人入选，均选录1首作品；北朝民歌和明朝均选录了1首作品。总体来看，选择的诗人成就较高，多为学生耳熟能详的名家。

表4　统编版小学低学段语文教材古诗词选文诗人作品数量统计表

单位：首

作者 年级	汉乐府	北朝民歌	唐													宋		明	清	
			李白	杜甫	白居易	王维	骆宾王	孟浩然	李绅	贺知章	柳宗元	王之涣	贾岛	李峤	胡令能	杨万里	王安石	唐寅	高鼎	查慎行
一(上)	1		1			1	1		1						1					
一(下)			2		1			1					1			1	1			
二(上)		1	2							1	1					1		1		
二(下)				1	1				1			1		1					1	1
总数	1	1	5	1	2	1	1	1	2	1	1	1	1	1	1	2	1	1	1	1

由表4可见，统编版的四册教科书中唐朝入选的诗人也是最多的，共13位，较人教版数量有所增长，其中李白的诗歌选录数量依然最多，共5首，较人教版多了2首；宋朝和清朝均选取2位诗人，每位诗人选录1首作品；明朝、汉乐府、北朝民歌均选录1首，其中汉乐府民歌和北朝民歌没有具体的创作者，是民间的诗歌作品。总体来看，统编版小学语文教材对唐朝诗人选择的数量有所增加，且增选的几位对于大多数小学生来说是比较陌生的。删减了1首宋朝的诗歌，取而代之的是一首汉乐府民歌，兼顾了更多的诗歌作者和更多样化的诗歌形式。

通过对两版的古诗词选文诗人数量的分析，可见统编版中古诗词选文仍以成就突出的诗人为主，同时增选了对学生来说相对陌生的诗人，兼顾到了更多的优秀诗人；选录多位优秀诗人的作品，看到不同时期的诗人的闪光点，挖掘他们作品中蕴藏的思想价值。

（三）选文体裁的比较

不同的历史时期因社会的经济、政治、地理、文化等因素各不相同，产生的文学体裁也各不相同。不同时代所产生的独特的诗歌体裁也反映了这一时期总体的文学风貌与诗人的审美观念。古诗词从形式上可划分为古体诗、近体诗、词、曲。两版小学低学段语文教材在诗歌体裁的选择与分布上有所不同。

表5　人教版小学低段语文教材古诗词选文体裁统计表

单位：首

年级＼体裁	古体诗（包括五言诗）	近体诗				词	曲
		五绝	七绝	五律	七律		
一（上）	3	2	1	0	0	0	0
一（下）	0	2	2	0	0	0	0
二（上）	0	0	4	0	0	0	0
二（下）	1	0	3	1	0	0	0
总数	4	4	10	1	0	0	0
百分比	21.1%	21.1%	52.5%	5.3%	0	0	0

由表5可见，人教版小学语文的古诗选文体裁以七绝为主，共选录10首，占总数的52.5%；其次是古体诗和五绝，共占总数的21.1%，古体诗由1首南北朝时期的北方民歌和3首唐朝的五言古诗组成；五律仅选取1首，占总数的5.3%；七律、词、曲均未入选。

表6 统编版小学低学段语文教材古诗词选文体裁统计表

单位：首

体裁 年级	古体诗 （包括五 言诗）	近体诗				词	曲
		五绝	七绝	五律	七律		
一（上）	4	2	0	0	0	0	0
一（下）	2	2	3	0	0	0	0
二（上）	1	4	2	0	0	0	0
二（下）	1	1	4	1	0	0	0
总数	8	9	9	1	0	0	0
百分比	29.5%	33.3%	33.3%	3.7%	0	0	0

由表6可见，统编版小学低段语文教材中选文的体裁也以绝句为主，但统编版教科书中五绝与七绝的比例更加平衡，均选取9首，占总比例的33.3%；其次是古体诗，占总比例的29.5%；与人教版相同，统编版中五言律诗所占比例很少，七言律诗、词、曲也均未入选。

综合上文对两版小学低学段语文教材中古诗词选文体裁的比较可见，统编版小学低学段语文教材的古诗词选文更侧重绝句和古体诗，比例分布更加均匀，落实了新课标提出的选文体裁要多样化的要求。小学低年龄段的学生语文学习能力有限，而绝句在形式上一般内容简短，易于理解掌握且韵律感强，读来朗朗上口，很适合处于初级阶段的小学生学习。但值得注意的是，两版教材均未涉及七言律诗、词、曲这几类体裁。考虑到低年龄段学生的学习能力和接受知识的能力有限，这几类体裁对于小学生的学习是有难度的，但不同体裁的诗歌作品展现的是不同时期特有的文化习惯和风貌，教材可以在课后附上七言律诗、词或曲作为课外阅读材料，不要求学生完全掌握，但可以帮助学生形成更加完整的文化审美体系。

(四)选文题材的比较

为了传达不同的主题,诗人需要采用一定的艺术手法,从日常生活、自然万物等方面选取材料,选取特定的角度,通过不同的话题引出诗歌的中心思想。语文教材中古诗词丰富的题材不但能够还原出不同历史时期的生活面貌、自然情景,还能在一定程度上反映出民族文化特色。本文将古诗词选文的题材主要划分为七类:咏物诗、山水田园诗、送别诗、写景抒情诗、叙事抒情诗、说理诗、童真童趣诗。

表7 人教版小学低学段语文教材古诗词选文题材统计

单位:首

题材 年级	咏 物	山水 田园	送 别	写景 抒情	叙事 抒情	说 理	童真 童趣
一(上)	2	2	0	1	1	0	0
一(下)	0	1	0	2	0	0	1
二(上)	0	0	2	1	1	0	0
二(下)	0	0	0	3	0	1	1
总数	2	3	2	7	2	1	2
百分比	10.5%	15.8%	10.5%	36.8%	10.5%	5.4%	10.5%

由表7可见,人教版的古诗词选文中写景抒情诗所占比例最大,共7首,占总数的36.8%;山水田园诗位于其次,占比15.8%;咏物诗、送别诗、叙事抒情诗、童真童趣诗均为较贴近生活的题材,占比10.5%。除写景抒情诗所占比例较大,其他六类题材分布总体较均匀,题材较为丰富。

表8 统编版小学低学段语文教材古诗词选文题材统计

单位:首

题材 年级	咏 物	山水 田园	送 别	写景 抒情	叙事 抒情	说 理	童真 童趣
一(上)	1	1	0	2	2	0	0
一(下)	1	0	1	3	1	0	1

续 表

题材 年级	咏物	山水田园	送别	写景抒情	叙事抒情	说理	童真童趣
二（上）	0	0	0	6	0	0	1
二（下）	1	0	1	2	1	1	1
总数	3	1	2	13	4	1	3
百分比	11.1%	3.7%	7.4%	48.2%	14.8%	3.7%	11.1%

由表8可见，与人教版相同，统编版中写景抒情诗所占比例依然最高，占总数的48.2%，共选录诗歌13首且主要集中于二年级上册，较人教版有所增长；叙事抒情诗选录4首，占总比例的14.8%，同样较人教版有所增长；咏物抒情诗和童真童趣诗均选录3首，较人教版有所增长；送别诗选录2首，占总比例的7.4%；山水田园诗和说理诗各选录1首，占总比例的3.7%，其中山水田园诗的数量有所减少。

通过上文的比较分析可以发现，两版教材中的古诗词选文题材都较为丰富，统编版还增选了抒情诗和童真童趣诗的选录比例，这些题材大都更贴近小学生的生活，易于学生理解且容易引起情感共鸣。语文这门学科具有人文性，需要注重培养学生的情感态度价值观，选文题材的生活化也有助于学生产生较真实的情感体验。但同时也可以看出，统编版古诗词的选文缺乏具有中华民族特色的选文，与传统节日、风俗习惯等民族文化相关的古诗词较少，如《元日》这类题材的诗歌就未入选。

二、对统编版小学低学段语文教材古诗词选文的思考

《义务教育语文课程标准（2011年版）》[①]对教科书选文提出编写建议：要文质兼美，且具有典范性，题材、体裁、风格等要丰富多样。通过上文对两版教材古诗词的选文朝代、诗人、体裁和题材进行比较分析，可以发现统编版小学低学段语文较人教版已有明显的改进，如拓宽了选文的朝代范围，更加凸显

---

① 中华人民共和国教育部.义务教育语文课程标准（2011年版）[S].北京：北京师范大学出版社，2011.

选文的典范性，更加注重选文诗人的多样性，选文的体裁分布更加均衡以及选文的题材更加贴近学生的生活经验等。但仍存在一些问题，例如选文朝代范围存在"断代"现象，选文的体裁不够多样以及选文的题材缺乏鲜明的民族特色等。下文将针对这些不足之处提出一些建议。

（一）注意作品所属朝代的连续性

受特定时期不同的经济基础、社会文化背景等因素的影响，不同的历史时期有其特有的文学形式，如唐诗、宋词、元曲、明清小说等。文学作品包含着特定历史时期的社会生活缩影，反映着独特的时代风貌。因此，选择不同时期、不同诗人的文学作品，也为学生提供了更丰富多样的文化视角。

从古诗词选文的朝代来看，两版教材都突出了唐朝、宋朝这两个诗歌创作成就较高的时期。统编版在人教版的基础上将选文朝代范围向前推进至两汉时期，但元朝的诗歌选录仍为空白，这是人为原因造成的"断代"。这样的空白将影响学生对中华传统文化的连续性的认知，造成认知偏差。尤其是小学生的知识储备量较低，认识尚不全面，从初级阶段起给学生普及中华传统文化知识，让学生对重要的文化常识有基础的印象和了解是必要的。因此，小学低学段的语文古诗词选文要注意选文朝代的连续性，尽量避免人为的断代和空白，给小学生较为连贯、全面的认知。

（二）注重体裁选择的多样性

研究发现，两版教材的古诗词选文体裁均以绝句和古体诗为主，绝句和古体诗内容大多简短且便于学生理解，韵律和谐，读起来朗朗上口，很适合小学低学段的古诗词教学。但统编版的选文体裁分布较人教版而言更加均衡，在人教版选文的基础上增选了一首汉乐府民歌，体裁形式更加丰富。值得注意的是，两版教材均未选录七言律诗、词和曲这几类体裁。词的发展与音乐相关，在宋朝时期达到顶峰，以李清照为代表的婉约派作品，用词清丽典雅，极具美感，对于培养小学生的审美意识具有重要的意义；元曲继承了前代诗歌的特点，也是中华传统文化的瑰宝。但目前两版教科书在古诗词体裁的选择上仍不够全面。

（三）注重选文题材的丰富性

通过分析发现，两版教材选文题材都较为广泛。统编版教材还增加了童真童趣诗和咏物诗的比重,更注重贴近小学生的生活经验和身心发展特点。但两版教材选择的古诗词表达的主题较为单调,多涉及友情,例如《赠汪伦》《晓出净慈寺送林子方》等。小学初级阶段的学生情感充沛,活泼外向,正是培养情感道德的基础时期,教材的主题应当更丰富,除友情外,还可以涉及亲情、爱情、家国情怀等主题,健全的情感教育对小学生身心的健康发展有重要作用。此外,统编版的古诗词选文较少涉及鲜明的民族文化特色,例如中国的传统节日和民俗等。具有民族特色的选文能够帮助学生产生民族自豪感和文化认同感。因此,教材中古诗词选文的体裁、题材,要注重丰富性和多样性,帮助小学生形成完整的审美体系和情感价值观。但教科书的篇幅容量有限,这就需要教材编写者对选文进行科学的筛选,使得体现传统文化教育的文章均匀地分布在学习的各个阶段,既有规律又有过渡性。

三、对统编版小学低学段语文教材中古诗词的开发和使用建议

好的教材可以对教学起到较好的辅助作用,编写一本科学的教材固然重要,但更重要的是教师的教和学生的学,因此教师和学生对教材的使用也起着关键作用。下文将从教材资源的开发和教师对教材的合理使用两个角度提出一些建议,以期将小学语文教材的价值更大化。

(一)学校构建古诗词课程体系,提供教学资源支持

统编版语文教材中蕴含着丰富的传统文化资源,但由于教师自身原因,在实际教学过程中对传统文化资源的开发和利用可能是有限的。因此,学校可以尝试构建古诗词课程体系,为教师开发传统文化资源和学生感受传统文化的内涵提供教学资源上的支持。

学校要重视校园文化建设,例如在校园中布置传统文化长廊,布置优秀诗歌作品的展览;鼓励各班级绘制古诗词相关的黑板报并进行评比;布置具有国学韵味的专门教室等。这些举措在小学生的日常生活中渗透传统文化,或尝试让学生置身于国学环境中,潜移默化地受到传统文化的影响。最关键的是要以传统文化为主线,构建古诗词课程体系,举办课外古诗词研学活动。利用多种教学资源,将课堂与课外活动相结合,为学生创设传统文化教育环境,培养

其对传统文化的认同感。

（二）以学生为中心，创新古诗词课堂教学

学生是教学活动的主体，教师应当以学生为中心，对学生的身心状况有具体的把握，创新古诗词的课堂教学，激发学生学习古诗词的兴趣。正如新课标中指出，教师教学要灵活运用多种教学策略和现代教育技术，精心设计和组织教学活动，提高语文教学质量。小学低学段的学生活泼好动，自制力不强，注意力相对于高学段的学生较难以长时间集中，需要教师密切关注其课堂表现。若教学内容令小学生感到无聊乏味，那么他们在课堂上就较容易出现注意力不集中的问题。这就需要教师创新教学手段，调动学生的多感官，让古诗文课堂"活"起来。教师需要以"人"为中心，重视对学生的情感教育。但目前在小学语文课堂教学中，依然存在部分语文教师的授课模式是僵化、死板的，把教学的重心放在抓字词和课文主题的教学上，忽视了古诗词的文体之美和对学生的情感教育，让学生对语文学习产生枯燥乏味之感，这是不利于培养学生对语文学习的兴趣和积极主动性的。当然，创新古诗词课堂教学，需要教师对教材中的资源有深刻的理解和把握，深入挖掘其中蕴藏的意境并设置多样化的课堂教学环节，把课堂更多地还给学生。

（三）古诗词教学与写话结合，丰富文化体验

内隐学习理论认为个体在无意识的状态下，受特定环境的刺激掌握某种学习内容，并在相似的环境中在无察觉的情况下运用了这种学习内容，就实现了内隐式学习。教师在古诗词的教学中要善于运用内隐理论的累加效应，深入开发和利用教材中的古诗词资源。例如，教材中古诗词丰富的题材为将古诗词教学与写话教学相结合提供了可能。对于一、二年级的学生来说，写出一篇完整的作文是有难度的。因此，教师可以开展简单的写话训练，培养学生勇于表达、乐于写作，增强其语言文字的表达能力。古诗词的题材就是很好的写话素材，选文中的咏物诗、童真童趣诗等都很贴近学生的生活。教师可以鼓励学生选择自己感兴趣的角度，大胆发挥想象力和创造力，对这些古诗词进行扩写、续写和改编等，帮助学生大胆尝试多种题材的写话，培养学生写话的信心。这样的教学模式使学生在学好古诗词的同时，也拓展了写话思维，锻炼了写话能力，可以在降低学生对写话的恐惧的同时，加深学生对古诗词的理解。适量的

写话练习可以让学生对写作有基本的了解,而且可以为日后中高学段的长篇写作打好基础。

(四)教师提高自身的文学素养和美学素养

教师是教科书的主要开发者和利用者,是连接教和学的主要媒介之一。《义务教育语文课程标准(2022年版)》(以下简称"新课标")对教师自身素养提出了更高的要求。首先,教师是知识的传授者,因此教师应当提升自身的古诗词文化素养,深入钻研语文教材,为创造性地使用教材进行古诗词教学奠定基础。正如谭旭东所指出的:"语文教师有必要提高儿童文学素养——学习儿童文学知识,了解儿童文学作品之美。"[①]事实上,如果一位小学语文教师缺乏儿童文学素养和基本的传统文化素养,对古诗词不熟悉,就很难挖掘出文本特点和美感。其次,教师要多阅读与历史、古诗词等古典文化相关的书籍,对经典文化有较深刻的理解,提高对古诗词的敏感度,这样才能发掘出蕴藏在古诗词中的传统文化及其教育意义,更高效地使用教材,最大程度地发挥教材的价值。此外,中国古典诗词具有独特的美学韵味,包括用字之精炼、辞藻之精美、韵律之和谐以及意境之美,字里行间都渗透着作者的审美价值观念。这些优美的诗歌需要有足够文学和美学底蕴的人去解读。因此,教师需要有较高的美学素养,提高自己的审美能力也是十分有必要的。新课标要求语文教学遵循三个维度,其中的情感态度与价值观维度要求教师重视古诗词的美育价值。小学教师可以借助古诗词选文培养学生的审美意识,引导学生发现美、感受美、创造美。

四、结语

本文采用对人教版和统编版两版小学低学段语文教材中古诗词的选文对比分析的方法,探究了统编版小学语文低学段古诗词选文的特点。研究发现,统编版小学低学段古诗词选文的朝代范围有所扩大,在突出典范性的同时,兼顾更多对小学生来说相对陌生的诗人和作品,选文的体裁有所增加且分布比例更加均衡,选文的题材更加贴近学生的生活。本文也从学校和教师两方面为统

---

① 谭旭东.语文教育小论[M].北京:海豚出版社,2017:20。

编版小学语文资源的开发与利用提出了几点建议。本研究尚存在许多待改进之处，尤其是缺乏具体的教学实践，且受多方面条件限制，缺少对小学语文教师的问卷调查与访谈，未能调研统编版小学语文的具体使用情况，因此对教材的使用建议部分提出的思考不够深刻。今后将继续思考和完善上文提到的不足之处，对本研究作出补充。

（谭旭东系上海大学文学院教授。张立蓉系上海市普陀区适存小学语文教师）

统编版小学低学段语文教材童话选文分析

谭旭东　陈诗敏

童话是儿童文学的重要体裁之一，深受儿童喜爱。陈伯吹说：如果把童话看作一种精神的"物质构造"，那么童话也有一个"核"，这个"核"就是幻想。[①]因此童话最鲜明的文体特征就是浓郁的幻想色彩。从儿童心理来看，童年时期是儿童最富有幻想的人生阶段，儿童喜欢也擅长幻想。苏联教育家苏霍姆林斯基曾说："没有童话、没有活跃的想象，孩子就无法生活。"[②]童话满足了儿童想象世界的需要，促进认知的发展。这种幻想并不脱离现实，童话起源于现实，儿童既在幻想中遨游思绪，又感知现实的美好，因而童话是沟通想象与现实的桥梁，两者巧妙结合构成生动有趣的故事，能够激发儿童的兴趣并符合他们成长心理的需要。

在语文教育中，教材是必不可少的，"小学语文教材作为语文教育内容的载体，是教师进行语文教学，实现语文教学目标和发挥语文教育功能的物质基础，也是儿童学习能力培养，文化素养形成，思想教育和情感陶冶的重要工具，是课程计划与课程标准的具体化"[③]。小学语文低学段教材中，童话是最为常见的文学体裁，据统计，一、二年级四册教材中共有课文85篇，其中童话便有35篇，接近课文的半数。那么如何把童话与教材结合得当就是个值得研究的问题。童话在教材中得到足够重视，但细看选文的内容和类型，它们是否帮助儿童成长并促进更优质的语文教育则有待探讨。本文以统编版小学语文低学段的童话选文为研究对象，分析童话选文的不足之处并提出相应的建议。

---

① 张黛芬，文秀明.陈伯吹研究专集［M］.上海：少年儿童出版社，1990：189.
② 蔡汀，王义高，祖晶.苏霍姆林斯基选集：第3卷［M］.北京：教育科学出版社，2001：40.
③ 王东凯，吴睿.人教版小学语文教材中儿童文学选文分析［J］.陇东学院学报，2017，28（6）：141.

一、童话与小学语文教材结合的必要性

叶圣陶说过:"儿童文艺须有一种质素,浅见的人或且以为奇异神怪就是想象。我想我们不能深入儿童的心,又不能记忆自己童时的心,真是莫大憾事。儿童初入世界,一切于他们都是新鲜而奇异,他们必定有种种想象,和成人绝对不同的想象。"[①]优秀的童话是最符合儿童的心理的,也是儿童最初阅读的最佳选择之一,因此童话和语文教材结合是非常必要的。

(一)从语文教育的目标和属性来看童话的重要性

在探讨童话为语文教育发挥怎样的作用前,要明白语文教育的目标和属性是什么。谭旭东认为语文教育包括学校里的语文、家庭里的语文、社会里的语文三个方面[②]。本文关注的是教材,教材自然属于学校里的语文,且是学校语文里语文课堂的内容,因而本文是从学校里的语文教育出发来进行论述的。谭旭东指出语文教育的目标主要是两个:一是培养阅读能力,即文字的理解力;二是培养写作能力,即文字的创造力[③]。可见,语文教育就是要让儿童接触文字世界,对文字世界产生兴趣,最终创造自己的文字世界。儿童在学校的语文教育中,首先要面对的就是教材这个文字世界,低学段的教育尤为关键。若教材不能让儿童感受文字之美,那么儿童只能停留在说话交流的层面,他们无从感知文字世界的精彩,更难以下笔用文字来描绘现实世界了。谭旭东还提出语文教育有四个属性:创造性、审美性、游戏性、文化性[④]。这四个属性不仅是语文教育本身应具备的,更是儿童需要在语文教育中内化的一种修养,例如儿童可以自如地发挥创造能力,可以运用他们的审美力感知一切美好。那么,要发挥语文教育的属性并达成理想的目标,必须将目光投入文字世界中。当前的语文教育要呈现一个怎样的文字世界给儿童是不容忽视的。

---

① 叶圣陶.文艺谈[M]//韦商.叶圣陶和儿童文学.上海:少年儿童出版社,1990:441.
② 谭旭东.论儿童文学与语文教育的互文[J].中国教师,2021(4):10-13.
③ 谭旭东.论儿童文学与语文教育的互文[J].中国教师,2021(4):10-13.
④ 谭旭东.论儿童文学与语文教育的互文[J].中国教师,2021(4):10-13.

（二）儿童文学与小学语文教育的联系

儿童文学与小学语文教育存在着天然的联系。早在五四时期，周作人就在《儿童的文学》演讲中就提出儿童的文学是"小学校里的文学"的说法[①]；20世纪20年代，郭沫若在《儿童文学之管见》一文中也指出"文学于人性之熏陶，本有宏伟的效力，而儿童文学尤能于不识不知之间，导引儿童向上，启发其良知良能"[②]。严既澄在《儿童文学在儿童教育上之价值》一文中也指出："人生在小学的时期内，他的内部生命，对于现世，都没有什么重要的要求，只有儿童的文学，是这时期内最可不缺的精神上的食料。因此，我以为真正的儿童教育，应当首先注重这儿童文学。"[③]儿童文学对儿童成长的价值与意义不言而喻，语文教育则更要看清这一重要性并落实到教材中去。儿童文学是成年人创作的一种符合儿童思维特征也易于接受的文类。儿童文学是架设在成年人与儿童之间的精神桥梁，成年人通过创作儿童文学来实现与儿童的精神对话，并传递自己的希望与文化期待。儿童文学是成人为儿童精心构造的文字世界，儿童是故事的主人公，文字是以儿童视角创造的，这些特性决定了比起其他文学类型，儿童文字更易于儿童理解，为儿童提供一个属于他们的天地。人类历史中优秀的文化价值通过儿童文学便能传递给新生的一代，那么儿童文学与小学语文教育的紧密联系便不言自明了。

（三）童话在小学语文教育中发挥的重要作用

儿童文学的范围比较广泛，有诗歌、散文、童话、小说、戏剧、改编故事等等，每一种体裁都独具价值。方卫平在谈什么是好的儿童文学时说："儿童文学的面貌无疑是多种多样的，但它最独特的审美和艺术气质，在根本上源于童年时代特有的身心和语言的纯真状态，由此诞生了童年漫无边际的创造想象，蓬勃活泼的生活力量，悠远深邃的思想气质，以及丰富辽阔的生命感觉。"[④]童话正是方卫平所谓的好的儿童文学之一，它的语言浅显自然，蕴含着

[①] 周作人.儿童的文学［M］//王泉根.周作人与儿童文学.杭州：浙江少年儿童出版社，1985：41.
[②] 郭沫若.儿童文学之管见［M］//蒋风.中国儿童文学大系·理论（一）.太原：希望出版社，2009：52.
[③] 严既澄.儿童文学在儿童教育上之价值［M］//蒋风.中国儿童文学大系·理论（一）.太原：希望出版社，2009：22.
[④] 陈香.方卫平：回首万里，四十年儿童文学学术研究心路历程［N］.中华读书报，2021-12-01（16）.

儿童纯真气息，它又是一种想象的栖居，集快乐、游戏、幻想与诗意于一体，它还在丰富曲折的故事情节中传递深刻的哲理。童话在儿童文学中占据着重要的位置，尤其对儿童想象力培养的作用独一无二。

此外，童话在语文教育阅读目标中也位列首位，在《义务教育语文课程标准（2022年版）》中，针对第一学段（1—2年级）的阅读要求中就明确提出应阅读浅近的童话、寓言、故事，向往美好的情境，关心自然和生命，对感兴趣的人物和事件有自己的感受和想法，并乐于与人交流。童话也充分展现了语文教育的四个属性，它与儿童的天性、兴趣、言语表达方式等高度契合，适合作为开启儿童文字世界的大门，因此它应当在教材中发挥更重要的作用，让孩子不仅走入文字世界爱上语文，更能从文字世界走向更丰富的精神世界，并在现实世界中发挥创造力。

二、统编版小学低学段语文教材童话选文不足分析

统编版小学低学段语文教材85篇课文中共收录了35篇童话，下面结合表1进行探讨。

表1 统编版小学低学段语文教材童话作品统计表

	一年级上册	一年级下册	二年级上册	二年级下册
童话作品课文	《青蛙写诗》 《雨点儿》 《雪地里的画家》 《乌鸦喝水》	《小公鸡和小鸭子》 《树和喜鹊》 《荷叶圆圆》 《要下雨了》 《动物王国开大会》 《小猴子下山》 《棉花姑娘》 《咕咚》 《小壁虎借尾巴》	《小蝌蚪找妈妈》 《我是什么》 《植物妈妈有办法》 《坐井观天》 《寒号鸟》 《雾在哪里》 《风》 《雪孩子》 《狐假虎威》 《狐狸分奶酪》 《狐狸养鸡（一）》 《狐狸养鸡（二）》	《开满鲜花的小路》 《枫树上的喜鹊》 《沙滩上的童话》 《我是一只小虫子》 《小马过河》 《大象的耳朵》 《蜘蛛开店》 《青蛙卖泥塘》 《小毛虫》
童话作品数量	5	9	12	9

（一）选文范围狭窄

统编版小学低学段语文教材中童话选文的范围是较为狭窄的，主要体现在三个方面：

首先，从童话的分类来看，统编版教材偏重拟人体童话，常人体童话略有涉及，超人体童话不涉及，不同类别的童话的选文数量不均衡。儿童文学界普遍认为童话一般分为超人体童话、拟人体童话和常人体童话三种。超人体童话描写的是超自然的人物及其活动，主人公常为神魔仙妖、巨人侏儒之类。拟人体童话是童话中最为常见的表现方法，并且普遍出现在教材中，它的主人公多是人类以外的各种人格化的有生命或无生命的事物。常人体童话中的人物看起来与常人完全一样，但其性格、行为、遭遇都极度夸张，往往具有某种讽刺性和象征性。统编版小学低学段语文教材几乎是清一色的拟人体童话，以各类小动物为主人公的童话最常见，如《小蜗牛》《狐狸分奶酪》等；还有以植物、自然天气作为主人公的，如《雨点儿》《棉花姑娘》等。拟人体童话取材自然，贴近生活，但想象力不够。常人体童话仅有二年级下册的《沙滩上的童话》，该文讲述了孩子们玩沙堡时构想出的一个童话故事。超人体童话的情况不容乐观，教材中竟找不出一篇，但超人体童话才是童话中幻想质感最强的一种类型。它是一种具有浓厚幻想色彩的虚构故事，超越时空，多采用夸张、拟人、象征等表现手法编织奇异的情节，营造浓烈的幻想氛围，这种天马行空的幻想对儿童想象力的培养非常有用。但统编版教材偏重道德教育、知识灌输，对幻想力和想象力漠视，惯以动物角色重复单调的故事情节来教化育人。缺少超人体童话的教材不利于培养学生的想象力和幻想力，也进一步限制了学生的创新能力。

其次，从童话的国别来看，统编版教材侧重国内童话作品，国外优秀童话选录较少，仅有四篇：《伊索寓言》里的《乌鸦喝水》，俄罗斯作家巴乌姆美莉的《小蜗牛》，苏联作家谢尔古年科夫的《雾在哪里》和意大利作家达·芬奇的《小毛虫》，在35篇童话里占比约10%。这四篇也无一例外都是拟人体童话，实际上国外优秀童话作品不胜枚举，国外童话的类型丰富多样，它们以夸张的幻想、幽默的语言、生动的形象、含蓄的叙述深受儿童的喜欢，如王尔德的《快乐王子》、豪夫的《豪夫童话》等。教材作为儿童接触文字世界的重要工具，应当尽可能为儿童提供接触不同优秀童话的机会。此外，收录的外国童话也要具有典范性和时代性，《乌鸦喝水》就较为过时了，教材也应跟上时代的脚步，更新童话内容，提供新的童话信息。

（二）选文不够与时俱进

从选文的年代来看，选文的更新换代不够及时，入选的童话有些已经比较陈旧。如一年级的《乌鸦喝水》《雪地里的画家》；二年级的《坐井观天》《狐假虎威》《小蝌蚪找妈妈》等，均是较为过时的童话，肯定这些童话仍有价值，但它们习以为常。当代优秀童话层出不穷，这些童话长存教材又何必舍不得更新呢？正如前文所提，选录外国童话要有时代性，国内的童话选文还是日复一日的篇章，它们的故事情节儿童在耳濡目染中就已了解，如《乌鸦喝水》，乌鸦喝水的方式是一种常识，还值得教师与学生在课堂上一起阅读品味吗？教材是珍贵的资源，课堂时光是有限的，反复阅读这类古旧文章味如嚼蜡，谈何引起学生的兴趣与激情？儿童对文字的兴趣恐怕也会始于教材也终于教材了。

从选文的主题来看，主题的选择仍不够多样，不利于拓展儿童的思维，引发儿童思考。此处主要谈谈知识主题的童话选文。童话的幻想特性决定了童话的主题必然是丰富多彩的，经典童话里就有仙境奇谈类《爱丽丝梦游仙境》、冒险类《汤姆索亚历险记》、现实类《稻草人》等。这类知识童话故事性不足，忽视了童话本身的文学性和艺术性，似乎是编写者急功近利地想把社会科学和自然科学的各种知识一股脑儿地塞给儿童。选文《我是谁》只是气象和自然知识的简单灌输，除去描写的修饰性语句，完全是一篇科普说明文。此类"知识童话"意在使儿童学习科学自然知识，但既有专门的科普文为儿童讲解知识，又为何要占据童话的席位剥夺儿童的想象力。优秀的科学童话会处理好童话的幻想特质与现实因素的关系。因此，还不如选一个短篇科幻故事，遗憾的是统编版教材中并没有这样的选文。

（三）删改对原作的损害

统编版教材童话选文的删改现象也很严重，这也是童话选文的一大不足之处。绝大部分选文都标明"选作课文时有改动"，教材的课文删改已非常普遍。叶圣陶的儿童诗名篇《小小的船》，其中一句"我在小小的船上坐"，"上"字在教材中改成了"里"，一字之差儿童的活泼顽皮之感尽失，童话体裁也不能幸免。客观而言，出于对儿童接受能力的考虑确实有必要修改一些生僻字和超出他们理解范围的部分，但是对一篇优秀的童话进行大刀阔斧地砍伐，则必须十分谨慎。若某篇童话要大幅修改应寻求其他选文。此外，由于教材适用的广泛性和普及性，许多修改后的选文不易找到原版，经教材改编过的内容渐渐替代了原文，也无人在意这些文章本来的模样，甚至认定改编版就是原文，这令原作者痛心疾首，也不尊重原作者的著作权。更甚的是，编者对优秀童话的删改大多是通过简单的删减完成的，没有考虑故事的整体性和语句的流畅性，破坏了童话营造的氛围及要传达的信息，如此删改使童话失去文学性的同时，也丧失了其固有的丰富的教育价值，对儿童的影响不容忽视，因为儿童对故事情节性和完整性的关注要远远超过成人。而且儿童过早失去了欣赏优美文字和内容的机会，对他们的美育也不容乐观。

原作删改还有一类现象是，将文言文改为现代童话。最典型的两例则是出自《庄子·秋水》的《坐井观天》和《战国策·楚策一》的《狐假虎威》。《庄子》和《战国策》都是先秦经典，这种成语故事在很多儿童读物里早就常见。首先，这类改编童话与前文所提到的道德训诫有所呼应，通过故事传达道理或观点。其次，这种作品既令儿童无法欣赏文言之美，也错失了对现代汉语的感知力。要知道，由文言传递的深刻道理在现代文的翻译下必然有所减弱，儿童应在更为成熟之时再接触这些文言文。显然，这种由文言文翻译过来的童话故事语言枯燥，情节简单，违背了童话应具有的生动活泼、幻想奇妙。

三、对于统编版小学语文低段年级教材童话选文的建议

总结前文对统编版低段年级教材的不足之处，主要是选文范围狭窄，选文时代性落后以及删改原文三大问题。仔细深究它们都脱离了童话的内核——幻想，童话区别于其他儿童文学体裁的内涵特点就是幻想主义。正是童话的幻想特质，才充满足了儿童无尽的好奇心，保护他们嫩芽般的想象力。这些童话想象力不足的重要原因，和统编版编者过分强调道德教化，站在想象的对立面不无干系。因而，这里从童话的内核与道德训诫两方面提出几点选文建议。

（一）多点奇思妙想，力求文质兼美

在统编版教材中，无论是缺乏幻想特质最鲜明的超人体童话，还是充斥教材的"知识童话""教材体童话""陈旧童话"以及"删改童话"，都与语文的

教育目标背离。保护和培养儿童想象力，多选一些较有思考价值且能够充分发挥想象力的超人体童话作品。童话中的思想、情感和教训只有融合在富有想象力的故事、生动丰满的艺术形象之中时，才能对儿童产生应激心理的效果，才能在儿童心灵的田园里开花结果。低年级语文教材编选童话时要力求文质兼美，难易适度，注意儿童性、文学性，富有童趣，贴近儿童的生活，充分考虑与儿童经验世界和想象世界的联系。

（二）紧跟时代步伐，展现多元童话

童话应为儿童编织丰富多彩的幻想世界，教材中拟人化的童话及老旧的童话，都不具备幻想特征，试图以这些课文来培养儿童的想象力和创造力有待商榷。一、二年级儿童正处于幻想强烈的时期，在他们的眼中，月亮可以随着他们的心情展露不同的表情，星星可以站在高处一伸手就能捕捉，他们会想象云朵的味道，会观察蚂蚁搬家，会对一朵花说上半天的心事，他们天生就具有张扬的好奇心和幻想力。编者应多强调童话的幻想性和形象性，与时俱进，及时更新选文，同时，选择主题丰富多样的童话作品，不拘泥于国籍和年份，多给新童话一些进入教材的机会。在多元化的童话中，儿童的阅读兴趣必然会逐步增长，阅读能力也是与日俱增，为其阅读更难的体裁的作品起到了很好的铺垫作用，同时充实了儿童的精神世界。

（三）取消删改童话，还原文字之美

关于语文课文的删改，叶圣陶先生也曾无奈地说过："作家的文章选作课文，看来没有不需要修改的。"可见，课文删改的现象已见怪不怪。然而童话作者，对童话世界的构造必定是费尽一番心血的，童话语言的锤炼也必定是逐字逐句产生的。教材编者改编这些童话，首先是对原作者辛勤创作的不尊重，还涉及一个与原作者写作风格迥异，甚至完全相违背的问题；其次是优秀的童话的每字每句都会有其独特的意义和用处，若是随意删改，不仅会破坏整体性，甚至会改变原文的内容和想要表达的思想情感。原义是具有作者个性色彩的，若将这色彩抹去，便失去了原汁原味之美。许多童话故事能被阅读的机会也许只此一次，但儿童却错失了接触一个最本真自然的童话世界，也无法切身体会原文用词的准确与神韵。

童话本应是带给儿童快乐和享受的文字，如此才能锻炼儿童对文字的欣赏能力。编者应为儿童展现一个发挥原始文字之美的童话世界。

四、结语

统编版教材的想象缺失使童话丢掉了灵魂，这些选文，有主人公和情节，也有生动自然的语言，却无法留下深刻的印象，只记得相差不大的内容，和隐约感受到的道德深义。小学语文教育是影响儿童一生的语文学习阶段，从语文教育的目的和童话体裁幻想特质来看，这些选文都值得改进，学校里的语文教育应该做的是引导儿童养成阅读习惯和培养写作能力，童话作品应该做的是保护儿童的童心和想象力，两者相结合必相得益彰，才能促进儿童的健康成长。

（谭旭东系上海大学文学院教授。陈诗敏系上海大学文学院硕士研究生）

统编版小学语文教材中的外国文学作品收录状况及教学建议

刘 艺

随着文化全球性的发展,中外交流日渐频繁,部分优秀的外国文学作品被选入到小学语文教材中。外国文学作品是世界文化的重要组成部分,通过阅读和学习外国文学作品,学生可以接触到多元的世界文化,形成理解和尊重文化多样性的认识。通过不同文化的对比学习,学生可以增强文化自信,提升对中华文明的认同感。

本文选取当前正在使用的统编版小学语文教材(2019年版)为研究材料,围绕其中选编的外国文学作品展开研究,分为两个部分:第一部分统计教材中外国文学作品的收录情况,从选文数量、选文地域、选文体裁几个方向进行分析。第二部分依据《义务教育语文课程标准(2022年版)》,对所选外国文学作品进行分析,针对其选编中的不足,提出相关的选材改进及教学建议。

一、统编版小学语文教材中外国文学作品的收录情况

统编版小学语文教材(2019版)一至六年级12册课本中有35篇(包括课文、拓展阅读在内)由外国作家书写、被翻译成中文的文学作品(见表1)。

表1 统编版小学语文教材中的外国文学作品

课　文	体　裁	作　者	国　家	性别	职　业
二年级上册	一封信 雾在哪里	故事 童话	鲍圭埃特 谢尔古年科夫	德国 俄罗斯	女 男	作家 作家
二年级下册	小毛虫	童话	达·芬奇	意大利	男	自然科学家、作家

续 表

课　文		体　裁	作　者	国　家	性别	职　业
三年级上册	花的学校	散文	泰戈尔	印度	男	作家
	卖火柴的小女孩	童话	安徒生	丹麦	男	作家
	小狗学叫	童话	罗大里	意大利	男	作家
	金色的草地	散文	普里什文	苏联	男	作家
	我家的小狗	故事	博·日哈	捷克	男	作家
	灰雀	故事	阿列克谢耶夫	苏联	男	汉学家
三年级下册	池子与河流	寓言	克雷洛夫	俄国	男	作家
	蜜蜂	科学小品	法布尔	法国	男	生物学家
	我们的奇妙世界	散文	彼得西摩	英国	男	作家
四年级上册	一粒豆荚里的五粒豆	童话	安徒生	丹麦	男	作家
	蟋蟀的住宅	科学小品	法布尔	法国	男	生物学家
	麻雀	故事	屠格涅夫	俄国	男	作家
四年级下册	琥珀	科学小品	柏吉尔	德国	男	科学家
	白桦	诗歌	叶赛宁	苏联	男	诗人
	白公鹅	散文	叶·诺索夫	俄国	男	作家
	"诺曼底号"遇难记	小说	维克多·雨果	法国	男	作家
	巨人的花园	童话	王尔德	英国	男	作家
	海的女儿	童话	安徒生	丹麦	男	作家
五年级上册	什么比猎豹的速度更快	科学小品	罗伯特·E.威尔斯	美国	男	画家
	松鼠	科学小品	布封	法国	男	作家
	"精彩极了"和"糟糕透了"	故事	巴德·舒尔伯格	美国	男	编剧
	四季之美	散文	清少纳言	日本	男	作家
五年级下册	跳水	小说	列夫·托尔斯泰	俄国	男	作家
	威尼斯的小艇	散文	马克·吐温	美国	男	作家
	牧场之国	散文	卡雷尔·恰佩克	捷克	男	作家
	童年的发现	故事	菲奥多罗夫	俄国	男	天文学家
六年级上册	花之歌	散文诗	纪伯伦	篱笆嫩	男	作家
	穷人	小说	列夫·托尔斯泰	俄国	男	作家
六年级下册	鲁滨孙漂流记	小说	丹尼尔·笛福	英国	男	作家
	骑鹅旅行记	小说	塞尔玛·拉格罗夫	瑞典	女	作家
	汤姆·索亚历险记	小说	马克·吐温	美国	男	作家
	他们那时候多有趣啊	小说	艾萨克·阿西莫夫	美国	男	作家

由表1可见，统编版小学语文教材中的外国文学作品在选文数量、选文体裁、选文地域、文章作者及主题方面各有不同。

（一）选文数量分析

表2 统编版小学语文教材中各学段外国文学作品数量

学　段	第 一 学 段	第 二 学 段	第 三 学 段
选文数量（篇）	3	18	14
选文占比（%）	2.01	14.17	11.11

从选文数量来看，当前统编版小学语文教材共选用各类文章402篇，其中外国文学作品35篇，不足选文总数的十分之一，但仍在小学语文教材中占有一定地位，是学生阅读启蒙、了解世界的重要窗口。其中，第一学段（小学1—2年级）的教材中外国文学作品数量最少，第二学段（小学3—4年级）和第三学段（小学5—6年级）外国文学作品数量较多，且部分文章难度较大。

第一学段教材中共有3篇外国文学作品，且均收录于二年级教材。这3篇作品分别为鲍圭埃特的《一封信》、谢尔古年科夫的《雾在哪里》以及达·芬奇的《小毛虫》。第一学段的学生年龄较小，识字量少，阅读能力较弱。"识字与写字是阅读和写作的基础，是第一学段的教学重点，也是贯穿整个义务教育阶段的重要教学内容。"因此，低年级的教学应当以识字及学习习惯养成为主，教材选材多为简单的短诗和儿歌。外国文学作品的选取应该贴近学生生活，充满童趣色彩，能激发学生的阅读兴趣。如德国儿童作家鲍圭埃特创作的故事《一封信》，讲述了小主人公在给父亲写信的过程中，发散思维记录生活，写出了生动且富有感情的文字。文章贴近学生生活，通俗易懂，更教会了学生写作的方法，非常适合低学段的学生学习。其余两篇则为童话故事，分别将雾和小毛虫拟人化，生动有趣，激发了学生的阅读兴趣。

第二、三学段的外国文学作品数量分别为18篇和14篇，其中3、4年级的数量相等，均为9篇，为收录数量最多的年级。进入第二学段后，学生有了一定的识字量，阅读和写作能力得到了提升，可以阅读并理解较为复杂的内容，因此多元的外国文学作品数量有了明显的增多。《义务教育语文课程标准（2022年版）》指出，学生可以"阅读并讲述革命故事、爱国故事"，"阅读描绘大自然、表现人类美好情感的诗歌、散文等文学作品","阅读富有想象力和表现力的儿童文学作品"。因此第二学段的外国文学作品有大量的科学小品文及优秀的儿童文学作品,包括小说、童话等,如法布尔的《蜜蜂》《蟋蟀的住宅》,生动有趣地介绍了自然生物的奥秘,激发了孩子们的好奇心,引领孩子们去亲近自然、探索自然。

第三学段与第二学段相比,在教材的编排上更注重体现世界文化的多样性,培养学生的多元文化意识。五年级下册的教材中特别设置了介绍世界文化的单元,选取了马克·吐温的《威尼斯的小艇》和卡雷尔·恰佩克的《牧场之国》,分别介绍了水城威尼斯的独特交通工具小舟以及荷兰独特的牧场风情,向孩子们展示了其他国家的风土人情、文化习俗。正如五年级下册教材单元前导中所言:"足下万里,移步换景,寰宇纷呈万花筒。"了解世界各地文化,更能增强学生对中华文化的认同感,是文化自信的一种体现。

(二)选文国别分析

表3 统编版小学语文教材中外国文学作品国别分布

国　别	欧洲国家	亚洲国家	北美洲国家
选文数量(篇)	27	3	5
选文占比(%)	77.14	8.57	14.28

注:小数点后保留两位小数

小学语文教材中的35篇外国文学作品取自12个国家,欧洲国家的文学作品有27篇,占总数量的77.14%,在当前统编版教材中所占比重最大。选文涉及8个国家,有丹麦安徒生的《卖火柴的小女孩》《海的女儿》,英国王尔德的《巨人的花园》,瑞典塞尔玛·拉格罗夫的《骑鹅旅行记》等。其中,俄国(苏联)的文学作品有10篇,约占欧洲国家总数的三分之一,是欧洲国家中文学作品数量最多的国家,也是世界外国文学作品收录最多的国家,所收录的作品如屠格涅夫的《麻雀》,列夫·托尔斯泰的《跳水》《穷人》等。

北美洲和亚洲国家的文学作品数量较少,分别为5篇和3篇。北美洲的文学作品均为美国作家的作品,如巴德·舒尔伯格的《"精彩极了"和"糟糕透了"》和马克·吐温的《汤姆·索亚历险记》。

由此可见，教材中的外国文学作品主要选自欧美国家，且大多为发达国家，这主要是由历史因素和国家经济发展水平决定的。欧洲国家的经济发展水平较高，社会发展较早，文明体系更为成熟，文化更为多元，拥有众多的优秀文学作品，并且很多都被译介到了中国，拥有广泛的读者。通过精读和泛读等方式学习这些国家的文学作品，学生们可以了解不同的西方文化，开阔眼界。如四年级教材中收录的法国作家维克多·雨果的短篇小说《"诺曼底"号遇难记》，讲述了两艘英国轮船相撞后，"诺曼底"号船长哈尔威在能逃生的情况下以身殉职，展现了哈尔威船长崇高的人道主义精神，与中国传统文化中的奉献精神不谋而合。六年级下册教材选入了英国作家丹尼尔·笛福的长篇小说《鲁滨孙漂流记》的梗概和故事情节，小说以第一视角回顾主人公鲁滨孙的冒险生涯，让孩子们能够身临其境，主动融入小说，激发了孩子们的阅读兴趣。

但除此之外，亚洲国家也有众多优秀的文学作品，是世界文明的瑰宝。建议引入更多其他亚洲国家中适合儿童学习的优秀文化作品。尽可能多地向孩子展示更多国家和民族的优秀文化，让学生了解世界文明的丰富灿烂、百花齐放。

（三）选文体裁分析

表4　统编版小学语文教材中外国文学作品选材体裁分布

体　　裁	故　事	散　文	小　说	童　话	科学小品	诗　歌
选文数量（篇）	7	7	7	7	5	2
选文占比（%）	20	20	20	20	14.28	5.71

文学体裁是指各种文学作品的类别，其分类具有相对性。根据教材的选编情况，本文将其分为故事、小说、散文、童话、科学小品和诗歌。诗歌是一种具有一定节奏和韵律的文学体裁，具有高度凝练的特性。散文是一种通过自由灵活的表达方式抒发作者情感的体裁。故事是通过叙述的方式讲述个别事件的文学体裁，具有完整性和连贯性，更加注重情节的叙述，语言自然平实。与之类似的小说渗透了更多的主观情感，更加注重人物的刻画和环境的描写。童话多采用拟人、夸张、想象等写作方法虚构故事情节，富有童趣，适合儿童阅读。科学小品类似于科普说明文，以通俗易懂、生动活泼的语言叙述某个科学

知识。

在小学语文教材选材中，叙述类体裁童话、故事和小说各有7篇，三者总数占据文学作品总数的一半以上。散文和科学小品体裁分别有7篇和5篇，而诗歌体裁的最少，仅有2篇。

无论是童话、故事还是小说都是有情节发展的，此类文章更具可读性。其中，低年级的选材多以故事和童话为主，故事类文章相对而言较为简单有趣，通俗易懂，适合作为入门的阅读材料，如写作例文中捷克作家博·日哈的《我家的小狗》，写了小主人公和小狗"王子"的故事，活泼生动，富有童趣。童话类文章则更加富有想象力，可以很好地激发学生的阅读兴趣。教材选取了世界著名童话作家安徒生、王尔德等的优秀童话作品，具有代表性。小说体裁则集中在小学中高学段的语文教材中，学生能够"走进广阔的文学艺术世界，学习品味作品语言、欣赏艺术形象，复述印象深刻的故事情节，积累多样的情感体验，学习联想与想象，尝试富有创意地表达"。在六年级下册的教材中更是设置了外国经典小说专栏，以概况的形式呈现了丹尼尔·笛福的《鲁滨孙漂流记》、塞尔玛·拉格罗夫的《骑鹅旅行记》以及马克·吐温的《汤姆·索亚历险记》，为孩子们打开了长篇小说世界的大门。

散文和科学小品的选材多分布于第二学段，这正是孩子培养阅读兴趣，培养阅读习惯的最佳时期，多元化的选材能够让孩子接触到更多样丰富的文学类型，增强其阅读兴趣。散文体裁的文学作品，如清少纳言的《四季之美》、普里什文的《金色的草地》用优美的语言给孩子们描绘了一幅大自然的风景画。科学小品文如布封的《松鼠》，给孩子们介绍了科学知识，启发孩子们用科学的眼光解决问题。

相对中国古诗而言，小学语文教材中的外国诗歌收录较少，诗歌是所有文学体裁中最为凝练、优美的一种，与其他文学体裁相比，理解起来较为困难，但适量收录外国诗歌，可以拓展孩子们的视野，陶冶其情操，并且在其与中国诗歌的对比学习中，可以更好地领悟文学之美。

二、统编版小学语文教材中外国文学作品选材改进及教学建议

为了能够立足学生核心素养发展，充分发挥语文课程的育人功能，结合义务教育语文课程标准及上述分析，本文对小学语文教材的选材改进及课堂教学

提出如下几点建议，以供参考。

（一）教材编选的优化措施

1. 扩大选文的地域范围，增加发展中国家文学作品

不同国家的文学作品展示了世界文明的多样性，因此小学语文教材选文可以在此基础上更加多元化。除了目前占比较多的欧美国家文学作品外，可以适当增加亚洲、南美洲中其他发展中国家中优秀文学作品的收录。如印度著名文学家泰戈尔所著的一系列儿童散文诗，文笔细腻，情感丰富，十分适合儿童阅读。

2. 丰富选文体裁类型，增加诗歌

上文提到，在小学语文教材中，诗歌的收录较少，因此可以适量增加朗朗上口、节奏欢快、适合儿童阅读的优秀诗歌作品。如英国作家斯蒂文森的《被子的大地》、智利作家米斯特拉尔的《对星星的诺言》等。

3. 增加女性作家的作品

在教材中收录的35篇文学作品中，仅有2篇为女性作家所作，比例严重不平衡。然而女性作家并不比男性作家差，且女性作家的作品更有自己的独到之处，如更为温柔细腻的情感表达。瑞典女作家阿斯特丽德·林格伦的小说《长袜子皮皮》和日本女作家黑柳彻子的小说《窗边的小豆豆》，均以小女孩的视角叙事，尤为生动细腻。

（二）教学内容的优化措施

1. 重视人文素养教育

语文教学具有特殊性。《义务教育语文课程标准（2022年版）》明确指出，"教师应理解核心素养的内涵，全面把握语文教学的育人价值，突出以文载道、以文化人，把立德树人作为语文教学的根本任务"。教师在教学过程中应当对作品所表达的情感进行深入研究。如阿列克谢耶夫《灰雀》一文中所展现的诚实品质、法布尔《蟋蟀的住宅》中所体现的吃苦耐劳精神，均值得孩子们赞扬和学习，从而提高学生的人文素养，丰富其精神世界。

2. 拓展外国文化知识

外国文学作品教学的难点之一在于学生对相关文化背景知识的理解存在障碍，若想充分利用课文，达到教学效果的最大化，补充拓展相关的文化知

识背景是很有必要的。如学习作者根据亲身经历改编的小说《汤姆·索亚历险记》时，补充作者马克·吐温相关的亲身经历，可以让孩子们更好地理解时代背景和文章主旨。教学的补充内容无须过于深入，适当的知识拓展可以帮助孩子们更好地理解教学内容，并且开阔眼界。

3. 总结重点文体特征

对于不同文体应采用不同的教学方式，与此同时，在同一文学体裁中，中国和外国文学作品也存在着一定的差异，因此，学习外国文学作品时应当紧紧围绕其文体特征教学。除了感受文本的语言、理解作品的情感之外，还可以对所学课文进行分类总结，学习不同体裁文本的特征，将阅读能力转化为写作能力。

（三）教学方法的改进措施

1. 比较式教学

首先，在讲解外国文学作品时，可以将其与中国文学作品相比较，在文化的交流和碰撞中，学生可以更好地体会文化的价值，从而了解中西文化的异同，锻炼学生的思维能力。其次，同一作家的不同作品也可以进行比较，这有助于学生了解作者，提高自身知识储备。

2. 情境式教学

对于外国文学作品中学生不熟悉的相关文化知识，可以创设与课文相关的情境，利用多媒体或者多种课堂活动，如分角色朗读、话剧表演等，增强学生的参与感，激发学生的学习兴趣，引导学生体会文章所表达的观点或感情。

三、结语

在全球化浪潮的影响下，在这个经济与文化迅速发展的时代，世界各国联系日益密切，文化交流日益频繁。因此，除了继承和发扬中华优秀传统文化之外，我们也应当兼收并蓄地吸收世界优秀文化，将优秀的外国文学作品收录到小学语文教材中，给孩子们打开一扇通往世界文化宝库的窗户。

本文从多角度分析了人教版小学语文教材中的外国文学作品收录情况。研究表明，外国文学作品的收录从小学二年级开始，主要集中在第二、三学段，选材地域主要集中在欧洲国家，其中俄国的文学作品收录最多。选文体裁主要以叙事类文本为主,即故事、童话和小说,诗歌选材数量最少。

　　针对以上统计情况,本文提出了相关的选材改进和教学建议。在教材编选方面,应当扩大选文的地域范围,增加发展中国家文学作品的收录;丰富选文体裁类型,增加诗歌的收录;增加女性作家作品的收录。在教学内容方面,应当重视学生人文素养的教育,在教学过程中拓展相关的文化知识,并总结对应的文体特征。在教学方法方面,可以采取互动式教学和情境式教学。教师在教学外国文学作品时应当不断改进教学方法,完善教学内容,为孩子们日后的发展打下良好的基础。

（作者系上海大学外语学院2023级翻译专业硕士研究生）

灾难教育融入语文教育的必要性与可行性

陈婵娟 谭旭东

即使在科技飞速发展的现代社会,人类也无法避免各类自然灾难和社会灾难的发生。但通过灾难教育,人们可以获得更多对灾难相关知识的了解,减少灾难带来的伤害。灾难教育是一种"通过对历史灾难的记述,或对可能发生灾难的预估,引导学生尊重生命,认识自然,认识社会,高度警觉,培养应对各种灾难的品格修养和必备能力"[①]的具有正面影响的教育。

普及灾难教育是全人类的重大课题,相比于成年人和大学生,中小学阶段的学生防范危机的意识薄弱、应对危机的能力较差,因此对他们进行灾难教育必不可少。作为教育、学习的主要阵地,学校担负着灾难教育的主要责任。但目前中小学的灾难教育还停留在口号宣传、板报展示、场馆参观和专题讲座等方面,没有引起教育工作者和学生的重视。学校课程有着严密的结构,相比于单独开设一门灾难教育课,把灾难教育融入语文学科教育中具有更大的可行性。

一、灾难教育融入中小学语文教育的必要性

语文学科不但给学生传授知识与能力,还承担着培养学生情感价值观的重要功能,让学生能更好地生存发展、适应社会。而灾难教育的目的也是让学生认识生命、欣赏生命、珍惜生命、敬畏生命,提高生存技能,和语文学科有着相同的价值旨归。将灾难教育融入语文教育,不但能够丰富教学资源、充实语文课堂,还有利于培养学生的生命意识、家国情怀、社会责任感等非智力因素。

---

① 雷实.语文课程教材与灾难教育[J].课程·教材·教法,2020,40(3):130.

（一）灾难教育能优化语文课程内容的结构

《义务教育语文课程标准（2022年版）》（下文简称新课标）指出，义务教育语文课程结构要"以生活为基础，以语文实践活动为主线，以学习主题为引领，以学习任务为载体，整合学习内容、情境、方法和资源等要素，设计语文学习任务群"。适当的灾难教育应基于核心素养的培养要求，紧跟时代发展的步伐，让教师从相关素材中遴选重要观念、主题内容和基础知识，设计课程内容，增强内容与育人目标的联系，优化语文课程内容的结构。

1. 突出课程内容的时代性和典范性，加强课程内容的整合

灾难的发生不会因时代的发展而停止，但会因人类的智慧、经验和科技的进步而降低破坏性，人类也在不断从灾难中汲取经验、智慧和情感哲思的源泉，灾难主题与文化、文学的发展相伴相生。在语文教育中融入灾难教育，能突出语文课程内容的时代性与典范性，促使学生关注现实生活的新发展，促进学习资源的新变化。

2. 增强课程实施的情境性和实践性，促进学习方式的变革

灾难教育除了历史性的灾难教育（对历史上发生过的灾难的记述与反思），还包括前瞻性的灾难教育（对可能出现的灾难的预警和应对）以及过程性的灾难教育（人类对抗正在发生的灾难的态度、策略和方法），具有很强的情境性和实践性。将灾难教育融入语文课堂，可以为学生学习语文提供情境，更好地启发思考、触发情感，还能让学生通过各种形式的综合探究提高文化素养，熏陶文情哲思，促进学习方式的变革。

（二）灾难教育能充分发挥语文学科的育人功能

新课标提出，当代教育教学要聚焦学生发展核心素养，培养学生适应未来发展的正确价值观、必备品格和关键能力，引导学生明确人生发展方向，要从"有理想、有本领、有担当"三个方面培养学生。灾难会造成破坏和伤害，但灾难也会引发人们的思考，激发人们的情感，适当的灾难教育不但可以把伤害程度降到最低，而且能发挥意想不到的育人功能。

1. 加强学生的忧患意识，锻炼学生的坚强意志

随着社会的发展，作为"零五后"的小学生、初中生已经很少能体验到生存之艰，加上"内卷"时代沉重的学习负担和紧张的竞争关系，很多中小学生

意志力薄弱，抗打击能力不足。但灾难是一个个"不定时炸弹"，地震、洪涝、疫病、火灾甚至战争的威胁从未远离，年龄小、阅历少、几乎没有接受过相关教育的中小学生在面对突发危机时往往会束手无策，即使安全渡过危机，也有可能产生无法愈合的心灵创伤。

在语文教育中融入灾难教育，让学生通过生动的文字和鲜活的故事认识到灾难的残酷、生活的艰难，有利于加强学生的忧患意识，让学生在真正面对灾难时有一定的心理准备。一个个战争灾难和生活困境故事中勇敢坚强的人物，如《小英雄雨来》中小小年纪不畏强暴、跟敌人斗智斗勇的雨来，《穷人》中宁肯过得更苦也要抚养邻居遗骨的桑娜夫妇，《最后一次讲演》中冒着生命危险发表演讲、抨击黑暗的闻一多，《鲁滨逊漂流记》中在荒岛上依靠双手开辟新生活的鲁滨孙，都是学生学习的榜样。通过这些人物事迹，可以培养学生坚强的意志，使之拥有面对困难的勇气和克服困难的毅力。

2. 提高学生的思辨能力，让学生树立正确的价值观

中小学学生心智发育尚不成熟，正处在价值观形成的关键时期。在灾难教育中，学生不但在学习，也在审视、思考、判断。"当灾难发生时，故事中的主人公是怎样做的？他/她为什么要这样做？他/她这样做的原因是什么？如果换作是我，我会怎么做？我为什么要这样做？"在学生思考这些问题并产生自己判断的同时，其价值观也在灾难教育的影响下逐步形成并成熟起来。

常说"患难见真情"，其实，"患难"也可以"见品格"。趋利避害是人的本质，但灾难故事中的主人公往往能舍小我而为大家，舍小利而全大义，他们表现出来的品格是崇高的。学生在崇敬伟大的同时也会产生疑问：个人的利益和幸福不重要吗？品读"边塞诗"，兵将们远征沙场，失去和家人相守的机会甚至是自己的生命，值得吗？将自己和自己亲人的生命安全置于他人之下，让自己的亲人承受痛苦和危险，正确吗？在学习过程中，老师逐步地提问、点拨、启发，学生不断地思考、求索、分析，逐步了解到个体与集体、利益与情感、欲望与品格之间的冲突，并对世界产生新的认识，形成成熟的、正确的价值观。

3. 提高学生的文化修养，让学生建立文化自信

几千年来我国文学作品中从来不乏灾难的痕迹。先民神话中的神明与英雄总是因为战胜灾难而备受敬仰，战争与民生疾苦是文人笔下的不朽主题，近代中国的文学作品更是浸润着国家危亡的血泪，与此同时，也传达出一代代人坚

定、不屈、勇敢、善良、正义、无私的精神,积淀着丰厚的文化底蕴。

进行灾难教育,让学生学习中华优秀传统文化、革命文化、社会主义先进文化,能让他们对中华文化的生命力产生坚定的信心,关注并参与当代文化生活,传承和发扬中华文化。

二、中小学语文教育中灾难教育的涉及情况

我国语文教材一直不乏灾难题材作品,2017年开始使用的统编版语文教材面貌一新,其中也有不少课文涉及灾难题材。

(一)中小学语文统编版教材对灾难题材的涉及情况

九年制义务教育阶段的语文教材中,以"灾难"为主题的篇目很少,其中涉及社会灾难题材的占比较大(以战争题材为主),涉及自然灾难题材的较少(以神话、幻想类题材为主)(见表1)。

表1 义务教育语文教材中涉及"灾难"的篇目

教材	篇目	灾难类型	教材	篇目	灾难类型
二年级上册	《大禹治水》	自然	六年级下册	《汤姆·索亚历险记》(节选)	兼有
二年级下册	《羿射九日》	自然		《十六年前的回忆》	社会
三年级上册	《卖火柴的小女孩》	社会		《金色的鱼钩》	社会
	《手术台就是阵地》	社会	七年级上册	《行军九日思长安故园》	社会
四年级上册	《精卫填海》	自然		《夜上受降城闻笛》	社会
	《普罗米修斯》	自然		名著导读:《西游记》	兼有
	《女娲补天》	自然	七年级下册	《老山界》	社会
	《出塞》《凉州词》	社会		《木兰诗》	社会
	《西门豹治邺》	兼有		《伟大的悲剧》	自然

续　表

教材	篇　　目	灾难类型	教材	篇　　目	灾难类型
四年级下册	《小英雄雨来》	社会	八年级上册	《国行公祭，为佑世界和平》	社会
	名著导读：《"诺曼底号"遇难记》	自然		名著导读：《红星照耀中国》	社会
	《黄继光》	社会		《梁甫行》	社会
五年级上册	《示儿》	社会		《生于忧患，死于安乐》	社会
	《圆明园的毁灭》	社会		《最后一次讲演》	社会
五年级下册	《古诗三首》(《从军行》《秋夜将晓出篱门迎凉有感》)	社会	八年级下册	《石壕吏》	社会
	《青山处处埋忠骨》	社会		《卖炭翁》	社会
	《清贫》	社会		名著导读：《钢铁是怎样炼成的》	社会
六年级上册	《七律·长征》	社会	九年级上册	《我爱这土地》	社会
	《狼牙山五壮士》	社会		《就英法联军远征中国致巴特勒上尉的信》	社会
	《桥》	自然		《风雨吟》	社会
	《穷人》	社会		《陈涉世家》	社会
	《在柏林》	社会	九年级下册	《诗词曲五首》(《十五从军征》《白雪歌送武判官归京》《南乡子·登京口北固亭有怀》《过零丁洋》《山坡羊·潼关怀古》)	社会
六年级下册	《鲁滨逊漂流记》(节选)	自然		《课外古诗词诵读》(《南安军》《别云间》《朝天子·咏喇叭》)	社会
	《骑鹅旅行记》(节选)	兼有			

依据表1，语文教材中涉及灾难主题的文章可以分为以下两类：

1. 展现时局之艰与生存之难

无论古今中外，人类面临的灾难从未间断：先民的时代常常面临洪涝、干旱等灭顶之灾；战争频发，常常导致兵士们背井离乡，百姓们流离失所，《从军行》《行军九日思长安故园》《石壕吏》《卖炭翁》和《穷人》写尽了人们的辛酸血泪。

2. 表现抗争精神与家国情怀

即便灾难永远无法彻底消弭，人们也从未屈服过：面对危及人类生命的天灾，女娲、后羿这些伟大的神祇用神力去力挽狂澜；《大禹治水》中的部族首领大禹、《西门豹治邺》中的地方官员西门豹、《陈涉世家》中的陈胜吴广，以及古诗中保家卫国的将领，用高强的武力、非凡的毅力和超群的智慧共克时艰或领导他人解决困难；普通战士如《黄继光》中的黄继光，《狼牙山五壮士》中的五壮士，用血肉之躯对抗敌人、慷慨就义；文人学者虽然不能操戈抗敌，但他们的语言和文字就是最大的利器，如《最后一次讲演》中的闻一多痛斥国民党反动派，艾青在《我爱这土地》中激昂地表达对侵略者的痛恨和对祖国的挚爱，雨果在《就英法联军远征中国致巴特勒上尉的信》中辛辣地讽刺和批判了英法联军的强盗行为；走上不凡之路的人往往有极其坚韧的品格，如《伟大的悲剧》中的科考家们在冰天雪地里行走到生命的最后一刻，《西游记》《骑鹅旅行记》《鲁滨逊漂流记》中的主人公们与层出不穷的困难抗争，终于取得最后的胜利。

（二）中小学语文教育中灾难教育的局限性

当今中小学语文教育围绕核心素养，更关注学生的文化自信、思维能力和审美创造力的提升以及情感价值观和社会责任意识的培养，灾难教育在体现语文课程性质、反映语文课程理念、体现语文教学目标方面起到了重要作用，但在实施灾难教育方面还存在一些不足之处。

1. 选文有待更新

统编版语文教材中书写灾难的篇目整体看来过于陈旧，大多是反映古代、近代战争苦难和民生艰难的作品，灾难故事缺乏与时俱进的新鲜血液，且涉及自然灾难主题的篇目太少，难以与生活现状以及当代中小学生的认知同频共振。

2. 主题不够多元

统编版语文教材中涉及灾难内容的课文不在少数，但以灾难教育为主题的课文寥寥无几，语文教学中对这类文本的解读大多停留在分析人物品质和写作手法层面，缺乏对灾难的分析、对生命的关照。

3. 形式不够丰富

灾难教育与现实有着极为密切的联系，适合被探索、被研讨、被书写，让学生切身感受灾难之重、生命之重。但有关灾难的内容主要出现在课文中，综合性学习部分和写作部分很少涉及，很容易让灾难教育变成可有可无、几句话带过的内容。

因此，将灾难教育融入中小学语文教育，有利于提高学生的语文核心素养。但当前中小学语文教育对灾难题材的重视程度不够，将灾难教育合理融入语文教育的可行方式亟待探索。

三、灾难教育融入中小学语文教育的原则与方式

将灾难教育融入中小学语文教育，并不是简单地对灾难故事进行解读，而是根据学情、生情，与时俱进，将灾难教育与现实生活、语文学科以及其他学科进行有机联系，最大限度地发挥灾难教育和语文教育的功用，让学生获得更多的知识、技能和更好的生命体验。

（一）灾难教育融入中小学语文教育的原则

1. 直面灾难，正视苦难

当代物质生活与精神文明生活的水平得到了很大的提高，这为中小学生健康、快乐地成长提供了良好的环境，但"能吃苦"是一种永不过时的精神和能力。

人们的生存空间是复杂多变的，触及黑暗才能更懂得珍惜光明，认识苦难才更能理解安定的来之不易。要引导学生直面灾难，正视苦难，将灾难作为自然和社会对一代又一代人的考验，对遭受苦难者抱有同情之心，将对苦难的畏惧、怨恨转化为战胜困难、重建美好的信心和勇气。

2. 讴歌伟大，传播正能量

灾难本身会带来破坏，但人们在灾难中展现的顽强生命力和高尚品德是无

价之宝。当灾难发生后，军人、救生员、消防员、医护人员这些特殊职业者往往坚守在第一线，保障人民的生命健康安全；长辈、教师、领导者站在前方，用自己的身躯为孩子、学生、老百姓遮风挡雨；还有许许多多的普通人，在危难关头贡献自己的力量，自救的同时也救助他人……这些伟大的人和事都值得学习、歌颂。

在自媒体日益发达的现代社会，庞杂的信息不断冲击着人们的生活，多元的价值观对少年儿童产生了不可忽视的影响。当"躺平""摆烂"等观念尘嚣日上，过分强调边界感和个人利益的冷漠自私行为被无底线"洗白"，对苦难者的同情遭到嘲讽，善意善举被歪曲为"作秀"，更需要借助灾难教育引导学生讴歌伟大，传播正能量，共同建设真、善、美的社会风气。

3. 立足现实，理性思考

灾难中展现的顽强生命力和伟大品格是值得歌颂的，但人们不能一味沉浸在感动和鼓舞中，而要保持理智、冷静的头脑，对灾难本身以及与灾难相关的选择、行为进行理性思考。

任何刻意扩大灾难破坏性、影响社会秩序和人们生活的行为都应该被批判。如雨果作为一名法国人，在《就英法联军远征中国给巴特勒上尉的一封信》中对自己国家政府侵略他国、毁坏人类文明成果的行为进行了辛辣的讽刺和有力的批判，体现了一代文豪的正直、清醒和博大胸襟。

同时，人的判断力不是万无一失的，对于一些出发点是为了减轻灾难但实际效果没有达到预期的方针措施，应该总结不足、吸取经验，而不是一味地抱怨、指责甚至造谣谩骂。总之，语文教育中的灾难教育题材，要立足现实，加强理性反思，才能真正让灾难发挥"多难兴邦"的作用。

（二）灾难教育融入中小学语文教育的可行方式

1. 适当增加语文教材中有关灾难题材的内容

首先，教材编写者要与时俱进，增强担当意识，重视灾难题材，在文本阅读、探究性学习、写作等部分适当增加有关灾难题材的内容。其次，教师要对文本进行准确解读，精心设计课堂，通过阅读、综合探究、写作等多元方式深化学生对灾难教育的认识。

以写作为例：中小学生年龄较小，阅历较浅，生活空间也主要在学校和家庭，近几年来受疫情的影响更是局限了他们的出行和见识，这就会导致许多学生缺乏写作素材。但疫情的发生又让学生获得了独特的生活体验，可以为学生提供写作的灵感：疫情带来的不只有感染疫病的恐慌、被隔离在家的烦闷、生活用品的暂时短缺，还能让我们感受到医护人员坚守岗位的可敬、家人共处的温馨、邻里互助的温暖，有的同学还亲力亲为，体验了充当志愿者的自豪感、习得了许多居家劳动的技巧、获得了更多发展课余兴趣的机会……这些经历和体验，都可以激发学生的情感和思考，为写作注入活力的源泉。

2. 立足现实，开展有关灾难题材的调查、研讨、演讲、课本剧表演等活动

课堂不是进行语文教育的唯一形式，尤其是与现实生活息息相关的灾难教育，更应该在课堂之外有所延伸。教师可以将课堂和生活进行链接，让学生通过调查了解灾难事实，通过研讨增加对灾难的理解、获得应对灾难的能力，并进一步通过演讲和课本剧等形式宣传普及灾难教育。如此一来，学生能在文化知识和现实生活的碰撞中加深对灾难的理解，真正获得在心态、情感、价值观等方面的成长。

3. 实现语文与其他学科关于灾难教育的跨学科交流

将灾难教育融入语文教育是一种行之有效的教育方式，同时，灾难教育也和历史、道德与法治、生命科学、地理等课程的学习有着密不可分的联系。设立跨学科灾难教育主题的学习活动，加强课程、学科间的相互联系，可以带动课程综合化实施，强化实践性要求，全面加强学生的生命意识和生存、生活能力。

四、结语

语文课程致力于全体学生核心素养的形成与发展，不但要让学生掌握语言文字知识，还要为学生形成正确的世界观、人生观、价值观，形成良好个性和健全人格打下基础。将灾难教育融入中小学语文教育，有利于培养学生的智力与非智力因素，提高学生的核心素养与生存、生活能力，有利于建立文化自信、培育时代新人、增强社会凝聚力，实现义务教育的高质量发展。

（陈婵娟系上海市新中初级中学语文教师。谭旭东系上海大学文学院教授，博士生导师）

第二辑

语文教育的思考

核心素养导向下课堂生长力的创新思考

陶 静

创新是人类社会进步的不竭动力，对教育而言亦是如此。新时代的教育已经步入高速发展的快车道，各种新型教育教学理念、教学方式和现代化教学手段不断涌现，使课堂教学更加均衡、合理、高效、和谐，并不断促进教学质量的提升和学生的全面发展。新课标背景下如何进一步优化创新型高效语文课堂，是每一位教师都要深入探究的课题。

在核心素养的导向下，在小学语文课堂教学活动中，教师要注重锻炼学生的口语交际能力、阅读能力、识字能力、写作能力，培养学生积极的学习态度，给予学生更多鉴赏文学作品的机会与时间，让学生从中获得独特的感悟与理解，锻炼学生的事物辨析能力，着重关注小学生的思维品质、思维方法、思维过程，让学生积极表达自己的观点，实现以学生为主体的教学模式，提升学生的学科综合素质。

本文以笔者在一线课堂中的观察、摸索、总结为例，阐述自己对课堂教学创新的认识。主要从统编版语文教材中比较有特点的课文入手，谈自己在语文新课标背景下对特殊类型课文的解读和课堂尝试。通过更新教育教学理念，尝试运用多种新的教学途径和方法，从教材内容整合优化、多媒体设备合理利用、教学模式创新、课堂结构改变等方面入手，培植课堂生长力，提高学生的语文核心素养。

一、整合教学内容，优化课堂结构，让革命题材课文接地气

统编版小学语文教材专题呈现安排了很多专题教学内容，这些内容正是值得教师加以研究与整合的。以红色题材的课文为例，各学段、各年级的课本

中均有编排和涉及。在传统小学语文教学中，这类文章与小学生生活有一定距离，老师在教授时很难达到与学生的共鸣。而在创新理念引领下，笔者认为教师更应在对比、总结和提炼中进行教学，再复习以往学过的同一类型的课文，从故事内容梳理、人物形象总结、主题思想提炼等方面进行整合，促进学生更快地上手新课文的学习。

五年级下册的《青山处处埋忠骨》是一篇红色革命题材的课文，文章叙述了抗美援朝时期，毛泽东同志把儿子毛岸英送往前线，岸英在爆炸中牺牲的故事，表现了毛主席忠于革命、无私奉献的崇高品质。在教学中，笔者在组织学生充分预习课文的基础上，有意识地让学生自主总结红军战士的高贵品质和革命精神。笔者充分利用多媒体设备，将这篇课文和之前学过的《吃水不忘挖井人》《黄继光》两篇革命题材的课文放到了一起进行对比学习。这两篇课文是学生在低年级时曾经学习过的，但是学生在成长，对课文内涵的理解肯定更深刻，回顾旧知，笔者鼓励他们勇敢地说一说新认识。勾连新旧知识是教师在研读文本上的创新，对于统编版教材革命题材课文的学习也是一种思考。

二、充分运用多媒体，优化课堂教学形式，让学生与历史产生共鸣

多媒体集文字、图片、声音、图像、动画、影片等多种媒介的互动功能于一体，具有信息海量、利于获取、使用便捷、直观形象等特点，深受学生的喜爱，在教育教学中已经得到了广泛推广和运用。在现代化的小学语文课堂教学中，要构建创新型的课堂，同样离不开多媒体设备的创新应用。多媒体能吸引学生的注意力，调动学生的学习兴趣和积极性，使学生能更加直观地感受和理解所学知识，以构建出知识量大、视野开阔、趣味浓厚的创新型高效语文课堂。

笔者以五年级上册《圆明园的毁灭》一文教学为例。课文第4自然段介绍圆明园珍贵的文物。教学时分为三步：第一步，找文物。圆明园不但有风格多样的建筑，还珍藏着珍贵的历史文物，让学生找一找有哪些。第二步，关注朝代。这些历史文物都是历朝历代文物的精华，让学生看看文中写到了哪些朝代。第三步，感受珍贵。让学生谈谈从"上自"和"下至"两个词读到了什么。对这一自然段的教学既不能陷入历史名词中纠缠不清，又要让学生感受到圆明园馆藏文物时间跨度之长、数量之多、价值之大。

（一）音画组合，渲染气氛，体会自豪之情

教学时，笔者反复筛选资料，精选了圆明园中珍藏的青铜礼器、名人书画、奇珍异宝共20多件（其中多数被侵略者抢走，如今被英法美等国收藏），做成幻灯片，配上雄浑厚重的音乐向学生一一解说。由传统乐器合奏的乐曲缓缓响起，东周时期的青铜壶、东晋顾恺之的《女史图》、清朝康熙年间的玉如意等价值连城的历史文物款款呈现。学生仿佛看到了朱红色的城门徐徐打开，自己仿佛回到了汉唐盛世的都城长安。隆重的黄钟大吕之音，渲染出庄严肃穆的气氛，给人强烈的心灵震撼。此外，笔者还从网络上下载了一段对圆明园被盗瓷器的拍卖介绍："2010年10月在香港苏富比拍卖会上，经过45次叫价，清朝乾隆年间一款长颈葫芦瓶最终以2.52亿港币成交，这一价格刷新了中国瓷器及工艺品拍卖的世界纪录。"而这仅仅是圆明园中众多历史文物中的一件。这既帮助学生了解了圆明园是当时世界上最大的博物馆、艺术馆，又能激发起学生的自豪感。

（二）精选资料，见证真相，体会悲愤之情

课文第5自然段描写英法联军毁灭圆明园的过程。教学这段内容，笔者主要分了四个步骤：第一步，感受心情——你看到圆明园被毁灭时心情如何？第二步，聚焦行径——圈画出最触动你内心的词语，写写体会，然后交流。第三步，关注时间——这一自然段中有"1860年10月6日""10月18日和19日"两处时间，联系上下文读一读，说说你的发现。第四步，有感情地朗读课文——读出对圆明园惨遭毁灭的惋惜，读出对侵略者肆意掠夺的痛恨，读出我辈担当中华复兴的责任感与使命感。

诵读之后，为了让学生对这段惨痛的历史有更深入的理解，教师一般会出示视频等资料，但是笔者进行了思考：影视资料固然好，但过于夸张，历史还原度不够。而图片使用了多次，在情感已经接近高潮的课堂尾声，很难支撑学生的情绪。如果让那些参与抢劫或者目睹这一切的人现身说法，是不是更有触动力。笔者在网上找到了一位随军翻译官的回忆录中的片段，其中描写了他亲眼见到英法联军抢劫、毁坏圆明园的场景。笔者事先制作了音频，在课堂末尾播放给学生听，那铿锵有力、饱含深情的朗读字字如针，一下子点燃了学生胸中的爱国情，悲愤的情感如决堤的河水一泄而出。

三、拆解任务，寻找联结，让诗歌教学不再"海市蜃楼"

四年级第三单元的人文主题是"用美丽的眼睛看世界"，语文要素是"初步了解现代诗的一些特点，体会诗歌的情感；根据需要收集资料，初步学习整理资料的方法；合作编小诗集"，举办诗歌朗诵会。笔者在备课时，对于这一单元其实心里挺没底，学生既要学习现代诗又要学习整理材料，还要完成一项综合性活动，步骤和难度是空前的。学生比较熟悉的是古诗的学习过程，古诗的教学以读为主，了解诗歌意象，想象画面悟出诗人所要表达的情感，但是对现代诗应该采用什么样的教学手段，达到怎么样的教学效果，笔者有点不知所措。幸好有"空中课堂"的示范，为笔者的备课授课指明方向。以下是笔者在教授完《短诗三首》和《绿》后的一些思考。

（一）分解任务，明确每首诗的任务

通过观摩空中课堂整个单元的教学，笔者认为要扎实地完成本单元的学习教师自己心里首先要有方向，静下心来帮学生分解任务。都说孩童是天生的诗人，所以学生对诗歌应该是喜爱的，文字不多，韵律感又强，读起来不晦涩，他们对这样的文字是欢迎的。孩子的想象力比较丰富，能通过丰富的联想来认识事物，所以教师在教授诗歌时就要牢牢抓住这两个优势，不断地在过程中激发学生的学习热情，对于班里比较有灵气的孩子，甚至可以对他们提出更高的要求，去唤醒他们内心的诗人气质。所以，笔者依据教材和教参，设定了以下任务：了解现代诗——知特点，体会感情——能诵读，收集诗歌——会积累，培养诗心——会想象，学习语言特点——能创作。

（二）关注表达，激发相似联结

理想很美好，但是实践起来却没有那么容易。在介绍现代诗的特点时，让学生充分地去读，发现韵律美，而在形式上的特点则是联系他们的学情，出示学过的古诗，如第一单元的《宿新市徐公店》等古诗，学生能发现现代诗的形式自由，但是去体会意境和情感就比较难。冰心老人的《繁星》（七一）中的场景：月明的园中，藤萝的叶下，母亲的膝上，由远及近，展现作者和母亲的温馨场面，上课时就让学生去回忆生活中与母亲的亲密时刻，用"（　　）

的（　　）"这样的句式来仿写，学生体会起来难度不大，比如上课时能说出"（大大）的（雨伞）下，（厚实）的（肩膀）上"这些表现父母之爱的短语。笔者惊喜地发现，很多学生能用上自由的句式、比较诗化的语言记录生活。而且在朗读时，因为理解了诗歌的意境，所以读到"月夜、藤萝"时自然而然读得很轻柔。

不仅情感上有联结，还要引导学生打通物与物之间的联结，比如让学生从"刮的风是绿的，下的雨是绿的，流的水是绿的，阳光也是绿的"中体会到整个大自然浅淡交错的绿色流动起来，从而体会诗中的意境，歌颂春天的蓬勃朝气。

这些现代诗的创作年代离学生较远，还需要补充一些对作者生平的资料介绍，学生才能更好地把握诗歌。比如《繁星》（一三一）中，"空中课堂"补充了一大段冰心与海结缘的文字，笔者把它简化为：冰心跟随身为海军军官的父亲在临海小城烟台生活了八年，每日与海为伴，回到北京后非常思念浩瀚的大海。所以这里的海也象征着冰心对童年时光的怀念。在结束《绿》这首诗的教学时，笔者提到教学参考中的一句话：艾青的作品中色彩是其表达要素之一，有鲜明的艺术美学倾向与追求。对此学生可能不太理解，但是教师在课堂上提一提，就算是给学生留下些许印象也是好的。

四、深耕略读课文，让略读课文为阅读教学服务

"精读、略读、课外阅读三位一体"是统编小学语文的编写思路之一。从三年级上册开始教材编排了略读课文。略读课文篇幅和精读课文差不多，甚至略长，分布在三年级上册教材的各个单元，其中第三和第四单元都有两篇。略读课文该如何教？安排略读课文的意义是什么？如何把握略读课文的上课"尺度"？在实际教学中如何操作？笔者在教学过程中产生了一定的困惑。

笔者通过查找资料发现略读就是一种不求深入钻研、只求大概浏览大意的读书方法，其特点就是"观其大略"。教育家叶圣陶先生曾说：学生从精读方面得到种种经验，应用这些经验，自己读长篇巨著时不再需要老师的详细指导，这便是"略读"。就教学而言，精读是主体，略读是补充；但就效果而言，精读是准备，略读才是应用。

（一）精读和略读的区别

精读课文学习方法，略读课文应用方法，也就是说精读和略读课文相辅相成，只有精读课文扎扎实实学会方法，略读课文才能踏踏实实运用方法，达到理想的阅读效果。精读课文强调学生在教师的主导下学习，而略读课文强调学生自主学习，也就是说略读课文不要求"咬文嚼字"，只求"粗知课文大意"。精读课文重课后练习，略读课文重课前"学习提示"，教师应明确略读课文的训练点，以"阅读提示"为依据组织教学。

（二）略读课文教学的关键词

1."粗略"，用好"学习提示"

相对于精读课文，略读课文的教学要注意取舍，重在培养学生迁移运用从精读课文中学到的方法及粗略地读课文的能力，不宜采用精细分析词句的方法。

统编版教材各个单元的语文要素是通过精读课文课后的练习题、略读课文的学习提示和语文园地的交流平台及各大板块得以落实的。所以在教学略读课文时，要牢牢抓住学习提示，用好学习提示为教学服务。

三年级上册《不懂就要问》的学习提示为"默读课文，想想课文讲了一件什么事，和同学交流你对这件事情的看法。把有新鲜感的词句画下来和同学交流"。三年级上册出现的第二篇略读课文《那一定会很好》的学习提示则是"想一想，从一粒种子到阳台上的木地板，它经历了一段怎么样的历程？"。《一块奶酪》的学习提示为"你喜欢蚂蚁队长吗？理由是什么？"《胡萝卜先生的长胡子》的学习提示为"读下面的故事，一边读，一边想：接下来可能会发生什么事情？"《小狗学叫》的学习提示为"读故事，一边读一边预测后面的内容。想一想：故事的结局可能是什么？"《手术台就是阵地》的学习提示为"默读课文，联系事情发生的背景，说说你对'手术台就是阵地'这句话的理解。你还可以查查资料，了解有关白求恩的其他故事"。仔细研读不难发现，学习提示能统领略读课文，引导教师和学生有效把握重点，提高阅读效率。学习提示和课文中的"泡泡"都是重点，教师要根据"学习提示"去深入探究问题。

2."自主"，教师搭支架学生自主学习

略读课文与精读课文在教学策略上的区别主要包括以下几点：

第一，略读强调生字预习自学，课堂检查巩固；精读强调初读课文，整体感知。

第二，略读强调课前预习指导，提高预习实效；精读强调抓住重点，深入领悟。

第三，略读强调设计交流平台，提高反馈效率；精读强调品读赏析，揣摩写法。

略读课文以学生的自主学习和交流为主，教师的任务是点拨，在略读课文的教学时，教师应该在课上放手，给予学生充分的时间去发表观点，教学过程的预设可以粗放，但是在教学设计上却不能"粗枝大叶"，而应当关注学生已有的阅读经验，预估学生学习卡点，设计具有思维含量的问题作为教学的主线。教师应关注不同层次学生的学习能力，照顾不同需要，以小组研究合作的学习方式为主，注意实效性，还应反馈交流，做出表达示范或者提供语言支架。

以上是笔者在实际教学过程中对于课堂创新的一些思考。在小学语文教学中，打造创新型高效语文课堂，既是培养学生各项语文能力、提升语文综合素养的必然要求，也是促进学生学习成长和全面发展的助推器。在日常教学中，我们要做"学习型"和"学者型"老师，勇于挑战教材中的一些"硬骨头"，在教学创新的路上勤学习，多研究，为培养新时代的创新型人才贡献自己的力量。

（作者系上海大学附属小学语文教师）

欲人勿疑，必先自信
——探析语文教师教育活力的三大源泉

刘 静

习近平总书记在《求是》杂志刊发的文章中指出，思政课教师要做到"欲人勿疑，必先自信"。语文作为一个极富多样性的学科，在实践的教学过程中，对语文教师提出了更高的要求，加之当今的信息技术十分发达，信息数量急速暴涨，语文教师面对愈发复杂的外部环境和学情环境，也必须切实提高自身的综合素养，树立坚定的教育自信，才能保持语文教育工作的活力，为学生提供更具前瞻性、启发性和带动性的教育引导，使之逐步成长为朝气蓬勃、活力四射的时代新人。然而，在当下的语文教学工作中，教师却面临着客观的难题，保持教育活力的难度越来越大。

一、语文教师保持教育活力的核心难题

在当下的教育环境中，语文教师所面临的内部和外部环境变得日趋复杂，对教师提出了更高的要求，但由于受到传统教育理念的影响，语文教师在进行自主提升、自主发展和自主突破时，往往存在一定的懈怠心理，致使在面对愈发复杂的环境时表现出明显的不自信，这正成为制约教育活力的核心难题。

（一）育人不自信

在语文教学工作中，语文教师除了要讲解知识性内容之外，更为关键的是，要能够从思想性层面入手，对学生进行正向的引导，助力学生思想认知观念的正向发展。然而，在当下的实践观察中可以发现，受到外部社会环境的影响，学生在思想认知上往往存在一些谬误和偏差，教师在面对这些问题时，受限于自身思想高度，难以及时作出正确而完善的正向引导。比如，在语文教学

中，有关勤俭节约的课文、诗词和文言文数量相对较多，勤俭节约也是中华民族优秀的传统，但当教师就勤俭节约相关内容进行讲解时，一些学生却提出了反对意见，以当下的消费文化、消费现象和消费理念为借口，传播超前消费、享乐消费和过度消费的说法。

面对这种情况，语文教师如没有掌握相应的思想理论，就难以对学生的问题进行正向的引导，教师自身的道德品行也会成为制约引导效果的重要因素。每当教师面对这种棘手的思想性问题时，就非常容易陷入种种因素的困扰之中，从而表现出显著的不自信，进而错失了引导学生正向发展的大好机遇，使语文教育的思想活性明显不足，教育活力大幅下降。这种现象可以集中概括为语文教师在履行育人使命时表现出不自信的特征，难以主动践行立德树人教育根本任务的要求。

（二）教书不自信

教书不自信是语文教师团队中存在的一种常见现象，这种现象产生的原因相对复杂，主要受到两方面因素的影响。一方面，语文教师所掌握的知识相对有限，更多是集中在专业层面，对于自身的知识眼界、知识积累和知识体系并未及时作出更新和调整，致使语文教师的整体知识水平、专业水平和能力水平出现了一定的脱节现象。另一方面，在信息时代，学生所掌握的信息工具愈发多样，能够通过多种渠道获取更多的知识，这就使得学生在看待问题时拥有了更多的解读视角和解读方法。

在这种情况下，教师一味沿用传统的教育理念、教育思想或教育内容，就很容易引发师生之间的偏离乃至对抗，导致语文教师教育教学自信明显受损。比如，在教师教授老子有关"天地不仁，以万物为刍狗"的内容时，有学生提出了有关人本主义的观点，但教师对于人本主义的理解甚少，也无法从中西方哲学对照的角度来对教学内容进行进一步的拓展和整合，致使知识讲解的说服力相对不足，权威性明显缺失。很多教师在这种情况下都会选择以死板僵化教条的知识解读方式为主，让学生死记硬背，一味盲从，这显然人人降低了教育的活力。

（三）管理不自信

管理不自信主要是指语文教师在进行教学管理时，往往因种种因素干扰，在选用管理手段时，表现出摇摆不定、畏首畏尾的情绪。

由于当前学生的成长环境有所转变，独生子女数量大幅增加，学生所表现出来的自尊自爱特性也更为突出。教师在进行教学管理时，不得不考虑到外部要求和学生特征而选择相对温和的方法予以正向的引导，但在这一过程中，语文教师所能够采取的管理手段越来越少，管理的效果也越来越差。"教不严，师之惰"不再是语文教师所秉承的基本原则，反倒更倾向于允许学生自由发展，这种现象虽然显示出现代教育的发展优势，但在一定程度上导致了师生双方的不平等，教师开始沦为教学管理的弱者，其管理的自信自然难以有效建立。

二、语文教师教育活力的三大源泉

语文教师面对以上三大不自信难题时，应当针对问题的表现进行深层次的探究，寻求通过思想源泉、知识源泉和心灵源泉的深入挖掘来进一步增强自身的自信，坚定自身的信念，提高自身的素养，真正成为核心的教育参与者，肩负起教书育人的使命，成为推动学生发展的中坚力量。

（一）挖掘思想源泉

思想是教师最强有力的武装，在教书育人的过程中，唯有坚定思想信念，树立思想自信，教师才能保持超然的态度，全方位引导学生，全过程助力学生，为新时代中国特色社会主义建设培养优质的时代新人。

首先，语文教师要坚持读经典，要以中西方思想的经典著作、马列主义思想的经典著作、我国历代领导人的经典著作等经典作品为主，进行持续的自主阅读、自主反思和自主学习，并借助教师学习共同体、教师研讨会、教师培训会等多种方式，在思想层面进行不断的探索和挖掘，切实提高自身的思想水平。由于语文教师具备较为多元的综合知识基础，理解能力较强，因此，通过勤奋的思想性学习，能够切实提高语文教师的思想认识水平。

其次，语文教师要敢于讲真话。要针对当下教育领域、社会领域、学习领域、学术领域等众多领域的热点事件、热点问题和焦点难题，进行直接的批判或肯定，要敢于表明自己的主张，在与学生进行平等交流的基础上，展现教师在思想层面的深度和广度，从而赢得学生的认可和支持。在实施的过程中，教师还可以选择学生关注的问题或现象,进行有针对性的解读,从而更好地引发学生参与的积极性,使之在与教师的互动、交流与协作中实现自身思想认知水平的有效提高。

最后,语文教师要做榜样。要对自身的言行举止进行有效的规范,坚持立德树人的教育根本任务,不断提高自身的道德品行水平,从而成为学生学习上、生活上和成长上的好榜样。

(二)挖掘知识源泉

孔子作为千古第一师,具有良好的学习习惯,"发愤忘食,乐以忘忧,不知老之将至"就是孔子好学的真实写照。在当今社会,信息数量快速增长,语文教师所能获取的学习资源也越来越多,想要保持教育的活力,坚定知识层面和专业层面的自信,语文教师就应不断学习,深入探究,丰富自身的知识积淀,完善自身的知识体系。

首先,语文教师要学而不限。要主动从自身的专业领域跳出来,在更大的范围内进行知识的学习、体悟和内化。要做到博览群书,学而不骄,能够在进行语文知识讲解时,旁征博引,多元讲解,使语文教学过程成为知识性更强的表达过程,让学生能够在更多元内容的启发下深入感知知识、理解知识、体验知识和内化知识。

其次,语文教师要学而不懈。要具备自主学习、持续学习和终身学习的良好习惯,能够充分利用业余时间进行自主的学习和探究。在不断发现新的学习热点、学习问题和学习切口时,主动通过信息工具、信息资源和信息渠道的使用来进行高效能的智慧化学习,并将自身的学习所得记录下来,融入语文教学实践之中,使语文教学常教常新,始终能给学生带来知识上的鲜活体验,切实促成语文课堂活性的进一步释放。

最后,语文教师要学而不骄。要与学生建立平等的关系,引导学生与自己进行深层次的互动交流,并在交流过程中相互学习、相互激励、相互促进,真正做到教学相长,在教学实践中完成自身知识水平的进一步提高。

(三)挖掘心灵源泉

"经师易得,人师难求",想要做一名优秀的教师,除了能为学生传道授业解惑之外,还要关爱学生,关怀学生,用仁爱之心感化学生、引导学生,使之走向成长的正轨，实现发展高度的有效超越。为了能够坚定自身的管理自信，成为优秀的育人之师，语文教师一方面应当坚持深入学生群体，与之进行面对面沟通，利用语文学科的亲和力特征与学生保持亲密的联系。在此过程中，不断发现学生存在的问题，帮助学生解决问题，成为学生的朋友，然后从平等关爱的角度来影响学生、感化学生、引导学生。另一方面，语文教师还要坚持运用语文知识、语文内容和语文内蕴来持续进行正向引导和正向宣教，要与家长进行深入的沟通，使之对学生成长问题产生正向的看法，进而更好地配合教师进行课上和课下的管理工作。语文教师可以尝试采用个性化评语、家校沟通记录册、家校群组、学生群组等多种渠道，通过个性化评价激励、深入沟通引导的方法来达到教学管理的目的，在尊重学生的基础上，本着促进学生发展的原则，为其指明正确的道路。

三、总结

语文教师在保持教育活力的过程中，必须对当前存在的育人不自信、教书不自信和管理不自信问题进行深刻反思，进而主动践行立德树人教育根本任务的要求，从思想层面进行个人思想水平的不断提高，通过学经典、讲真话、做榜样的实践尝试，逐步树立思想自信。在此基础上，语文教师要学而不限、学而不懈、学而不骄，通过对知识的持续学习和动态学习切实增强自身的专业水平，为学生提供更高品质的语文讲解。最后，语文教师还要能够在教育教学过程中，坚持以学生为中心，主动关爱学生，正向引导学生，个性激励学生，使学生保持充足的学习动力，不断推动语文教育品质的提高，不断突破自身的发展局限，成为更优秀的个体。

（作者系上海大学附属小学语文教师）

以问促思　构建生命课堂

孔　屏

当下，生命哲学、生活世界、理解对话、主体间性等理论呈现在中国的时代舞台上。我们看到一种以"生命"为研究视角和以"生命"为教育本体的探索正在成为教育研究中一股新鲜而又强大有力的潮流，它不断地冲刷着现代教育中存在的诸多问题和弊端，促使教育教学第一线的实践者不断反思现实的教育实践与教育理念之间的距离。

在传统的语文课堂上，教师提问，学生回答，"教师传授、学生接受"这样的刻板局面也许大家都非常熟悉。在课堂学习中，做学生的好似被牵着鼻子的"牛"，老师指到哪里，学生的思维就到哪里，乖乖跟着老师的教学思路，在一个个预设的问题中完成学习任务。自己做学生时觉得这样是理所当然的，当了老师后，也曾经不觉得有何不妥。然而，在新课程背景下，一股股新鲜理念冲击着教师的头脑，原先固有的、承接传统的一些教学模式在教师们心中开始动摇了。

"学贵有疑"，小疑则小进，大疑则大进。"学起于思，思源于疑"，现代心理学认为，一切思维都是从问题开始的，问题贯穿于整个教学过程。知识只有围绕问题展现出来，才能很好地被学生所理解和接受，进而成为学生内在精神世界的有机组成部分。问题又是教学活动的归宿。教学的最终结果绝不是用传授知识去完全消灭问题，而是在初步解决已有问题的基础上引发更多、更广泛的问题，从而促使学生的认识向纵深发展。强烈的问题意识有助于学生去质疑、释疑，直至进行新的发现——创新。学生头脑中只有存在问题，才会主动去思考，才会有求知的愿望和要求，才会积极去学习知识，知识的获取对于学生才有意义。

编著统编版小学语文教材的专家十分注重对学生在阅读中问题意识的培

养,力图改变以往在教学中一味接受学习、死记硬背、机械训练的现状,努力实现学生学习方式的转变,促使学生学习的主动性、能动性、独立性不断生成发展,使学习过程更多地成为学生发现问题、提出问题、分析问题、解决问题的过程。

这一理念在课堂实践中的初次尝试,便让笔者在教学中获得了一种全然不同的教学效果,来自师生、生生等多方面的互动对话,以及在文本中学习质疑——释疑——突破,大大提高了学生学习的能力和效率。

一、突出教学内容的人文性,师生合奏"生命之歌"

《基础教育课程改革纲要(试行)》明确提出,课堂教学应"改变课程过于注重知识传授的倾向,强调形成积极主动的学习态度,使获得基础知识与基本技能的过程同时成为学会学习和形成正确价值观的过程"。笔者认为课堂教学的内容不能只传授"何以为生"的本领和知识,还要进行"为何而生"的内在目的性教育。

(一)抓文本内容前后联系促思

在阅读教学中,笔者努力体现阅读教学的整体性,坚持训练学生从课文内容的前后联系中去加深对句、段乃至全文内容的理解,去体会句、段乃至全文所表达的思想感情。这对发展学生的思维、提高学生独立阅读的能力都起了重要的作用。

笔者的做法归纳起来就一个字——"导"。为此,笔者下功夫吃透教材,充分挖掘教材中固有的那些只有将课文内容前后联系起来思考才能正确理解的因素,利用这些因素精心设计问题,用问题引路,给学生导出一条"抓住课文内容的前后联系,理解内容,体会感情"的阅读思路。

如:笔者围绕《将相和》中"蔺相如捧着璧,往后退了几步,靠着柱子站定。他怒发冲冠,说:'我看您并不想交付十五座城。现在璧在我手里,您要是强逼我,我的脑袋就和璧一起撞碎在这柱子上!'"这几句话设计了这样一个问题:"和氏璧是无价之宝,蔺相如真能像他说的那样和璧一起撞在大柱子上吗?"多数学生认为:如果秦王逼得紧,非要把和氏璧夺过去,蔺相如就会真的去撞,他宁可与璧同归于尽,也不让秦王白白将其抢去;如果秦王不强逼，他就不会去撞。这显然是脱离了课文内容的前后联系，单凭个人感情，用一般的常理去分析而得出的错误结论。有一位同学则认为蔺相如绝对不会去撞壁，理由是：相如离开赵国之前曾对赵王说，如果秦王不肯交出十五个城，他"一定把璧完好无缺地送回来"。蔺相如这时说要和璧一起撞在大柱子上，只不过是为争取时间完璧归赵的缓兵之计。同学们一边听，一边不约而同地翻阅课文前面记叙的相如赴秦之前对赵王说的话，一个个不禁点头表示赞同。整个讨论过程使学生们悟出了读书时注意文章内容前后联系的重要作用。

（二）抓新旧知识的有机联系促思

抓新旧知识联系的道理，可以说教师们都懂，然而，要让抓新旧知识的联系起到导思育能的作用，并不是轻而易举的事。因为这要求教师不但要在备课时下一番功夫钻研，而且要在课堂教学中把握好时机，选好两者之间的联系点。

在学习《草船借箭》的课堂上，有一位同学谈出了一个看法："十万支箭是诸葛亮用计骗来的，而不是借来的，所以我认为题目应改成'草船骗箭'"。究竟是"草船借箭"这个题目好还是"草船骗箭"这个题目好，学生意见不一，争得面红耳赤。这正是抓新旧知识联系进行解疑的有利时机。于是，我启发道："请同学们想一想诸葛亮用草船弄来的箭，后来干什么用了？"同学们立刻运用记忆中储存的信息，把新旧知识有机地联系起来，发表了新的看法。有的学生说："在赤壁大战中，周瑜率兵把诸葛亮从曹操那里弄到的十万支箭又全部射向曹军，如数还给曹操，所以还是'草船借箭'这个题目好，它更形象地说明了用草船得来的箭的用途。"有的学生补充说："'草船借箭'的'借'字，更能突出诸葛亮的神机妙算，而'骗'字却有损于诸葛亮的形象。"新旧知识的联系，不仅使问题得到圆满解决，而且使学生的理解、思维、认知能力均得到了发展。

（三）抓大问题与小问题的联系促思

根据教学目的和重点通盘考虑，将有难度的综合性问题与细节性的局部问题相结合，使课堂提问主次分明，先后有序，提出的问题前后贯通，相互印证，有利于推进对问题的思考，为学生解决问题提供一个角度。如果说，一堂课是一首乐曲，那么大问题就是整个乐章中的基调，而小问题则是乐章中的每个细小的音符,音符为基调而设置。

如教学《赤壁之战》,为了让学生逐步理解周瑜用大火打败曹操八十万大军的经过和原因,笔者设计的大问题为"周瑜是怎样按黄盖的计策打败曹军的?";小问题为:"A曹操为何把兵船锁在一起? B周瑜和黄盖为何想火攻? C为什么黄盖能接近曹营? D火船是怎样冲进曹营的? E火攻的结果如何?"通过回答这一大五小六个问题,学生对赤壁之战的经过和原因就了解得清清楚楚了。

(四)抓事物间的某种联系促思

有些课文中存在着有某种联系的几类事物,这种联系既是作者布局谋篇的参照,又蕴含了行文的清晰脉络,还成为抒发思想感情的"生发点"。因此设计提问,对于学生掌握语言文字表达是十分有益的。

在《蛇与庄稼》一课的教学中,学生了解到原本风调雨顺,庄稼应获得丰收,可现在庄稼却连年歉收,他们便会产生疑问:这是为什么呢?笔者让学生读第四层,随后提问:"这是谁惹的祸?"学生答:"田鼠惹的祸。"笔者出示"田鼠、庄稼、蛇"三个词语,提问:"这三者之间有什么联系?"提出这个问题的目的在于让学生明白它们之间的联系,知道田鼠破坏庄稼,蛇吃田鼠。当学生初步知道这三者之间的关系后,再提问:"谁会用因果关系说一说庄稼丰收、歉收的原因?"学生的回答是:"因为洪水淹死了蛇,没有淹死田鼠,所以田鼠又回到地里糟蹋庄稼。因为没有蛇捕捉田鼠,田鼠繁殖得特别快,所以庄稼得不到好收成。"这样抓住事物间的内在因果联系,让学生分析、判断蛇与庄稼的因果关系,学生不仅领悟了语言文字中所传授的"道",而且运用概念判断事情的能力也得到了提高。

二、关注课堂教学的生成,把握生命课堂的律动

苏霍姆林斯基说:"在每个孩子心中最隐秘的一角,都有一根独特的琴弦,拨动它就会发出特有的音响,要使孩子的心同我说的话产生共鸣,我自身就需要同孩子的心弦对准音调。"

生命的生长、发展是一个动态的过程,在这一过程中,生命的实践活动起着至关重要的作用。生命的律动必须通过动态、真实的生命活动去培养。一个

真实的教育过程是一个师生及多种因素间动态的相互作用的推进过程,它不可能百分之百地按预定轨道行进,常会生出一些意料之外的情况。教师应心怀教学目标,注重课堂教学的生成,把握生命的律动。

(一)课前探究,主动释疑

读书百遍,其义自见。因此,对于那些学生学习中遇到的能通过阅读课本和课外书籍而解释的问题,可以有针对性地向学生推荐工具书、参考书,并指导阅读,让他们找答案,从而解决疑问。预习作为一种个体的认识活动,不仅有利于培养学生的学习兴趣,而且有利于培养学生的自学能力。

在教学《精卫填海》一课时,笔者力求给学生创造学语文、用语文的机会,开展多样化的探究活动,以此盈润了学生的聪慧,课堂气氛活跃,收到了良好的效果。学生读完课题后,笔者引导学生探究,就课题提问题。学生根据课题提出了一系列问题:精卫是谁?它为什么要填海?是怎么填海的?它填平海了吗?学生带着这些问题观看整个神话故事,通览整篇课文,在初步的阅读基础上,不少问题豁然开朗,但学生对精卫日日夜夜填海却没能填平大海感到不解。而这,恰恰是老师引导学生领会这个故事的关键问题。笔者点拨他们这是一篇神话故事,请学生讲讲自己课前预习时对神话的了解。一些学生将自己在课前对神话的查询整理做了简单的发言,明白了神话的真正意义,原来精卫填海只是一种精神的象征,是人们一种美好的愿望,为了实现这个愿望,人们想象出了这个故事,它代表着坚韧和勇敢。笔者因势利导,让学生再说说自己读过的神话作品,谈谈这些神话中蕴含的真理、寄托的情怀。学生们饶有兴趣地讲了《后羿射日》《夸父追月》《女娲补天》等。课前探究不仅有助于学生对文章的解读,而且能够促进学生养成主动思维的习惯。

(二)比较分析,事实释疑

思维的变通性也就是思维的灵活性,它要求能针对问题从不同角度用多种方法思考问题,能举一反三、触类旁通。人的机智就是从思维的变通性产生的。培养思维的变通性就是培养变通能力,能适应环境,进而寻求改善环境的能力。而比较法的特点则是确定对象之间的差异点和共同点。

教学《田忌赛马》第四段时,为了帮助学生懂得田忌赛马转败为胜的原因,笔者先指导学生对两次赛马的情况进行比较分析:

```
第一次        田忌           齐威王
（斗力）    （败）上————上（胜）
            （败）中————中（胜）
            （败）下————下（胜）

第二次        田忌           齐威王
（斗智）    （败）下————上（胜）
            （胜）上————中（败）
            （胜）中————下（败）
```

学生经过比较分析，便很快地说出田忌转败为胜是因为在孙膑的指导下改变了马的出场顺序，终于以胜两场输一场的战绩获胜。笔者因势利导，对学生进行拓展训练，启发他们思考：除了用这种顺序田忌能获胜外，还有没有其他顺序可帮助其获得胜利？让学生试着排其他顺序。学生很快排出另两种对阵方法：

```
田忌           齐威王            田忌           齐威王
（败）上————上（胜）         （败）中————上（胜）
（败）下————中（胜）         （胜）上————中（败）
（胜）中————下（败）         （败）下————下（胜）
结果：1∶2                     结果：1∶2
```

学生很快又说出从以上排法可以看出，除了第二次比赛的顺序，其他顺序田忌都不能取胜。笔者进一步拓展，问道："假如齐威王也调换了马的出场顺序，田忌应当采取什么办法才能保持不败？由此你得出什么结论？"这样的训练，使学生的求异思维不断地得到发展。

（三）以智启智，启发释疑

教师提出问题后，要注意留给学生思考问题的时间，以调动全体学生积极思考，同时注意设计展现思维过程的提问，根据学生的实际准确地点拨，启发并及时帮助学生通过自己的思维劳动越过思维障碍，在获得知识的同时，促进思维发展。

《飞向蓝天的恐龙》是一篇科普文章，通过介绍恐龙向鸟类演化的过程，揭示了科学家们在古生物研究领域的探索和发现。这篇文章不仅具有知识性，还蕴含着丰富的思维启迪点，非常适合用来实践"以智启智"的教学理念。在教学之初，通过展示恐龙和鸟类的图片或视频，激发学生对恐龙和鸟类的好奇心和探索欲。接着，引导学生阅读文章，了解恐龙向鸟类演化的过程，让学生感受到科学探索的神奇和魅力。同时，教师可以鼓励学生立志成为一名科学家，去探索更多未知的自然奥秘。

在阅读文章的过程中，设计一系列问题，引导学生深入思考和探究。"恐龙为什么会演化成鸟类？""演化过程中有哪些关键的变化和转折点？""这些发现对我们了解地球历史和生物演化有什么意义？"通过这些问题，引导学生主动思考、积极探究，培养他们的逻辑思维和批判性思维。

为了让学生更好地理解恐龙向鸟类演化的过程，组织学生制作恐龙和鸟类的模型，通过比较它们的形态和结构，加深对演化过程的理解。学生在小组讨论中分享自己的发现和想法，合作精神和交流能力得到了锻炼。

在教学结束后，进一步拓展和延伸学习内容。鼓励学生阅读更多关于恐龙等古生物的知识，了解最新的科学研究成果和发现。还可以让学生发挥想象力，创作一篇关于恐龙演化成鸟类的故事或科幻小说，培养他们的创新思维和想象力。通过《飞向蓝天的恐龙》为例的教学实践，我们可以看到"以智启智"教学理念在科普文章教学中的重要作用。

（四）讨论争辩，分析释疑

学生学习过程中遇到的疑问有些是由于理解不透造成的，有的是由于从某些单一的角度、某一层次去看问题，不能全面系统地看问题而产生的。对此教师可组织学生讨论，让他们互相启发，从而激发学生灵感的火花，达到晓理明义、破解疑问的目的。

《母鸡》一文中，作者老舍对母鸡的态度发生了明显的变化。文章开始，作者表达了对母鸡的讨厌和反感，但随着时间的推移，他的态度逐渐发生了转变，最后甚至对母鸡产生了敬意。这种态度的转变不仅展示了作者观察事物深入细致的特点，也为我们提供了一个讨论、争辩和分析的绝佳案例。

首先，组织学生进行讨论，探究作者一开始讨厌母鸡的原因。学生们可能会提出诸如母鸡的叫声扰人、高傲自大、欺软怕硬等理由。通过讨论，学生可以更深入地理解作者的感受，并认识到每个人都有自己的喜好和偏见，而这些喜好和偏见可能会影响我们对事物的看法。

接着，引导学生就作者态度的转变展开争辩。学生们可能会提出这样的问题:"为什么作者会突然改变对母鸡的看法?是不是因为母鸡做了什么特别的事情?"通过争论,学生可以逐步认识到,一个人的态度并不是一成不变的,它可能会随着时间和环境的变化而发生改变。同时,学生们也可以学习到,观察事物要全面、深入,不能仅凭表面现象就作出判断。

最后,引导学生深入分析作者态度转变的意义。学生们可能会认为,这种转变展示了作者对于生命的尊重和理解,也体现了他对于母爱的赞美。通过分析,学生可以进一步认识到,一个人的态度转变不仅仅是个人的心理变化,更是一种对于世界的深入理解和感悟。同时,学生们也可以从中汲取启示,学会更加全面、深入地观察和理解周围的事物。

三、结语

普罗塔克曾说:儿童不是一个需要填满的罐子,而是一颗需要点燃的火种。

家长的支持,加上笔者真诚的赞扬与欣赏,班级同学的发言积极性不知不觉中有了变化,课堂上一张张小脸开始变得生动,一只只小手如同雨后春笋般举起。要激活问题意识,让学生学会质疑和释疑,教师必须改变学生阅读的心理状态,清除学生的心理障碍,为学生的"问"营造氛围。学生求知欲旺盛,这正是问题意识培养的基础。为此教师要营造宽松、民主的教学氛围,鼓励学生解决问题,鼓励学生去标新立异、异想天开,为学生提供适合探究的学习环境。

在实际教学过程中,教师应该对大胆质疑的学生加以鼓励;对提问错误的学生,教师也不能批评,应启发他们换另一种方式思考;对于提出富有思考性问题的学生应予以赞赏;对于不善于提问的学生要有十足的耐心,帮助其树立自信心。只有这样学生才能没有精神束缚和心理负担,上课才会积极举手、踊跃发言,才能在自由、活跃的学习氛围中提出有价值的问题。同时在课堂中教师更要鼓励学生大胆表现,让学生敢说、自信地说,让课堂焕发真正的活力。

(作者系上海大学附属学校语文教师)

如何唤醒学生的"真阅读"

梁迎春

语文教学中,课堂教学是最重要的一环。语文课堂教学,尤其是课文讲解,某种程度上,就是阅读课。那么,课堂阅读及相关问题非常值得语文教师去关注和研究。

课堂阅读,学生可能存在以下问题:只是眼到的"扫描仪"式阅读;只是口到的"吐字机"式阅读;即使大声朗读,字符念完、页码翻完却不知所读为何物的"空白完成式"阅读。

这些都是学生正襟端坐,一页页翻书下的"假阅读"。

一、如何判断"真阅读"是否发生

阅读时,同步发生了思考与理解,读有收获、读有个人体验的阅读才是"真阅读"。可以从"阅读习惯"和"阅读理解程度"这两个角度、六个层次来判断学生的"真阅读"是否发生。

(一)第一层次——读正确

读正确,包括读准字音,读通句子,不添字也不掉字。很多时候,学生遇到不认识的字,都喜欢偷懒,念个偏旁或者跳读过去,再也不回头去查,结果最后攒下不少读起来似是而非的字。此外,阅读过程中,学生喜欢用自己的表达方式阅读,对作者的文字或多字或少字,胡乱地猜着意思就过去了,有的时候甚至没完全把这段话看下来就略过去了。这样读书是不准确的,形成的阅读理解自然也会有所偏差。

（二）第二层次——读明白

什么是读明白了？第一个检测标准就是读完一段话，学生能把它描写的内容与自己的生活经验联结，形成具体的画面。第二个检测标准，就是读完一段话，学生能用自己的话说说这句话或这段话的意思，能理解里面的逻辑关系。如果能找出关键词句，然后说出前后之间的逻辑关系，多半是读明白了。

（三）第三层次——读出细节

举个例子来看，《军神》这篇课文里有很多细节，单看沃克医生的神态变化：从最初冷冷的，到露出惊疑的神色，到目光柔和，文章最初就描写了三处神态变化，学生读完要能看到这样的细节描写，能发现这些变化。文中读完特意提到的"一向从容镇定的沃克医生"是别有深意的，这里不能当寻常文字扫过去就算了，学生在阅读时要注意这些细节，并停下来想想为什么特意加上这样的描写。

（四）第四层次——读出深度

读出深度，是要读出文字背后的含义。在《陈毅弈棋》这篇文章中，有陈毅只身前往私塾先生家去找他下棋的描写，这里"只身"指的是陈毅独自一人，此时的陈毅是新四军军长，是一位可以随时带警卫员的军官，这次却特意只身前往，可见陈毅想要故意隐瞒身份，只为进行棋艺的实力切磋。

（五）第五层次——读懂表达

读懂表达，这就是对文章表达特点和结构特点的理解。

读《十六年前的回忆》，学生要感受作者对父亲的深切怀念，也要关注"首尾呼应"的写法。作者反复强调虽然事情已经过去了十六年，但往事历历在目，想起来仍恍如昨日。《那个星期天》作者为了表达自己的失落，细致描写了周围环境的变化，尤其是光线从明亮到昏暗的变化，那也正是作者心境的变化，是融情于景的叙述方式。关注文章写了什么，也关注文章是怎么写的，这才算是迈出了"真阅读"的一大步。

（六）第六层次——读有批判

阅读批判，就是阅读之后，读者形成的个人阅读评价。举个例子来说，谭旭东教授在《爱是陪伴和引领》一书中,写他读小学的女儿在老师让同学们评论《小英雄雨来》中的人物时站起来说:老师,我觉得交通员李大叔不是英雄,是"狗熊"。你看,日本人来了,他不但不保护村里的妇女和儿童,反而是自己先躲起来,让一个孩子替他接受风险考验。我觉得他是"狗熊"。先不谈这一评论的对错,有个人的阅读价值批判,这一点的价值远大于简单的对错。当然,对于错误的评价,教师和家长要及时引导和纠正。

二、引导学生进行"真阅读"的方法

(一)借助课本中的插图,让学生在插图上添一添、圈一圈

统编版语文教材以六年级上册第10课《竹节人》的学习为例。在学生熟读生字词、了解课文主要内容之后,笔者让学生观察插图,并根据文中对这两幅插图的描写给图上的竹节人"刻"字。学生迫不及待地动手了。笔者赶紧提醒:"我提出的这个要求可是有'陷阱'的,一定要认真阅读文章内容后再'刻'字。"

接下来,学生"刻"字,笔者巡视。第一幅图,写上对应的名称即可,大部分学生写对了。第二幅图,很多学生往"坑"里跳了。他们大笔一挥,直接就在插图上写上"齐天小圣"四个字。笔者发出提醒:"小心,你已经掉到'坑'里了。再读读课文中对应的部分,看你'刻'得对吗?"认真读过书的学生恍然大悟,"哦、哦……"地叫起来。其他学生,有的开始研读文字,有的还是不知何为。笔者一路走过去,看他们"刻"字的位置,评价着"掉坑里了""在岸上""在岸上"……最后,举手点数"在岸上"的学生,不过20人。

课文中的插图是这样的:

对应的描写是这样的:"竹节人手上系上一根冰棍棒,就成了手握金箍棒的孙悟空,号称'齐天小圣',四个字歪歪斜斜刻在竹节人背上,神气!找到两根针织机上废弃的钩针,装在竹节人手上,就成了窦尔敦的虎头双钩。把'金钩大王'刻在竹节人的胸口,神气!"

很显然,掉进"坑"里的学生在阅读的时候,是没有"真阅读"的,没有理解所读文字的意思,没有关注到文字的细节。"齐天小圣"四个字是"刻"

在背后的,不能把字像"金钩大王"那样刻在胸前。

这是运用了在插图上添一添的方法,还可以在插图中圈一圈,比如学习《西江月·夜行黄沙道中》,让学生在插图中圈一圈"惊鹊""茅店""社林"分别在哪里,就可以反馈学生对诗词描绘环境的理解程度。

(二)让学生根据文字描述画一画脑海中出现的相应画面

以五年级上册《搭石》和《冀中的地道战》学习为例。

学生读完《搭石》第一自然段中"进入秋天,天气变凉,家乡的人们会根据水的深浅,从河的两岸找来一些平整方正的石头,按照二尺左右的间隔,在小溪里横着摆上一排,让人们从上面踏着过去,这就是搭石"这段文字,笔者让学生根据理解画出溪流和搭石。学生画得五花八门。有的学生把石头画到溪流岸上,溪水哗哗流,岸边堆满石头;有的学生把搭石画得一块紧挨一块,排成一条直线;还有的学生把所有的搭石都画得圆溜溜的,就像精细打磨过似的。由此可知,这些学生并没有"真阅读",对自己所读的文字并不理解。

冀中的地道构造图,有很多学生画得设置不全,不是没有陷阱,就是没有迷惑洞;还有的把大洞小洞分开画;有近一半的学生在画地道的时候,直接把地道画成了竖井或者呈一条直线的横行通道,每个竖井地道都是孤立的,互不相连。由文生图,画不好,文章肯定没有读好,没有理解透彻。当然,也有学生画得很准确,把图画两相对比,就让学生直观感受到了阅读理解的偏差。

"画一画"的方法多应用在有方位、陈设以及环境描写等画面感强的文章中,比如《开国大典》中的会场布置、《董存瑞舍身炸暗堡》中的暗堡位置、《藏戏》中的面具形态……学生真正读懂文章,就能把握住细节,准确画出相应的图画。

(三)让学生根据文字描述动手做一做相关事物

以五年级上册习作例文《风向袋的制作》阅读为例。

学习这篇小说明文的时候,笔者并没有进行讲解,而是提前让学生根据文章内容准备好相关材料。为了确保操作安全,笔者让学生用绳子和硬纸条代替文中的铁丝。

课堂上,给学生15分钟自由活动时间,让他们自己阅读文章,根据文章说明来制作风向袋,同学之间自由组成制作小组。

几分钟后，各色风向袋新鲜出炉：有的偷工减料，袋口明明应该打四个孔，只打了三个，这样的风向袋，方向有些偏离；有的操作不正确，绳子不按要求两两对接再系总绳，而是一根绳穿过所有孔，直接系到木棍上，这样的风向袋，风一来，直接扎上了口；还有的风向袋圆锥体制作不严密，上下都有口，这样的风向袋兜不住风，吹不起来……

制作完成后，笔者让学生借助课文中的话说说自己的风向袋是怎么做的，并相互点评风向袋制作得怎样、有什么优点、存在什么问题。

笔者的同事，在教学三年级下册《肥皂泡》时，就让学生根据文中的方法自制肥皂液，吹泡泡；教学二年级下册《手影戏》的时候，也让学生根据文字自己表演手影。

从文字阅读到根据文字做一做，学生是否读懂文章一目了然；而学生做失败了，恰恰是对其读不懂书、关注不到细节的真实反映。

（四）让学生针对文章细节练一练相关题型

小学六年级上册《我的战友邱少云》，学生初读时，笔者提出的要求是：读准字音，读通句子，遇到读不流畅的地方多读两遍；字字入目，边读边理解所读文字的意思。

学生初读后，笔者针对学生一不认真读就会忽略的几个细节，设置题目，让学生进行判断。

---

1. 潜伏地点：391高地山坳里一条非常隐蔽的山沟，离敌人很近。
   潜伏时长：天亮前到晚上，一整个白天。
   潜伏要求：做好伪装，僵卧着一动不动。（　　）
2. 班长和几个战士比邱少云隐蔽得更好。（　　）
3. 邱少云的棉衣溅上了燃烧弹的火星，所以烧着了。（　　）
4. 第6自然段"看看太阳，却老是停在原来的地方，就像钉住了似的"生动地写出了时间过得慢，"我"盼望天黑的心情。（　　）

其中，第1题，原文说的是"在391高地山坳里……一条比较隐蔽的山沟"，是"比较"而不是"非常"。第2题，原文中说邱少云"隐蔽得更好，相隔这么近，我都几乎找不到他"。第3题，课文中是"看样子是溅上了燃烧弹

的油液",不是火星。设计第4题目的是检测学生有没有在阅读的同时思考这句话背后的含义。

这几个题目的设计,都是选取的学生在阅读中容易忽略掉的细节,或者是背后有含义的句子,这样的针对性练习,各个年级每节课其实都可以设计。题目的完成情况能在一定程度上反映学生的阅读状态。通过这样的练习,也可以引导学生关注文字细节,边读边思考。

(五)让学生把读到的文章演一演。

单纯地去谈阅读,学生并不喜欢,但是如果让学生演一演,他们会非常感兴趣,课本剧表演、分角色朗读等就是从这个角度出发来设计的。

读完整本书《中国民间故事》之后,笔者让学生通过"演一演"的形式来呈现自己的阅读收获。学生兴趣高涨,他们结合插图和影视资料,设计人物外形;结合文字描写和自己的读书积累,制作道具和饰品;家长们也积极行动起来,给孩子们准备人物服装和化妆……那几天,班里像喜逢节日一样欢腾。

小周同学和小魏、小刘、小姜组团表演了《狼、狐狸和兔子》的故事,他们的表演很出彩,布偶下的他们活像一个个小动物,具体而丰富的语言对话,细腻而生动的面部表情,都立体还原了故事的发展过程。尤其是小周同学的肢体动作,多变而形象,他用面部表情和肢体动作形象表现出人物的情绪变化和性格特点。同学们在教室后面的空余地方围成一团坐好,观看他们的表演,小周同学表演兔子最后吃了毒药身亡,身子一抽一抽的,慢慢死去,惹得同学们哈哈大笑,一时间,所有同学都沉浸在故事情节之中。

参加表演的学生要把平面化的语言描写变得立体而生动,这是从语言到行为的一次改编。学生在进行表演的同时,就要充分调动自己的想象力、感知力和联结力,要建立生活和文本的联结,把文字还原成生活中真实的现象。这不仅挑战了理解力,更需要融合文本与现实的联结能力。与此同时,观看的学生在欣赏的同时也会伴随批判,会用自己的理解去审视表演的同学是否表演得到位,进而让自己的理解与表演的同学的理解发生碰撞,在这种碰撞中启迪新的思考。

静静端坐,逐行过目,并不能保证"真阅读"的发生,"真阅读"需要激发学生的阅读兴趣,让学生能真正沉浸其中,在"过目"的同时,伴随思考的发生以及情感的激荡。教师要积极给学生搭建一方阅读展示的舞台,从不同的方面促进学生阅读的热情，因为其所发挥的作用有时比一味专心静静地读书还要大。

(六) 可以适当组织一些阅读小活动

一些阅读后的小活动，可以很好地激发学生的阅读兴趣，通过活动对学生的阅读理解程度进行反馈。

学完四年级下册最后一个特殊单元——童话，笔者就组织召集了一次童话故事中的"神器"拍卖会。让学生们在读过的童话故事中找一件"神器"来拍卖，拍卖之前要写一写这件神器的拍卖词，比如它有什么优点，又会给你带来什么麻烦，都要介绍清楚。起拍的也不是钱，而是跟这个神器有关的某些行为或某种品质，哪个竞拍人陈述得清楚、能打动人，那么这件神器就拍给谁。

一天的准备时间之后，活动就开始了。小陶同学先上场，她拍卖的是阿拉丁神灯。她说阿拉丁神灯有无限法力，能帮助你完成所有的心愿，但是它也有不足，那就是它能知道你的所有秘密和心事，你在它面前就会成为透明人。你的好愿望能美梦成真，你的一些不好的想法也可以事成伤人。如果你能接受请起拍，起拍条件是说出你最美好的心愿，我觉得谁的心愿最好就拍给谁。于是，同学纷纷举手说出自己的心愿，最后，小陶同学把她的阿拉丁神灯拍给了那个希望永远没有世界末日的人。

后来小菲拍了不老泉的泉水，想要拍得这件，要说出希望和自己一起喝水的三个人，还要说出理由；小徐拍了白雪公主里恶皇后的毒苹果，想要拍得这件，要说出自己做过的三件恶作剧的事情，谁的恶作剧好玩给谁；小周拍了匹诺曹的鼻子，想要拍得这件要说出自己守信诚实的事情，谁的最诚实就给谁；还有拍巨人花园的，海的女儿的巫婆汤的，也有拍灰姑娘的玻璃鞋的……总之，大家脑洞大开，拍得五花八门。

这场拍卖会，学生拍得不亦乐乎。笔者让他们把"神器"出处的童话故事名称写到黑板上，最后让他们齐读了一下，应该有不少学生会去找里面感兴趣的内容读一读吧。

除此之外，还有"人物猜猜猜""结局我来写""看图猜书名"等活动，都极大地激发了学生主动、深入阅读的兴趣，有效推动了学生的质疑、思考阅读。

以上是笔者尝试的课堂上促进学生"真阅读"的六种方法，算是送给同行的一块"敲门砖"。只要教师有这种"真阅读"的教学意识,并不断探索,就能找到更多更好的方法。

通过这些方法,教师能直观地了解学生的阅读效果,能具体地看到每个学生的阅读状态。这些方法,让"真阅读"是否发生以及发生的程度都不再抽象。这便于教师对阅读态度和阅读方法进行有针对性的指导,也便于教师开展有针对性的个体辅导。

同时,这些方法还可以唤醒学生个人的阅读"元认知",帮助学生达到阅读自我监测,进而不断提高阅读专注度,不断提升理解力,不断加深思考。

总之,要用这些方法代替"读书不认真""读书要关注细节""读书要思考"等概括、抽象的评价和指导,引领学生感知自己的阅读状态并进行自我阅读监测,最终实现从教师检测到自我监测,从"假阅读"到"真阅读"。

(作者系青岛市西海岸新区江山路第一小学副校长)

美美与共：谈语文教学的跨学科融合

程 敏

2022年4月国家颁布义务教育新课程标准之后，上海市闵行区万科双语学校（下文简称"万科双语学校"）也在第一时间做了研读学习，在感叹我国教育理念发展如此迅速的同时，也深感教育工作者需要努力提升自身的业务能力，把学生培养成为"有理想、有本领、有担当"的德智体美劳全面发展的社会主义建设者和接班人。而在新课标中，笔者印象最深的莫属各学科不少于10%的跨学科主题学习设计。跨学科活动最早出现在20世纪20年代的美国，到90年代非常盛行，发展成为包括以学科为中心的多学科课程，以各学科共有的学习内容为中心的跨学科课程和以学生的疑问与兴趣为中心的超学科课程。笔者这次分享的重点在于以语文学科为基础，融合其他学科共有的学习内容为中心的跨学科课程。

一、以语文学科为基础

为什么以语文学科为基础？理由有三点：

（一）语文学科是传承国家通用语言文字的学科，具备实践性和综合性，也是工具性和人文性的统一

学生以语文中的文字为工具，去学习其他的学科知识，同时也用文字来表达在所有学科学习中的情感和学习成果。同时，语文学科在历史的积淀下形成的文字更代表了历史、文化、传统、社会的意识形态等，其人文性显而易见。

（二）语文学科包罗万象的内容为与其他学科共同的学习内容提供了丰富的资源宝库

而以学习任务群组织与呈现的语文学科教学围绕特定学习主题，形成相互关联的系列学习任务，为跨学科的学习提供了良好的学习逻辑框架。

（三）希望学生能够学会欣赏美，能够在学科学习中丰富他们的审美经验，而语文学科无疑是最突出的代表

语文学科能让学生感受到丰富的语言文字的内涵，这是文字之美；语文学科弘扬优秀的中华文化，塑造学生的文化素养和文化底蕴，这是文化之美；语文学习中的联想想象、分析比较、归纳判断等认知表现是对思维能力的锻炼和培养，培养学生勇于探索、积极思考的习惯，这是思维之美；语文学习中通过文学作品的学习，学会欣赏、感受、理解作品，学会用语言文字表达自己的情感和观点，展示丰富的精神世界、情感体验、见闻故事等，这是创造之美。蕴含如此多"美"的语文学科对于孩子美学的培养是多么有价值和意义呀！

二、跨学科主题学习如何进行

如何进行跨学科主题学习设计？可以从如下四个方面展开：

（一）确定主题

学生通过跨学科主题学习，不仅获得了语文学科的主题学习经验，还获得了跨学科主题学习经验，通过综合运用多种学科知识去理解、解决现实问题更能培养学生面向真实世界的能力。所以主题的选择要具备一定的概括性和通用性，有助于多学科开展相关的探究和知识的导入，打破学科的壁垒，整合学科知识内容，通过有限的课时的学习达到最大化的综合性学习效果。主题同时具备一定的社会现实性，尤其是对于学生来说，不应该选择过于深奥、抽象的主题，要有利于学生开展，体现"做中学，用中学"的实践性学习特点。

（二）相关学科开展头脑风暴

以语文学科为基础的跨学科主题学习，并不意味着语文学科设计好所有的内

容，而应该集合所有的相关学科共同探讨，并尝试从不同学科视角探索主题的内容，包含切入角度、与其他学科的关联性等。

（三）将学科问题转化为跨学科主题教学问题

结合学科的不同课时安排和主题的相关度等，以学生的真实学习为出发点，创设便于学生学习的教学问题，形成结构化的教学问题链条，从而引导学生一步一步地从不同的学科视角围绕同一个目标和共同的主题进行自主性探究学习。

（四）以终为始设计跨学科主题学习的预计成果和评价标准

跨学科主题学习要以引导学生自主、合作、探究学习为目标，改变学生的学习方式，促进深度学习，培养学生解决问题的能力。所以在评价标准方面，通常会以学科的核心素养为主来进行评价，表现性评价所占的比重更高，可以对学生进行更加综合、平衡、全面的评价，区别于传统的纸笔测试的评价方式。

三、万科双语学校跨学科主题学习案例

这里不妨介绍一下万科双语学校以"美美与共话中秋"为主题的跨学科主题学习案例。学校在2022年9月开展了一系列以"中秋节"为主题的跨学科主题学习活动，包括语文、英语、数学、劳动、美术、音乐。选择"中秋节"这个主题有几个原因，其中之一是学校弘扬中国传统文化的目的，尤其是双语学校，希望孩子更多地了解中国传统节日的历史和传统，建立学生的文化自信，也让外籍教师了解中国传统文化。同时，中秋节这个主题内容比较多元，包括月亮、月饼、人物、故事等，其范围也超出了校园，可以让学生扩展到社区和其他的校外场景进行拓展学习。活动根据不同学科知识的内在联系，把分散在各学科之中的知识点进行重组、串联，从而融会成一棵"知识树"，其以语文知识为干，各科知识生发为枝，最终结出多味融合、意蕴丰富之果，旨在让师生感受中华传统文化的魅力，弘扬传统、光大中华文化。

学校将中秋系列活动与各类学科整合在一起，开展语文学科"四"体验、数学"一"实践、音乐"三"展演、美术"一"创作各项学科类活动，拓展学

生丰富的文化内涵，拓宽了知识面。其中，语文学科"四"体验内容如下：

（一）听与说

中华民族五千多年的悠久历史蕴含着浓厚的东方文化，形成了许多富有特色的传统节日。为了让学生们更好地了解民间风俗，感受中秋传统节日活动的丰富多样性，由四、五年级学生代表组成的演讲小分队精心录制视频，用中英文从节日的起源、风俗、传说、传统美食等多维度将"我了解的中秋"呈现在屏幕前。通过手拉手，伙伴间的多元学习方式带着学弟学妹们一同走进这个月圆、人团圆的节日，共同分享学习收获，品味中秋文化，感受传统节日之美，享受节日之乐，使"中秋节日"深入人心。

（二）贴与画

中秋节特色习俗的形成耐人寻味，让这个节日充满了神秘的色彩。以低学段学生为例，通过贴一贴、画一画的方式，让他们运用美术课上学到的技能自由表达他们最喜欢的中秋特色活动。

（三）观与感

中秋节是国人对世界文化的重大贡献，这种贡献不仅仅在于吃月饼、赏月、团圆，还在于构成了一种文化内涵极其丰富的月文化。而"月亮"这一意象在西方文化语境背景下出现的时间比较早，而且经过历史文化的长期发展，形成了独具特色的思想与文化内涵。不管是在传说还是各类文学作品中，以"月亮"这一意象来寄托自己思想情感的情况较为常见，而且分为正反两个方面的意象。五年级学生通过小组合作的方式，以手绘或电子小报的形式，探究"月"在中西方文化艺术上的差异。

（四）学与写

千百年来，人类在地球上与那美丽的月亮遥遥相望，产生了无限的遐思，留下了无数动人的诗篇。张九龄的《望月怀远》、苏轼的《水调歌头》、朱自清的《荷塘月色》、冰心的《往事（二）》……在品读这些文字的过程中，学生通过模仿古今文人的表达方式，自创诗词、散文，并将自己最喜欢的古诗词或语段进行中英文翻译。

除此之外，根据"中秋节"这个大主题，学校也通过与其相关的"月饼"和"月亮"等相关内容，在其他学科做了相应的拓展。比如在数学学科上，小学低年级的孩子们一边品尝美味的月饼，一边对月饼的形状、奇偶数、计算、等通过实践的形式进行学习，加深了对知识的理解和运用；而高年级的孩子通过参与如何在中秋节花费100元购买中秋节礼品的活动，既在现实生活中运用了计算的知识，又深刻理解了金钱的意义，也有利于养成良好的消费观，同时也培养了家国情怀和敬老爱幼、关爱他人等品质。美术课上也让孩子动手创作了和中秋节、月饼、月亮有关的艺术作品；而音乐课上也结合着学生学习过的编曲知识、与古代中秋有关的音乐的欣赏、与其他主题节日的音乐作品相对比，让学生独立创作和中秋有关的音乐作品，表达自己心目中的中秋节，抒发自己的情感。

四、跨学科综合主题学习的意义和价值

基于语文学科的跨学科综合主题学习在学生的核心素养培养方面有着不可忽视的时代意义和教育价值。

（一）能应对真实世界中更为复杂的挑战和困难

人们学习知识的目的是解决现实世界的问题，然而现实世界的问题通常需要人们把所有的知识技能综合起来加以解决。因此教育要注重学生对于跨学科综合知识的学习和应用，获得跨学科主题学习的经验，学生才能在未来的真实世界中应用这些能力，也才能应对真实世界中更为复杂的挑战和困难。

（二）打破了学校课堂学习的边界，实现知识的迁移

学校以"美美与共话中秋"为主题的跨学科综合主题学习，以语文学科为基础，充分发挥了语文学科的基础学科优势，凸显了语文学科的工具性、综合性、实践性和人文性的特点，为跨学科主题学习奠定了很好的基础知识，同时，"中秋节"主题的设定也为跨学科学习的系统化构建提供了一个合适的切入点，具有生活性和可延展性，有利于与真实的生活场景和生活问题连接起来，促进真实学习的发生，改变学生的学习方式，从单一的"记中学"的学习方式向"做中学，用中学，悟中学，创中学"转变。通过跨学科的学习，打破

了学科之间的界限；将学习任务拓展到校外的空间和家庭社会生活中，打破了学校课堂学习的边界，实现了知识的迁移。

(三) 让学生的学习过程和解决问题的能力具备可持续性

在整个跨学科主题单元学习的过程中，学校注重以素养为导向的评价，打破了以分数为衡量标准的评价方式，改为表现性评价。根据不同的任务和内容设置不同的评价标准，依据学生在学习过程中的表现和反思进行相应的评价，并引导学生对于自己的表现进行自我评价和反思。整个评价的过程呈动态，不再是单一的，而是指向持续性学习的过程性评价，让整个学习的过程和学生解决问题的能力具备可持续性。

五、结语

在跨学科综合主题学习的实践中，万科双语学校仍然在探索和尝试的初步阶段，但是我们相信每个学科的美都是可以延伸和扩展的。数学探索的是数学与自然社会的关系之美，劳动孕育着实践之美，历史包含着传承的思想之美，体育充满着力量之美，艺术在生活中体现享受之美，科学在钻研中鼓励探究之美。除了让学生在每个学科中感受到各美其美的学科魅力之外，通过跨学科综合主题学习，让美美与共，通过大主题和大任务的主题学习活动，实现学科间的综合内容组织和学习活动单位，在教师间打破自己的学科壁垒，拓展了教师教学的半径和范围，加强了教师之间的合作教学；在学生的学习方式方面也落实了真正的育人改革，促进深度学习的发生，发展学生跨学科综合素养。同时，在学生学科多、任务重的情况下，通过跨学科综合主题学习的方式在减负提质上实现了突破，对于教师的教学效能提升也起到了促进作用。未来，学校语文学科将更多发挥领头羊的作用，带头其他学科做更多的跨学科实践和探索，促进整体上学习方式的变革和学生真实能力的提高。

（作者系上海市闵行区万科双语学校校长）

第三辑

整本书阅读和阅读课的探索

群文阅读与整本书阅读的对比分析

彭娅婷

近几年，语文教育界非常活跃，尤其是在阅读教学方面，相继提出了多种阅读教学方式或方法。其中，群文阅读与整本书阅读关注度很高，它们是两种典型的阅读方法，不但在理论上引起了很多学者的关注，在实践上也引起了很多教师和学生的兴趣。然而，这两种阅读方法之间存在何种关系？它们之间有何异同？这些问题似乎没有引起语文教育界足够的重视。本文试图从概念、理论支撑、阅读方法及阅读效果等几个方面分析两者之间的异同，以期进一步加深对这两种阅读方法的理解。

一、群文阅读与整本书阅读的内涵

作为一种阅读方法，群文阅读在教育界引起了很多学者的重视，但严格来说，它的内涵并不明确。不同学者对"群文阅读"有着不同的理解，其中有两种观点最具代表性：第一种观点以倪文锦为代表。他认为，群文阅读是"教师在一个单位时间内指导学生阅读相关联的多个文本，通过梳理整合、拓展联系、比较异同等，促使学生在多文本阅读过程中关注其语言特点、意义建构、结构特征以及写作方法等，从而使阅读由原有的读懂'一篇'走向读通'一类'"[①]。第二种观点以于泽元为代表。他认为，群文阅读是"围绕着一个或多个议题选择一组文章，而后教师和学生围绕议题展开阅读和集体建构，最终达成共识的过程"[②]。这两种观点的不同在于，前者强调教师的主导地位，后者在

---

① 倪文锦.语文核心素养视野中的群文阅读[J].课程·教材·教法，2017（6）：44.
② 于泽元，王雁玲，黄利梅.群文阅读：从形式变化到理念变革[J].中国教育学刊，2013（6）：63.

一定程度上弱化了教师的主导地位，并主张群文阅读的结果是教师与学生通过阅读最终达成共识。当然，这两种观点之间的不同并不能掩盖它们之间的相似点。比如，这两种观点都承认群文阅读需要多个文本或文章，这些文本或文章之间存在着紧密的联系，而且群文阅读需要教师与学生的集体建构工作。

与"群文阅读"相似的是，"整本书阅读"这一概念的内涵也不是很清晰。但和"群文阅读"概念不同的是，"整本书阅读"这一概念之所以不清晰主要源于人们对"整本书"有不同的理解。有些人将"整本书"作泛化理解，主张整本书既可以是内容上具有完整性与连续性的一本书，也可以是某个作家的作品集，还可以是某类体裁作品的汇编①；有些人则倾向于将"整本书"作狭义式理解，仅将结构与内容的完整结合体视为整本书②。虽然从目前的教学现状来说，支持前一种观点的人较多，但是就本文的写作目的而言，大家倾向于支持后一种观点。原因如下：

第一，如果将"整本书"作泛化理解，那么可能无法准确地区分群文阅读与整本书阅读。群文阅读最重要的特征就是阅读主题相关的文章，这些主题相关的文章显然可以视为某类作品的汇编。如果将整本书阅读作泛化理解，那么整本书阅读将包括群文阅读。

第二，从字面意思上说，"整本书"表达的就是一本结构与内容完整的书。比如《红楼梦》：如果坚持将作品集或某类体裁作品的汇编视为"整本书"，那么需要在"整本书"这一概念下进一步区分诸如《红楼梦》原著、相关的作品集与成果汇编，并进一步为它们各自给出一个恰当的命名与定义。显然，这不是一项简单的任务。

第三，将"整本书"作泛化理解，不符合《普通高中语文课程标准（2017年版2020年修订）》对整本书阅读的要求。《普通高中语文课程标准（2017年版2020年修订）》虽然没有对"整本书"给出明确的定义，但它要求学生利用书中的目录、序跋、注释等，学习检索作者信息、作品背景、相关评价等资料，深入研读作家作品。如果作品集与汇编作品都属于整本书，那么学生需要查找和利用的资料将大大超出高中生所能承受的范围，因为汇编中的作者与作品往往不是一个，而是多个，工作量巨大。

---

① 张燕玲，倪佳敏."整本书阅读"：语文核心素养培养的必由之路[J].中学语文教学参考，2019（6）：30.
② 张世虎.整本书阅读教学需澄清的几个问题[J].中学语文教学参考，2019（10）：6.

第四，根据一些学者的考证，"整本书阅读"受叶圣陶教学理念的影响，而叶圣陶最初在讨论"读整本书"时，强调的是文学名著，是内容与形式合二为一的文学名著。[①]这些显然与作品汇编有所不同。

第五，将"整本书"作泛化理解的一个后果是无法准确地把握什么是"整本书"。一些主张将"整本书"作泛化理解的学者在谈到整本书阅读时，主张将整本书的范围扩大至四种类型的书籍：篇章紧密关联且架构完整的贯通型书籍，如《红楼梦》；篇章独立但架构完整的系统型书籍，如司马迁的《史记》；篇章独立但前后内容隐性关联的文集，如鲁迅的《彷徨》；篇章零散但主旨意蕴深远的"语录型"整本书，如《论语》。[②]笔者认为这种理解整本书的方式可能使人们根本不知道什么是整本书。因为当人们承认"篇章独立但前后内容隐性关联的文集"是整本书时，人们有何理由认为自人类历史以来的同一主题下的各个论文集不是整本书？当人们承认"篇章零散但主旨意蕴深远的语录型书籍"是整本书时，人们有何理由认为《四书五经》《十三经》、儒家各种学术典籍甚至故事会、幽默笑话不是整本书？在这种情况下，人们甚至不清楚什么样的书籍内容不属于整本书。

基于上述理由，应该将"整本书阅读"限定在内容连续完整、结构统一、语言风格一致的著作之上。结合《普通高中语文课程标准（2017年版2020年修订）》对整本书阅读的要求，可以将"整本书阅读"的内涵揭示为：教师通过提出专题学习目标，引导学生通过阅读内容连续完整、结构统一、语言风格一致的著作，培养学生形成适合自己的读书方法、养成良好的阅读习惯，促进学生对中华优秀传统文化、革命文化、社会主义先进文化的深入学习和思考，形成正确的世界观、人生观、价值观。

以上分析表明，群文阅读与整本书阅读之间存在着很多不同。首先，群文阅读和整本书阅读的阅读素材在形式上有明显的不同。群文阅读主张阅读的是主题相近或相似的文章，是一组文章，而整本书阅读主张阅读的是一本内容与结构完整的著作。其次，群文阅读和整本书阅读的阅读目标不同。群文阅读是希望师生通过阅读和意义建构达成共识，以期共同成长，而整本书阅读是希望学生通过自主阅读找到适合自己的读书方法、养成良好的阅读习惯。第三，群

---

① 李怀源.叶圣陶"读整本书"教学理论体系及现实意义［J］.中国教育科学，2020（4）：44-45.
② 李丽，刘飞.整本书阅读教学的核心问题及其课程化建构［J］.天津师范大学学报（基础教育版），2021（4）：62.

文阅读在一定程度上具有公共性,而整本书阅读往往具有个体性。群文阅读依赖于教师与学生之间的通力合作,以期形成共识;整本书阅读往往是个体性的,会因为个体选择阅读书目和阅读规划的不同而有所不同。

二、群文阅读与整本书阅读的理论基础

虽然群文阅读与整本书阅读的内涵有很大的不同,但是它们都有各自的理论基础。根据夏巍和黄钰潇的分析,至少有以下几个理论可以为群文阅读提供理论支撑:建构—整合模型理论、文本互织理论、认知主义理论。①

第一,建构—整合模型理论指的是建构过程和整合过程相结合的模型。根据建构—整合模型,基于文本输入,读者建构起包含有命题意义的文本基础,这一过程是阅读的建构过程;读者将建构的文本整合到自己的知识网络之中,并最终形成连贯的文本心理表征,这一过程是阅读的整合过程。在建构阶段,文本的输入首先经过自下而上的加工形成命题;接着,通过记忆,这些命题慢慢激活读者知识网络中其他相关命题;然后,基于对每一个概念和命题进行赋值,最后形成语义网络。显然,建构—整合模型描述的过程与群文阅读的过程相一致。因为群文阅读的过程也是建构—整合的过程,学生需要根据阅读目的以及自身已有的认知,通过自下而上的方式寻找线索、聚焦重点、整合信息,形成完整的意义整合工作,突出不同文本之间共同享有的主题内容。

第二,文本互织理论认为,任何文本要么是对特定文本的回忆和继承,要么是对特定文本的吸收与转换。广义的文本互织理论将互文性看作任何文本与赋予该文本意义的知识、代码和表意实践的总和,狭义的文本互织理论强调的是文本与其他文本之间的佐证关系。而无论是狭义的理解,还是广义的理解,它们都强调文本之间并不是相互孤立的,而是相互影响的。这种理解文本的方式显然为群文阅读提供了坚实的理论基础,因为群文阅读的前提就是承认所选文本之间存在着紧密的相互联系。

第三,认知主义理论认为,学生在学习过程中并不是机械地、被动地接受教师传授的知识,他们能够独立地、自主地发现问题并找到解决问题的办法。群文阅读主张教师在指导学生阅读时启发学生自主发现问题、解决问题,这与

---

① 夏巍,黄钰潇.近十年来群文阅读的研究综述[J].文学教育,2023(3):135.

认知主义理论的观点相一致。①

与群文阅读理论不同的是，整本书阅读的理论基础相对较少，目前国内学界对这个问题的讨论不多。不过可以猜测的是，整本书阅读之所以在学界引起人们的重视，与哲学家们在整体与部分之间关系问题上强调整体有关。比如朱文辉在谈到整本书阅读的理论指向时，提到黑格尔和王元化等人对整体的重视。②他们都认为，有机物的整体先于部分，部分只有在整体中才有意义，才有价值。假如哲学家们对整体的强调是合理的，或者他们对整体与部分之间关系的分析是合理的，那么要求学生在阅读时从整体上把握文本、文本的某个部分，就具有理论上的支持。这就表明，整本书阅读与群文阅读的理论基础具有实质性的差异。

三、群文阅读与整本书阅读的教学方法

由于群文阅读与整本书阅读的阅读理念、阅读目标不同，因此它们要求所采取的教学方法也有所差异。对于群文阅读而言，虽然每位教师可能会由于自己教学方式的不同采取不同的方法策略，但这些方法之间必定存在着一些共性，而这些共性也是群文阅读的核心内容。

第一，组建群文。组建群文是群文阅读的起点，可以由教师发起，也可以由学生发起。不过由于教师在学识上的专业性，大多数群文阅读都是由教师发起的，也应该由教师发起。在组织群文阅读教学之前，教师可以将阅读目标和学生的发展需要作为最重要的选文依据，围绕提前设置的阅读议题制作阅读提纲或思维导图，加深学生对多文本的理解。

第二，提供开放宽松的阅读环境。群文阅读的材料虽然大多是在同一个主题之下的，但往往由于文本多、结构不一，容易给学生造成理解上的困难。宽松的阅读环境是学生有动力继续阅读的前提条件。当然，宽松的阅读环境并不意味着教师在群文阅读教学过程中不作任何限制。如果学生在阅读过程中出现理解上的偏差，没能把握文本的基本内涵，那么教师应及时给出合适的阅读建议。

---

① 除此之外，群文阅读可能还有其他的理论基础，比如图式理论和学习共同体理论等。参见尹浪.群文阅读教学：理论基础与实践特征［J］.课程·教材·教法，2023（2）：88-95.
② 朱文辉，郝晓田，冀蒙.整本书阅读：指向分析、价值剖析与策略探析［J］.课程与教学，2022（9）：62.

第三,在群文阅读教学过程中,培养学生主动探索、合作阅读的意识。群文阅读是开放性的、集体建构的过程,它不预设关于某个议题的标准答案,也不主张把教师的个人观点看作最终的权威。群文阅读需要学生主动参与、共同完成。教师在教学过程中,可以鼓励学生充分发挥他们的主观能动性,积极参与群文阅读的全过程,让他们作为学习主体和教师一起在充分发挥个体智慧的基础上逐步建立起基于文本的视域融合,最终达成共识。

总的来说,在群文阅读过程中,教师既作为群文阅读的指导者,又作为群文阅读的参与者,需要引领学生主动参与阅读,和学生一起建立起民主和谐的阅读氛围,以达成阅读上的集体建构。

在整本书阅读过程中,教师的定位与群文阅读中教师的定位不同。如果承认教师在群文阅读中既是指导者,也是参与者,那么在整本书阅读中,教师作为指导者的地位更强,作为参与者的地位较弱。学界不少人持有类似的观点。比如朱文辉曾在讨论教师在整本书阅读中的地位问题时说:"教师的指导应出现在学生阅读的全过程,并在不同阶段扮演不同角色,最终达成学生自主阅读、个性化阅读和深度阅读的目标。"[①]这种论述只突显了教师的指导地位,并没有提及教师的参与角色。

具体来说,在整本书阅读教学过程中,教师指导地位的突显至少可以体现在以下几个方面,这几个方面同时也展现出整本书阅读教学的核心过程。

首先,推荐书籍。选择一本好书是进行整本书阅读的关键因素之一,但对学生来说,如何选择一本好书并不是一件容易的事。这一方面是因为"好书"的数量实在太过于庞大;另一方面是因为学生的阅读量不够、背景知识不足。在这种情况下,教师的指导作用就比较重要。通过教师的指引,学生可以快速选择自己感兴趣的书,为整本书阅读提供坚实的起点。

其次,为学生制定合理的规划。整本书的体量和阅读难度对学生的阅读效果有直接影响。在有限的课堂上,无论是教师还是学生都很难完成阅读整本书这么大的工作量。因此,整本书阅读教学需要由课内延伸到课外。这就需要教师根据学生的阅读水平与所读书目的难易程度为学生制定合理的阅读计划、布置相应的阅读任务。例如,学生想要阅读难度较大的名著,教师可以采用程序

---

① 朱文辉,郝晓田,冀蒙.整本书阅读:指向分析、价值剖析与策略探析[J].教育科学研究,2022(9):65.

化的方式布置任务，将复杂的名著阅读划分为若干部分，让学生在逐步解决难点问题的基础上拾级而上。教师在该过程中或进行指引或进行激励或进行总结，以保持与学生的持续性互动，维持学生阅读整本书的热情。

最后，在学生阅读完整本书之后，给出合适的反馈。学生阅读完整本书不是整本书阅读的完结，教师可在学生阅读完整本书之后要求学生展示个性化成果，并给出合适的评价，激发他们持续阅读的兴趣。当然，学生的个性化成果不必拘于形式，可以是读后感，可以是美文摘录，甚至可以作画。在学生完成个性化成果之后，教师可以开展推荐会，让学生基于自己的个性化成果对其所阅读的整本书进行推荐。

四、群文阅读与整本书阅读的优缺点

无论是群文阅读还是整本书阅读，它们都具有重要的理论价值和现实意义。

首先，群文阅读作为一种新兴的阅读教学模式，丰富了语文课程的内容与形式，有利于加强教学资源建设。群文阅读运用结构化原理整合多文本信息，打破了传统单篇课文教学的单一模式，可以形成清晰的理解性结构。这是现代阅读教学的"新命题"以及教与学体系的重要变革，能进一步完善、丰富现行语文课程的内容与教学形态。教师结合课程标准自主选择并组织教学内容，在某种意义上就是一种课程开发过程，有利于加强教学资源建设。

其次，群文阅读有利于推动教师的职业化提升。群文阅读的高要求迫使教师不断学习提升，丰富个人内涵，提升专业能力，以适应探究型课堂模式，推动形成教研一体的智慧课堂模式。通过对群文阅读教学实践的有机整合，教师能有效开展深度调研和教学反思，成为教学实践的组织者、研究者，实现教师的专业成长和深度发展。

最后，群文阅读能提高学生的阅读素养，提升学生的阅读水平。群文阅读不仅能拓宽阅读视野，丰富阅读内容，提高阅读效率，还能极大提升阅读品质，建构学生的语文核心素养结构，学生的阅读思维也能够得到拓展。多文本形成的复杂的学习环境和内容，指向多维度的"参照系"和"阅读场"。

不过，群文阅读也有不足。比如，群文阅读可能会以碎片化的形式出现，影响学生的认知深度和连贯性；群文阅读是一种共享式的阅读，容易忽视学生个体间的差异。相反，整本书阅读可以很好地规避这些缺点。因为整本书阅读是深度的学习与阅读，它能打破语文阅读教学的狭小格局，实现课内外、精读与泛读、正式学习与非正式学习的有效结合与衔接，不但可以保证阅读的深度和连贯性，还可以为学生的差异化和个性化阅读提供空间。具体来说，它至少具有以下几个优点：

其一，整本书阅读有助于学生的知识积累。通常来说，整本书的内容丰富、结构完整，通过阅读整本书可以帮助学生提高阅读量，将文本中的知识体系内化为自己的知识体系，为后续的阅读打下基础。

其二，整本书阅读有助于培养学生阅读的习惯。整本书内容丰富，持续时间长，学生要想完成整本书的阅读必须做好长期阅读的规划。这种阅读方式有利于培养学生坚持长期阅读的习惯。

其三，整本书阅读有助于锻炼学生处理信息的能力，提高思维敏捷性。单篇文章情节紧凑，但阅读难度小；整本书内容信息量大，阅读时间长。学生如果想要在整本书阅读中建立起内容体系，就需要在整本书中提取合适的信息进行分类、整合，这有利于学生提高信息处理能力。

其四，整本书阅读有助于学生获得良好的审美体验。整本书内容丰富、结构完整，它所带来的情感体验是单篇文章无法比拟的。阅读整本书，有助于学生获得良好的审美体验，构建起自己的文学世界。

当然，相较于群文阅读而言，整本书阅读也有一些缺陷。比如整本书阅读时间较长，往往局限于一个文本，如果操作不当有可能影响学生的认知广度与阅读兴趣。总之，两种阅读方式各有优劣，教师应该审慎选择。

五、结语

综上所述，群文阅读与整本书阅读之间存在许多差异。首先，群文阅读和整本书阅读的阅读对象不同。群文阅读的阅读对象是一组主题相近的文章，整本书阅读的阅读对象是一本内容与结构完整的著作。其次，群文阅读和整本书阅读的理论基础不同。建构—整合模型理论、文本互织理论、认知主义理论构成了群文阅读的理论基础，哲学家们在整体与部分的关系问题上强调整体的优先性构成了整本书阅读的理论基础。再次，群文阅读与整本书阅读的教学方法不同。在群文阅读中，教师需要鼓励学生参与阅读，和学生一起达成阅读上的集体建构；在整本书阅读中，教师需要通过指导学生阅读的全过程，培养学生达成自主阅读、爱上阅读的目标。最后,群文阅读与整本书阅读的优缺点不同。群文阅读有助于拓宽学生的阅读视野,但容易忽视学生的个性;整本书阅读有助于加强学生的阅读深度,但有可能影响学生的认知广度。建议语文教师在教学过程中既要针对不同的教学目标使用不同的阅读教学方法,又要综合运用这些阅读方法培养学生的阅读兴趣与阅读能力。

(作者系上海大学文学院2022级汉语国际教育硕士研究生)

高中语文阅读思维品质的课堂教学逻辑实例研究

邵英英

美国哲学家、教育家约翰·杜威在《我们如何思维》一书中指出，智育的全部和唯一的目的就是养成细心、警觉和透彻的思维习惯。笛卡尔说，意志、悟性、想象力以及感觉上的一切作用，全由思维而来。高中学生的思维发展迅速、越来越成熟，思维品质也亟须优化提升。

同时，课程标准也对语文学科素养提出了新的要求，如何提高学生思维能力已然成为重要课题。在《普通高中语文课程标准（2017年版2020年修订）》中，语文学科的核心素养在原先重视语言知识、语言能力，重视情感态度价值观之外，还着重强调了思维方法与思维品质。课标指出，思维发展与提升是学生在语文学习过程中，通过语言运用，获得直觉思维、形象思维、逻辑思维、辩证思维和创造思维的发展，促进深刻性、敏捷性、灵活性、批判性和独创性等思维品质的提升。

一、阅读思维品质的内涵

优质的思维品质是建立在有效阅读中所培养的阅读素养基础上的。阅读素养主要指学生为了实现个人发展目标，增长知识、发展潜力，以及为了参与社会生活而有效地寻求信息、理解使用和反思书面文本的能力。具有国际影响力的PISA将阅读思维能力分为"访问和检索""整合和解释""反思和评价"三种类型；我国一些学者将阅读思维能力分为复述、解释、重整、伸展、评鉴、创意等层面（见表1）。

表1 六层次阅读能力系统主要内容

等级	特　　点	认知能力
复述	认读原文，抄录词语，指出显性的信息	辨认、认读
解释	用自己的话解释词语、句子的表面意思	转译
重整	分析、综述文本内容、辨识（判断）表达技巧	分析、综合、比较
伸展	引申含义，拓展内容	推论、推测、想象
评鉴	评说思想内容，鉴赏语言表达	批判性思维
创意	找新方法，提新想法，运用所读信息解决问题	创造性、求异性思维

在实际教学过程中，语文课堂经常把课文分解得支离破碎，看似很细致，讲得很透，但如果没有帮助学生建立他们的阅读思维能力，那么个案的文本阅读就会显得封闭、低效。如果教学的目标停留在阅读的低阶能力，那么学生自主阅读时对文本的整合、对深层问题的探究、对事理的分析推论、对创意的延伸等思维品质没有得到启发和提升，那么课堂教授给学生的是碎片的、静止的、片面的认知，而没有激发、构建起高阶阅读能力。而阅读思维品质的提升不是靠抽象地告诉学生整合、推论这些大而空泛的道理，而是渗透在日常课堂的阅读教学实践中。

二、教学逻辑概念的认知

阅读思维品质的提升与课堂的教学逻辑是相辅相成的，没有有效的教学逻辑，阅读的思维品质提升难以实现。教学逻辑不等同于教学设计，它包含学科逻辑、学的逻辑和教的逻辑。

课堂教学是一项很复杂的艺术活动，要研究文本的教学价值，这考验教师的教育理论功底；要研究学生的学情，这考验教师对教育对象的认知程度；要研究课堂教学环节，这考验教师组织教学的能力；要研究评价的标准，以检验教学的有效性。但从文本的研究到对学生的研究，最主要的是在课堂教学中将教学内容转换为学生的认知。在这个过程中，教师通过课堂教学将静态的知识转化为学生的认知，其中有动态的教学逻辑和学习逻辑。而发挥课堂最大的有效性，促进学生语文阅读思维的提升，很重要的一点就是在课堂中教师的逻辑推进能否实现认知的建构。

教学思路和教学逻辑都指向课堂中的"思维路线"，关注课堂中教学内容之间的整体关系和逻辑联系，关注整体课堂的方法线索和思想线索。宏观上的教学的逻辑性，是看课堂整体脉络是否清晰；微观上则要看具体教学过程是否符合教学内容的内在组织性，是否符合知识的顺序、层次及结构，是否符合学生的认知规律和思维习惯。

教师在课堂上关注先教什么，后教什么，先怎么教后怎么教，这些都是教学逻辑性的外在表现。而教学内容的先后顺序往往体现了知识之间、知识内部的逻辑组织关系，后者体现了学生认知的逻辑顺序；教学活动的先后顺序往往凝聚着教师对教与学的逻辑思考。这些结构与程序背后的，支配其形式、影响其效果、决定课堂教学具有科学性的内在，就是教学逻辑。

从学生认知逻辑的角度看，学生不仅仅应该学会知识结构，更要学会作为逻辑形式的知识的认知过程，这样才能化识为智，促进认知结构的发展和转变。

三、提升阅读思维品质的教学逻辑推进

高一学生已经具备了一定的复述概括能力，也有基本的解释和分析能力，有初步的整体感，有一定的深入思考。但阅读整体性思维的建构、重点问题的深入思考、根据文本以及背景知识进行合理推论，以及经典文本与当下的联系思考，这些思维需要教师在教学设计时有更缜密的逻辑来培养、建立。

以下结合高一一学年的课堂教学，对发展提升学生阅读思维品质作一些思考和探究。

（一）整体性阅读思维的教学逻辑推进

教师在课堂上分析教材时，经常会抓住细节深入品味，或者对重要段落作重点讲解，有时是出于细节品味的需要，有时是句子段落鉴赏的需要，但学生在阅读时往往也会陷入只抓住细节、只着眼于局部的碎片化阅读。这样的阅读思维停留在感性的、具象的认知上，而对于对整篇文本抽象的整体性的建构这种思维能力的启发和训练是不足的。课堂设计中的主问题引领，看似抛出了一个大问题，但在问题背后是教学逻辑的呈现，是由整体的抽象到局部的分析或

者适时的总结归纳，由局部的感性具象认知整合为整体的抽象认知，从而形成整体性认知思维。

如《梦游天姥吟留别》，学生大多是以背诵识记为目标，对主旨的把握也仅从最后一句"安能摧眉折腰事权贵"的感慨中得出蔑视权贵的认知；或者有些教师会重点关注梦中仙境的奇幻，强调它象征着光明与自由，也有着对特殊的尊崇的向往。对李白梦游天姥的过程仅作了解，学生不会从整体去理解游山与梦中仙境之间的关系、不愿侍奉权贵的感慨是否因为欣赏山川美景比官途更有乐趣而产生、这个感慨从何而来以及与之前的游山梦仙有怎样的内在联系。如果只给学生设置字词积累、掌握了诗歌主旨的目标，学生可以做到一字不差地默写背诵，甚至对主旨也可以倒背如流，但课堂逻辑从字词理解到句意理解再到得出主旨的过程是割裂的，没有完整的逻辑，也不能促进学生阅读整体性思维的提升。

深入文本，一旦将游山的心境具体剖析出来，就可发现李白游天姥山有一系列的心理变化：由未去时的向往到初登山的欢欣再到游览山中时的迷惘甚至惊恐。对于这一心理变化，学生可以在教师的引导下自主梳理出来。梳理后，学生完整串联起整个变化，就不难发现这不仅是李白游山的心情，也是李白长安仕途的内心写照，由对平步青云的向往，到初到长安受人赏识的欢欣，到作为翰林待诏的迷茫，再到受人诽谤的惊惧，最后被赐金放还离开长安的失意。有了这一步整体性的阅读，学生才会发现其心理变化反映的是其真实的人生经历，由此读懂后文李白绝望处想象的仙境的光明自由是其对自由精神世界的向往，在仙境中仙人列队迎接的尊崇是其在现实中求而不得后产生的强烈愿望。

由此可以发现诗歌是一个整体，结尾段蔑视权贵的感慨是有情感变化的铺垫的。由具体的游山梦仙到对现实的感慨是一个情感表达的整体，如果没有由具体到整体的逻辑，对诗歌的解读也会碎片化、机械化。

课堂的整体性的逻辑推进，来源于教师对文本整体性的解读，是将教师的阅读认知转化为学生的整体阅读认知的过程。教师在课堂上在局部与整体之间逐步建立起联系，那么在对文本主旨的静态掌握之外，学生获得的是阅读思维方式，是动态的认知。

如小说《哦，香雪》一文，教师通常将其主旨理解为现代文明进程中乡村少女对先进文明的向往与追求，在课堂上关注火车停靠台儿沟的1分钟内女孩们所好奇之物的异同；探讨香雪用40个鸡蛋换回1个铅笔盒到底值不值；想象10年后香雪们会变成什么样；分析小说中环境描写的作用。这篇小说很难驾驭之处也在于此，可探讨的点很多，但这些知识点之间的联系是根据小说的行文过程展开的，而课堂逻辑却变得跳跃、松散。

回到小说文本，笔者发现铁凝用了大量的笔墨描写香雪误上火车、勇敢走回台儿沟的过程。香雪一个人走夜路感到害怕，但看着手里的铅笔盒又感到十分满足，归途中对家乡之景有了与之前不一样的感受，油然升起对故乡的归属感与对未来的期待，但内心又十分忐忑，毕竟40个鸡蛋是不小的代价，在小伙伴们的呐喊中，她的步子变得更自信、更从容了。虽然窥见了她的内心，但如果没有整合起来的话，这一系列的变化仅仅是香雪的变化，如果串联起整个心路变化，就会发现生命中的每一次成长都会经历害怕——满足——犹疑——坚定——骄傲这一过程，香雪的变化不是得到了铅笔盒的变化，而是在获得铅笔盒的过程中突破自我的变化。这个认知的过程，缺少了整合，就不会有抽象到"成长"这一主题了。整体性思维逻辑能更全面深入地分析人物、分析小说，如此在分析香雪这一人物形象时，就会对她有更深入、更立体也更现代的认识。

这个认知的背后是文本由局部到整体、由细节到主旨的内在联系的建立，看似运用的是对文本进行简单梳理和总结这一方法，但其背后是整合性抽象思维的提升，是阅读整体性思维的建构，是将学科的逻辑转化为学生认知逻辑的过程。

阅读整体性建构思维可以从局部到整体，也可以由主问题引领，从整体到局部。特别是在阅读字数较多或者内容松散的文本时，学生受阅读能力的限制无法将片段阅读的感受和认识贯穿起来，如果缺乏更高的更抽象的问题的引导，也很难建构阅读的整体性。

在尝试整本书阅读的过程中，对于《边城》和《我们仨》这两本书就采用了主问题引领的阅读方式。阅读《边城》这部小说时，笔者引导学生思考小说是如何展现沈从文所说的"优美健康又不悖乎人性的人生形式"的。学生初读时抓不住重点，更多关注翠翠和船总家两个儿子的恋爱过程，很多学生表示看不懂小说到底要写什么，一会儿写端午的活动，一会儿写两人对歌争翠翠。学生对小说的片段式阅读割裂了小说的整体性。沈从文不仅要写翠翠的故事，还要通过写这一地方的风土人情来展现一种人生形式。这种人生形式为什么是"优美的不悖乎人性的"？在这个问题的引领下，学生再读时就会有许多发现，对片段的分析也有更深入的认知，认识到不仅是恋爱方式，还有人与人之间的交往，甚至在发大水时茶峒的老百姓们也会悠闲地安于天命地看着他们的财产在水上浩浩荡荡地飘走，所有细节都指向自然的人生形式。学生在主问题引领下获得的不仅仅是整体性的阅读思维，这个抽象的整体性总是高于片段的具体的感受认知的，这个提升不仅是思维品质的发展，对学生树立正确的价值观人生观也有一定的启示。

运用同样的方法，笔者引导学生阅读了杨绛的《我们仨》。在让学生阅读前提供了两个思考题：第一部分的短梦和第二部分的万里长梦有什么关系？第三部分的琐事回忆体现了怎样的生活哲学（为学态度）？有些学生在读书笔记中说，读不懂驿站的象征意义，读不懂万里长梦的意义。三个部分表面上也是分开的、断裂的。而一旦将这三个部分建立起某种联系，对整本书的认识也会更有指向性。短梦中对锺书离开杨绛感到害怕，长梦中杨绛一程一程地送别，驿站是走向死亡的过程、是面对死亡的过程。第三部分的生活读来没有让人唏嘘不已的坎坷，反而是平淡的、有情趣的。探索住处周围的小路，学着自己做饭菜，在上海拮据的生活中洞察社会，在国外有共同求学的乐趣。因为曾经那么默契地生活，那么认真地生活，那么有情趣地生活，所以面对亲人的离去才舍不得，所以宁可自己承受巨大的痛苦，以梦境的方式书写钱锺书最后时光里她的心态。三个部分并不割裂，如果阅读能入乎其内，又能出乎其外，那么在对阅读的整体性整合的能力得到不断训练之外，对更深层次的人生问题的探讨也就水到渠成。

高屋建瓴的核心问题可以启发学生多层面思考，由浅入深，由表及里，最终形成由局部到整体的思考方式，形成由具体到抽象、由情景到哲学思考的逻辑认知。

整体性的整合能力需要教师课堂的教学逻辑的推进，使课堂设计形成完整的逻辑链，使学生获得更优质的阅读思维品质。整合性、整体性的逻辑推进需要教师对文本内在逻辑有更严密的思考，对学生思维基础有更准确的认识，对教学环节间建立有效的逻辑联系，看不见的逻辑会悄悄转变为更好的阅读认知的思维。

（二）分析深层次阅读思维品质的教学逻辑推进

学生思考问题往往浅尝辄止，尤其在作文思考上思考问题浅表化，泛泛而谈，不能形成对一个问题的深入思考。深入思考源于对一个问题的层层追问。因此在课堂形成一个完整的逻辑性的基础上，教师还要思考这个严密的整体性的逻辑是如何一步步纵深下去的，课堂的每一个环节之间的推进将建立起看不见的思维化学键。

《老王》是杨绛先生的一篇叙事性写人散文，从浅层阅读能力来说，可以理解老王作为底层人物的善良和不幸。从更深角度看，文末对于"一个幸运的人对不幸的人的愧怍"的理解是文本的难点。如果先分析老王的人物形象，再分析杨绛的愧怍，似乎也能深入文本的核心，但对文本的分析过程是割裂的，是教师的牵而引之。而老王的善良和杨绛的愧怍之间有怎样的内在逻辑，这种分析逻辑是学生深入分析的能力。整堂课笔者以"这篇文章写了什么"引导学生由浅入深地进入文本，学生在分析的过程中，不仅发现了老王对杨绛一家好，而且发现了杨绛对老王一家也很好。老王给杨家送冰价钱减半，免费送钱锺书去医院，送香油和鸡蛋；而杨绛一家也对老王很关心，照顾他生意，女儿给老王送鱼肝油治眼病，不要价钱减半，不要免费，用钱补偿香油和鸡蛋。学生在细读文本时自然会认识到杨绛的善良与关怀。于是在学生自己认知文本的过程中，对于杨绛到底该不该愧怍引发了争议。这恰恰是引导学生深入研讨的契机。

实际上，笔者也一直在耐心等待学生自己发现问题，而不是直接抛出为什么愧怍的问题，因为笔者相信学生不仅会从老王的角度出发，也会从杨绛的角度出发，因为文本不仅写一个人，而是一直在写互相的交往。而等待的过程，作为引导者的教师也只追问一个问题，就是"这篇课文写什么"。当然如果学生没有思考到的话，或许笔者也会追问"杨绛一家对老王怎样"或者直接问"杨绛为什么愧怍"的问题，但引导学生自己发现问题，那么课堂教学过程中不仅在关注探讨课文讲什么的内容价值，也在启发学生层进式思维方式。教学设计的逻辑性很重要的是提升学生的阅读逻辑和思维品质，好的思维品质辅助学生更有效地认知问题，深入理解文本。教学逻辑的合理性也是建立在学生对文本认知的逻辑基础之上的。所以在由老王的善良到杨绛先生的愧怍的思考过程中，还少了一层思考的逻辑，就是杨绛也很善良，而杨绛先生那么"善良"却深深"愧怍"之间的矛盾，就自然生成推进文本深入思考的核心问题：杨绛先生对老王一家也有帮助，但为什么还会产生深深的愧怍？

笔者将学生对老王和对杨绛的认知全部呈现在黑板上，学生自然发现了他们互相交往过程中的不对等，老王那么热情地对待杨绛一家，而杨绛每次都是用"钱"往来，特别是在送鸡蛋送香油的情节中。对"愧怍"的原因的追问，就具体变成了杨绛先生把和老王的交往当作"雇主关系"。那么老王的诉求是什么呢？这种诉求推论是否合理？文中有依据吗？深层的探讨也不是脱离文本的主观臆断，对"哑着嗓子"和"我不吃"的两处细节品味中，学生体会到了老王对杨绛一家有家的期待，也读懂了杨绛只给予经济上的补偿的"愧怍"。

主问题引领使整堂课更完整，在矛盾处的追问、在逐步的探究中，从整体的认知走向了思考的深处。阅读思考要纵深下去，需要引导学生发现理解的矛盾点，关键性的矛盾点考验学生发现问题的敏锐度，继而从矛盾的对立中，找到深层统一或多元的思考角度，做深层有效的思考。

层层深入的阅读逻辑要求教师本身对文本解读要有深度，也要求教师在教学设计时提出关键问题，引发学生思考，甚至是在层层铺垫中让学生自主发现问题，自己追问，并自己思考，这样的阅读思维才不会停留在表面，并且梳理出思考深入的踪迹。

再如《项脊轩志》，是明代归有光的一篇记人记事散文，教学设计一般都会抓住第二节的"多可喜，亦多可悲"这句过渡句串联起整篇。在分析所悲时，教师往往让学生根据后文感受其大家族分崩离析之悲、母亲祖母亡故之悲和妻子早亡之悲。但笔者有一个疑问：为什么先写家族之悲，再写三代女性亡故之悲？是根据先写大家再到个人的逻辑吗？从后文祖母对他的期许中读出了久不中功名的惭愧。项脊轩是读书之地，不仅仅是从喜到悲的情感的转变，他们之间是一个整体。大家族的分崩离析背后，是归有光在思考作为一个原先有过光辉的世家大族的一员，年轻学子应该担负起的责任。面对族中子弟顽劣痛心疾首，面对家族没落，他责无旁贷。君子穷则独善其身，达则兼善天下。教师往往想到君子积极入世就是"治国平天下"，往往忽略齐家这一环节，更何况"齐"的是"东犬西吠"的家，面对现状的悲哀背后是一股动力，这动力与读书之乐与祖母的"笏板"激励是一个整体，都是来源于振兴家族的愿望，"项脊轩"之命名是为纪念祖父，也应该是这一用意。有时对写作顺序进行深入思考，会发现其中不仅是一般的写作规律，还有作者的情感因素。

需要深入思考的点无处不在，许多问题值得追问，层进式的思考不是跳跃的思考，不是脱离文本的思考。层进式深入思考是在整体性思维中产生更准确、更独到的认识，建立深入思考的逻辑才能触及阅读的核心。

(三)探究推论合理性的教学逻辑推进

对于文本主旨的分析往往有一个循序渐进的过程,有时从文本的诸多细节品味中不断深入,从整体上宏观地感知作者要表达的主旨。有些文本的主旨有鲜明的语句直接呈现出来,主旨一目了然。但有些文本的主旨却需要学生的推论。推论一定是在文本分析的基础上得出的,不可能脱离文本,但推论除了基于文本的条件外,还存在推论合理性的问题。

比如龚自珍的《病梅馆记》一文,从鬻梅者夭梅病梅到得出人才被扼杀的结论,这中间的逻辑学生不一定能自己得出。以往笔者总是直接将"以梅喻人"的手法直接告诉学生,然后带领学生一一分析每类人的所作所为的象征意义。但笔者恰恰忘记引导学生思考从"梅"到"人"这个过程究竟是如何联系起来的。因为"避席畏闻文字狱",文本并未直接说明梅就是人的象征。它不像《种树郭橐驼传》,柳宗元借他人之口,直接将"种树"与"官理"联系起来,学生不需要思考种树是否表达了其他方面的规律。但《病梅馆记》未说明此梅就是指人,那么由梅到人的推论的合理性在哪里呢?

在疏通字句后,笔者带领学生思考:这篇课文到底要说什么。学生思考后的结论五花八门,有的说针砭文人画士孤僻之癖的,有的说批判当时文坛不良风气的,也有的想到人才被扼杀。学生的思考和笔者之前的判断一样,如果不直接告诉学生手法或主旨,那么他们的发散性思维会导致他们推论出五花八门的结果,有些推论是想当然的。由此而追问推论合理性,就要求学生说出得出该推论的依据来。除了文本的"斫直、删密、锄正"的内容外,有的学生想到了时代背景——清代文字狱盛行,对人才的遏制比比皆是;有的学生猜想龚自珍是否也有过思想被遏制的经历;有的学生举出龚自珍"我劝天公重抖擞,不拘一格降人才"的诗句佐证其解放人才的观点。以往的背景知识介绍,在此变成了主旨推论合理性的依据。对推论合理的依据的思考,体现了更缜密的阅读逻辑。

王昌龄的《从军行》是一首简单的绝句,很多学生早已背得滚瓜烂熟,关于主题,学生也很自然地脱口而出是表达战士视死如归。笔者追问:为什么得出这样的结论?有没有其他的解读可能?学生细品后发现对"不破楼兰终不还"的"终"的理解有两种:一种是不破不归的坚定;一种是久战不归的抱怨。那么哪一种理解更合理呢?这首诗歌的主旨是"厌战"还是"颂战"

呢？得出结论的依据是什么？有学生说从景物描写的角度看，"青海长云暗雪山"中的"暗"不仅写出边塞环境艰险，也可见边塞战事频仍。"孤城遥望玉门关"，这里还是地理空间的猜想。战士们在玉门内还是玉门外？若是在玉门内遥望，那是对击退敌兵的渴望；若是在玉门关外遥望，望向关内，是不是应该理解为对故乡的遥望？从"黄沙百战穿金甲"来看，这些应该是戍边久战在塞外的将士，那么遥望故乡的理解是不是更合理？如果前两句是对故乡的遥望，那么后两句"不破楼兰"是否理解为"厌战"也合理呢？一部分学生认同这样的理解，但另一部分学生认为，前面的环境艰险，对故乡的遥望，都是反衬，越是艰险越是恋家，就越激发出必胜的信念。学生根据王昌龄为盛唐诗人的时代特征，以"盛唐气象"为有力依据，说服了原先持"厌战"的观点的同学。笔者再举《从军行》组诗中的其他诗歌，看看能否在系列性的组诗中找到更明确的依据，但学生最后发现其他几首既有"厌战"，也有歌颂边塞战士的。由此，辨析推论的过程，由质疑到明确结论，又到质疑。根据鉴赏辞典的结论，这首诗并不表达消沉情绪，但笔者认为课堂不应囿于权威，对权威也要敢于质疑，并进行合理的推论分析。这个过程中，推论结果有时并不是非对即错的两极对立，对于不同理解，不能只是简单地判断对错。既有对多元解读思维的启发，又有准确理解的逻辑推论，如此学生获得的不仅是对一首诗的理解，还有推理合理性的逻辑认知。

推论的合理性是多方面的，有文本内在逻辑，有作者生平，有时代背景，有同期作品佐证，有专家权威解读。"授人以鱼不如授人以渔"，推论思维的合理是严密的思考逻辑的重要方面。

（四）延伸拓展现实性的教学逻辑推进

教师对教材的处理往往是就教材讲教材，有时会综合单元主题进行主题思考探究，但对教材当下性的思考会激发一篇文本的超越时空的更普遍的教学价值。

比如鲁迅的《药》中麻木的看客一直都在。笔者以"药"要治疗的病症为出发点，学生结合小说能分析其愚昧无知、麻木冷漠的社会病症。课堂上笔者让学生分角色朗读了茶馆里闲人的对话。在学生的嬉笑声中，笔者慢慢念出网络上的围观事件，学生由刚开始的嘲笑变成了沉默，而沉默中也一定会自省"我是那个麻木的看客吗"？文本与当下的生活或许有一点距离，但其中有许多值得深思的问题，不同的时代不同的环境，可能会面临同样的问题。从文本到当下现实的联系，不仅是反观当下的延伸，而且是由人及我的内在思考。

比如学习《窦娥冤》，可以引导学生思考当下是否有"窦娥"。面对冤屈，关汉卿以他的妙笔、精彩的剧本，为其诉冤。虽然不能改变命运，但冤屈背后的原因值得深思。当下，如果面对冤屈，可以做些什么？元代的剧本与当下的社会进行的对话，不仅激发了传统文体的活力，而且激发了学生联系现实、反思自我的阅读逻辑。共情的阅读超越时代的限制。

《为了忘却的纪念》中的左联五烈士就是平凡的人，但他们有坚定的追求，有崇高的理想。在那个时代，被唤醒的救国启蒙的责任意识，驱使他们抛却功名，抛却私欲。他们并没有丰功伟绩，未形成巨大影响，有人能铭记住他们，是因为他们曾经有过的追求与信念，认真而执着。鲁迅对他们的肯定对当下的青年人也有一定的意义，平凡亦有伟大的意义，可以引发他们思考自己的追求以及自己追求的姿态。

从文本解读到联系当下，学生获得的阅读体验会更丰富，他们能在阅读中积极联系亲身经历及所见所闻，能将对文本的感知内化为自我的思考。

四、结语

教学系统中的逻辑转化有三个过程，第一个过程是从知识逻辑向教学逻辑的转化，这是教师与文本之间的"理解对话"，阅读教学中表现为教师对文本的解读，根据对文本的解读，设计逻辑完整的课堂教学；第二个过程是教学逻辑向学习逻辑的转化，这是师生之间、生生之间的对话，教师要思考学生现有的阅读能力和思维能力，通过提问、分析、质疑、梳理、总结、联想等多种方式启发学生对文本深入研读；第三个过程是学习逻辑向认知逻辑的转化，是学习者基于"此我"与"彼我"的反思性对话，就阅读能力而言，习得并提升学生自主阅读时自发的阅读思维的高阶能力，这个过程是教师不断提高自己思维品质的过程，提高自己的思维品质才能培养学生更好的思维品质。

（作者系上海市闵行区青少年活动中心语文教师）

小学生课外阅读的管理和指导策略

梁 玉

随着新课标的实施,近年来,对小学课外阅读的管理和指导成为语文教师关注的重点问题。对课外阅读的指导和管理虽然不全是语文教师的责任,但从学生读写能力提升的角度出发,这也是小学语文教师不可忽视的问题。

一、研究综述

目前小学生的课外阅读还存在着缺乏系统性、有效的方法、合适的阅读材料、有效的引导和可操作评价等问题。因此,本文通过收集和整理小学生课外阅读现状的材料,梳理存在的问题,并针对这些问题,从课外阅读管理的角度探讨合理、有效且可操作性强的策略,以期提高小学生的阅读能力。

通过整理发现,关于小学生课外阅读的研究主要集中在以下几个方面:课外阅读的研究现状、课外阅读的建议和方法研究、阅读教学的模式研究。其中关于课外阅读管理与指导策略的研究较少。本文主要从教师、学生、家庭三个角度的管理系统来展开,研究小学生课外阅读管理与指导策略。

(一)课外阅读的研究现状

1. 国外关于课外阅读的研究

美国制定了"阅读指南",提出通过普及家长对阅读的知识来提升孩子的阅读能力。英国的语文课程标准指出:"阅读的目的应该是广泛的,可以单纯为了其中的乐趣,或是为了学习的需要,找一些特别的信息而去阅读。"英国政府也投入了大量的经费为中小学图书馆购书。①新加坡《中学华文课程标准》也指出:"通过课外阅读,学生可以接触到不同类型、不同内容的读物。一方面可以增广学生的见闻,另一方面也可以培养学生的想象力、理解力和独立的思考能力。阅读课外书不但能加强学生的语文能力,也能影响他们的人生观和对事物的看法。"②

2. 国内关于课外阅读的研究

越来越多的人开始重视阅读能力的培养,不管是在生活还是学习中阅读都占据着重要的地位。桂兰芬、郑守勤都指出了课外阅读的重要性。③刘程元发现当前小学生阅读存在的问题是他们热衷于阅读网络动画和影视作品,不喜欢文本类作品;喜欢快餐式阅读,不喜欢深度阅读;缺乏阅读兴趣。④卢芸、金叶、袁春林都对目前小学生课外阅读的现状进行了分析,并结合现状提出了合理的引导建议。⑤

通过整理查阅发现,国内关于课外阅读的现状是不太理想的,大致存在以下几类问题:学生缺乏阅读的兴趣和主动性;家庭和学校对于阅读环境的支持相对较弱;学生没有形成良好的阅读习惯,阅读质量不高,数量不够;学校、家庭、社会对于阅读的引导不足。国内对于课外阅读现状的研究还是比较充分的,调查的群体有教师、学生、出版和科研单位人员等,所以对于改善课外阅读现状具有较大的参考价值。

(二)课外阅读的建议和方法研究

钱东英认为应基于"双减"背景对学情进行研判,为学生推荐适宜的课外读物,营造静心阅读的氛围,开展有趣多样的读书活动,让学生乐读、爱读,读有所获。⑥郑雪琴针对目前小学语文课外阅读暴露出的问题,提出教师应尽快转变观念,创设条件,为学生提供阅读平台,让学生有榜样可以参考,有书

---

① 柳宁.小学生语文课外阅读管理模型探究[D].四川师范大学,2015.
② 柳士镇、洪宗礼.中外母语课程标准译编[M].南京:江苏教育出版社,2000,235-236.
③ 桂兰芬.谭小学生课外阅读习惯的培养[J].宁波教育学院学报,2007(S1):49-50.
④ 刘程元.小学生语文阅读的现状及指导策略[J].语文建设,2013(8):15.
⑤ 金叶.新课改下小学生课外阅读的现状与引导.苏州大学,2011:31-36.
⑥ 钱东英.基于学情研判,优化小学生课外阅读——"双减"背景下小学生课外阅读有效实施策略[J].新校园,2022(7):59-61.

目可以阅读，有空间可以互动，真正从心底爱上阅读。[①]胡斌、刘兴素围绕核心素养从兴趣、重要性、实用性三个角度探讨了提高课外阅读能力的策略。[②]

针对课外阅读问题出现的原因，笔者发现大多从三个方面入手进行指导策略的研究：一是从学校、老师的角度入手，加强课外阅读的训练，强化语文能力。二是从家庭、家长的角度入手，加强亲子阅读。三是从学生自身的习惯养成和兴趣激发入手，培养自主阅读的习惯。还有一些人认为应提高教师的个人阅读素养，培养专业型阅读教师。综上所述，要建立"政府推动，学校引领，社会支持，家庭参与"的长效机制，发挥好图书馆的作用，让每个学生都爱上阅读。[③]

（三）阅读教学模式的探究

关于小学生课外阅读管理的文献不是很多，大部分是从管理学角度探索课堂管理的有效性，进而延伸到阅读教学中。杨林提出了通过管理学中目标引导、计划督导、书目指导、方法辅导、榜样示导、环境引导等方式，提高青少年导读管理的有效性。[④]此方法全面且可行性强，但可操作建议和方法并不深入。董丽、崔宁通过差异管理、小组合作、自主管理来兼顾课堂教学中的效率与公平的问题，推动课堂教学管理的有效发展。[⑤]本文着眼于课外阅读的管理，课堂教学管理也具有借鉴作用。王德清从管理学角度探讨课堂教学活动的有效性。[⑥]近几年，越来越多的学者着眼于小学生课外阅读的管理，从系统性的管理角度去提出有效、可操作的管理和指导策略。于淼针对小学生课外阅读出现的问题，提出了具有针对性的课外阅读管理策略。[⑦]佘协华、裴云、刘丽通过了解课外阅读的现状，发现了目前较缺乏系统、适切的课外阅读材料、缺乏有效引导、缺乏时间保证、缺乏可操作的评价体系等诸多问题，着眼于分析问题发展的原因，尝试构建"阅读材料与阅读引导的管理策略""阅读评价的

---

① 郑雪琴.激发兴趣，创设平台，点亮精彩阅读课堂——浅谈小学生课外阅读的问题与指导策略[J].新课程导学，2022（20）：17-19.
② 刘兴素.基于核心素养下的小学语文教学[J].新课程（小学），2017（5）.
③ 中小学生课外阅读现状的调查研究[J].课程·教材·教法，2007（7）：32.
④ 杨林.从"阅读"到"悦读"——浅谈青少年的导读管理[J].科技情报开发与经济.2007（2）：72.
⑤ 董丽、崔宁.浅谈课堂教学管理中的基本原则[J].教育管理，2009（2）：126-127.
⑥ 王德清.构建课堂教学管理学理论体系的思考[J].课程教材教法，2005（4）：23-24.
⑦ 于淼.小学中段课外阅读管理策略初探[J].求知导刊，2022（8）：14-16.

管理策略""阅读时间管理"。①

还有一部分文献集中于农村学生的课外阅读管理。冯苗苗以广州番禺区为例,通过调查问卷了解其课外阅读问题产生的原因,对症下药提出改进的建议。②王根法③、卞毅明④都提出了课外阅读管理的建议及指导策略,但没有根据具体的原因进行分析,管理及指导策略也缺乏系统性和可操作性。

从宏观的角度来说,课外阅读不能单单依靠在课外进行,要改善课外阅读的现状,需要学校、社会、家庭的共同作用。从微观的角度来看,提高阅读能力确实需要提高阅读兴趣、创设良好的阅读环境、指导阅读方法、反馈有效的阅读评价等。但目前从整理的文献可以看出,关于阅读教学模式的研究并不很深入,也缺乏系统性。所以本文从课外阅读管理的角度入手,探讨更系统的课外阅读管理和指导策略。

二、课外阅读的管理与指导策略

阅读能力作为一切学习能力的基础与核心,是未来生活必备的能力。《义务教育语文课程标准(2022年版)》也很重视阅读,六个语文学习任务群中有四个都与阅读有关⑤,可见阅读在语文教育中有着举足轻重的作用。本次课标修订更强调了整本书阅读的重要性,但目前我国小学生课外阅读还存在着缺乏系统、合适的课外阅读材料以及有效的引导和可操作评价等问题。本文在综合整理国内外研究的基础上,从家长、教师、学生多角度入手,探讨小学生课外阅读的管理和指导策略研究。

(一)学生阅读动力的培养

从低学段向中学段过渡,学生也从完全由家长和老师引导的阅读逐渐走向可以自主选择感兴趣的书籍阅读。

---

① 余协华、裴云、刘丽."小学生课外阅读管理"的实践与思考[J].教师,2015(13):97-99.
② 冯苗苗.农村初中生课外阅读管理现状及改进策略[J].教育管理,2009(2):126-127.
③ 王根法.如何提高农村小学生课外阅读有效管理[J].科技纵横,2013(1):260.
④ 卞毅明.农村初中生课外阅读管理亟待加强[J].学周刊,2010(5):65.
⑤ 杨建国.《义务教育语文课程标准(2022年版)》的主要变化[J].2022(23):5-8.

1. 对喜欢看漫画类书籍的学生阅读动力的培养

对于思想、心理还不成熟的学生来说，漫画类书籍视觉冲击力强，能快速吸引他们的注意力。

如果是这种原因导致的学生不爱看老师或家长推荐的书目，可以采用主题式阅读来帮助解决问题。主题式阅读更容易引发一系列深入的思考，由一个点延伸到一个面，家长依据孩子的喜好帮助他们进行适当地扩展和补充。比如，孩子喜欢看科技类的漫画书，家长可以关注孩子的兴趣点，和孩子一起阅读科技类下的其他书籍，帮助孩子由感兴趣的点入手拓展阅读。

2. 喜欢看漫画、搞笑类书籍，有趣，读起来无压力

文字不易理解，容易产生挫败感，并且他们认为老师或家长推荐的书籍是与学习相关的，没有乐趣。针对孩子看不懂文字书而选择看漫画书的问题，首先要肯定孩子的行为，好的漫画书是包含作者的美好愿景与思考的。但是，需要让孩子明白的是不能只看漫画书而不看文字书。

3. 周围同学都看漫画书、搞笑书，跟风随大流

这种原因导致的孩子不喜欢看老师或家长推荐的书，可以重点关注营造一个良好的阅读氛围。可以硬条件和软条件相结合，硬条件包括家里可以随处看到书；软条件指的是父母营造的家庭读书氛围。硬条件的实施可以通过设置家庭图书角、选择一个固定的时间带孩子去图书馆读书来实现；软条件的实施可以安排一个固定时间的家庭读书会、尝试新方式共读，比如，用表演的方式来阅读，家庭成员扮演不同的角色来演绎故事，让孩子通过表演将自己独到的感悟表达出来，进而也了解了父母对于同一内容的不同解读，增加阅读的乐趣。

（二）教师课外阅读的规划

由于孩子的知识储备、接受能力、兴趣爱好、家庭环境等多方面因素的影响和限制，导致适合孩子们阅读的书籍类型是不同的。一方面，可以针对性地对推荐书籍或者活动进行"分层"。这个分层并不是指按照学生好坏进行区分，而是根据学生特点进行种类区分。比如，有些学生表达欲强，喜欢科技历史类书籍，那这部分学生适合实践类的角色扮演活动来进行阅读教学，促进学生的个性化发展。另一方面，也要以公平、公正的姿态去对待每一位学生，并给予他们相应的指导。帮助每一位学生建立自主课外阅读的自信心，并能够积极主

动地参与进来，实现多读书、读好书。

（三）家长阅读评价的辅助

从文字书中获得不了感兴趣的东西，这时就要发挥亲子共读的作用。家长可以以亲子共读为契机，选择自己有趣的内容，告诉孩子："妈妈看到一个有趣的内容，我们一起来讨论一下吧！"家长将有趣的部分讲给孩子听，如果在讲的过程中，发现孩子对其中的某一点感兴趣时，可以沿着这部分进行讨论。如果孩子不感兴趣也可以讲完进行一个小的讨论会，家长先讲讲自己为什么觉得有趣，孩子也可以借助家长的讲法谈谈自己为什么不觉得有趣。在亲子共读后的沟通中帮助孩子对阅读进行深度思考以及激发其阅读的兴趣。其实父母的提问是为了让孩子们更好地思考，家长可以认真聆听孩子的想法和感受，不要给孩子的想法和感受做任何的价值判断。共读的目的是让孩子学会提问，而不是不断地问问题，一定要孩子回答出正确答案。阅读是没有标准答案的。我们既然都是读者，每个人都有自己读出的东西。

三、结语

总而言之，阅读是语文学习的基础，所以，注重课外阅读，提高课外阅读教学质量是十分重要的。小学语文学习的关键在于知识的积累，而课外阅读正好为小学生提供了积累知识的途径。本文所做的研究还不够完善和全面，但希望通过针对出现的问题探讨合理、有效且可操作性强的策略，进而提高小学生的阅读能力。

（作者系上海市松江区实验小学语文教师）

"双减"背景下小学语文阅读的收与放

张 悦

儿童阅读素养关乎其终身学习，阅读活动应该在课堂内外都得到重视和推广，教育改革的发展，对语文课堂中阅读教学提出了更高的要求，教学理念和思路的创新有助于提高阅读教学的效能，教师对学生课外阅读的跟进指导，家校间的密切联合，很大程度上扩充了学生阅读的时间，使学生阅读水平得到有效提升。

一、"收"与"放"的意义及教学体现

以往的小学语文阅读教学存在很多问题：教师以讲代读，学生欠缺自读自悟的学习过程，阅读能力很难得到锻炼和提升；重技巧轻感悟，教学环节生硬，固定模式难以让学生真正体悟语言的美感与内涵，难以激发学生的阅读兴趣；课内外阅读时间有限且相互脱节，缺少指导跟进，无论是学生阅读的质与量都没有得到足够的重视，好的阅读习惯很难在大部分学生中培养起来，从而也缺乏以文化感染人这一目标的达成……那么，"收"与"放"即可看作"双减"背景下语文阅读教学变化调整的两大方向与举措。

"收"是减少。减少课外培训负担，减少学生作业总量，减少不合理的作业布置。对于语文教学而言，可以更充分地达成教学目标，不单以传统的作业形式来测评学生对于学习内容的掌握，更不是用机械化的作业量的堆叠实现知识巩固的目的。阅读作为非纸笔化的作业类型，将得到更好的落实。"收"是靠拢。"双减"将学校与家长的精力和关注点更好地集中在教育的重点与关键环节上，使基础教育进一步回归校园，回归课堂。课堂内容的扎实无疑是推动教育良性发展的重要保障，课堂效率的提高，是改变学业"臃肿"的有效途径，使阅读教学更具长效性与实效性。"收"是内化。语文阅读教学是在搭建

培养学生主动参与、独立思考的个性化平台，出色的阅读教学往往基于文本，不仅要让学生看懂字面的意思，而且要让学生获取即得的知识，在阅读中去形成对问题的思考、对事物探究，让学生在学习语言文字运用的同时，将思维的训练、审美的培养和文化的自信牵动起来。

"放"是解放。陶行知曾说，教育孩子的全部秘密在于相信孩子和解放孩子。阅读教学也是如此，要尊重学生的主体地位，鼓励学生自主研读与探究。只有让学生主动去介入，亲自去思考体验，才能让他们真正理解和把握语文学习的规律，养成好的习惯，提升能力。"双减"政策的落实，进一步保障了这种开放思维和良性循环的建立。"放"是增放。无论是课堂阅读、校内阅读还是家庭阅读，增加释放学生阅读学习的时间和空间，营造有效的阅读氛围，才能够让阅读从容且扎实地开展，从而在学生整个学习的过程中发挥重要的作用。"放"是拓展延伸。语文阅读的内容不局限在教材课文，还应该包括丰富的课外阅读材料，如多样化的绘本、儿童文学作品、故事书等，可以激发学生的兴趣并提高阅读水平。读懂一篇文章，读完整本书籍，涉猎全书单的知识，学生不断获取适读的内容，那么阅读能力也将会有所提升。与此同时，对非连续性文本阅读的关注和研习，也将增长学生社会知识。

二、在"收"中发现新契机——纵深探究，提质增效

儿童阅读，除了能在文本中获取更多的信息，同时结合自己生活学习获得知识体验，增长见识，还有一个主要目的，是感受语言之美，激发兴趣、陶冶情操，培养良好的阅读习惯，生成个人素养与能力。为此，素材的选择很重要，方法的引导很重要，阅读的环境很重要。

就课堂阅读而言，针对一篇课文的教学，教师应关注到每一个环节设置的目的性、科学性、实效性都有助于夯实学生的阅读基础，做好学情分析，明晰教学目标，巧设教学情境，把握教学的内容与节奏，布置合理的作业……那么如何在常规课中实现阅读教学的提质增效呢？下面将从两个课堂实践案例出发，探讨教学发展的方向以及具有可行性与实操性的策略。

（一）深度解读文本，把握教学目标，在教学中灵活设置不同形式的阅读

以读促思，是语文阅读教学中一个很重要的举措。大声朗读，小声跟读，

默读，快速浏览，略读，精读细读，师生、生生共读，分角色朗读等等，不同形式的读对于理解文本发挥着不同的作用。而读的呈现，一定程度上是学生语文基本能力的呈现，也是学生深入文本、解读文本水平的体现。

《将相和》一文，是统编版五年级教材中的一篇精读课文。这篇课文篇幅较长，是长文阅读的代表。三个故事看似各自独立，实际上又有着密切的联系。鲜活生动的人物形象也成为本文的一个亮点和教学重点。阅读提示即"用较快的速度默读课文，记下所用的时间，尽量连词成句地读，不要一个字一个字地读"。可见这对于有一定阅读基础的五年级学生来讲，也是一次很好的锻炼。

在授课准备阶段，教师在备文本的同时应"备学生"，对学生所处的学习阶段做好预设，如对课文背景及人物的理解程度、能否抓住故事的主要矛盾并找准其中的关联、情节的发展会引发哪些个性化的思考……基于此，笔者在教学设计的过程中找到以下切入点：

第一，这是一篇故事类型的课文，丰富的历史情节和个性鲜明的历史人物，使得文本很有意思又很有意义，这更考验语文教师在教学设计中对于语文的人文性和工具性的权衡与把握。语文课堂教学的成果不应该仅是让学生明白一个道理，更要侧重对文本的解读，深入文本，抓住重点词句，把握文章作者所要表达的思想情感。

第二，学生对文本的理解，应该从抓住重点词句入手，而要让学生准确找到重点词句并加以分析和理解，就要从熟读课文入手，以读促思，使学生思维有一个从放到收的过程，逐步生成自主性与个性化的思考。

第三，要将形式自然多样的读文活动融合进课文解读的环节中去，实现以读促思。

带着这样的思考，笔者将教学环节设计分为三个重点展开。首先，本课有以下几个人物：蔺相如、廉颇、赵王、秦王，本课以蔺相如的活动为线索，前两个故事《完璧归赵》《渑池之会》是第三个故事《负荆请罪》的起因，而第二个故事又是第一个故事的发展……梳理文本后，笔者提炼出"三个故事、两种局面、两个人物"并将其作为主干，从"不和"的局面入手，展开文本分析。其次，在体会人物复杂情绪的过程中，利用书中出现的人物描写，重点指导朗读，同时设计师生配合朗读、点名读、齐读、分角色朗读等形式来引发学生思考，引导学生表达。最后，之前的渗透，使学生可以更加容易体会理解对廉颇的态度的对比，实现入情入境。而以上环节的实施都要基于文本，侧重朗读，调动学生的积极性和主动性。

与此同时，受课堂时间的局限，不可能在一节课之内关注和指导每一个学生的朗读，所以更加强调技巧性读文的重要性。无论课上课下，学生都应该分配好时间落实朗读，由读正确通顺，到读流利，再到有感情地朗读课文。那么，在反复或者广泛的朗读中，学生能够将文本内化成自己的语言，提高理解能力和语言运用能力。

（二）树立主动倾听和积极评价反馈的意识，提升课堂阅读的实效，实现课堂转型

教师在日常教学中，应该注重将倾听反馈的理念和技巧运用到实际教学中去。这不仅能体现学生的主体地位，还有利于精准提升学生思维活跃度，吸引学生积极参与，营造良好的课堂氛围，促进学生对所学内容的内化吸收，进而优化课堂、提质增效。

在统编版二年级语文教材《画杨桃》第二课时中，笔者将"倾听学生的朗读"和"倾听学生的思想"作为重要内容，注重培养学生"以读促思"的语文阅读习惯，遵循习惯养成的原则，做主动倾听型教师，进而达到解决课堂问题的目的。

例如，课文第3、4自然段中，"杨桃是这个样子的吗？"一句末尾用了问号，另一句"倒不如说是五角星吧！"用了叹号，在点名让学生读句子的时候，教师注意倾听学生的情感表达。当第一个同学没有读出起伏变化时，教师追问：你读得很流利，你觉得文中的同学在说出这两句话的时候会有一种什么情绪在里面？学生答：嘲笑、讥讽。教师询问其他同学是否赞同这个回答，并对其理解的准确性予以肯定的反馈，同时，鼓励第一个同学带着自己的理解再读原文，教师再次作出具体评价："带着理解读文，仿佛你为大家再现了当时的场景，谢谢你！谁愿意再来试一试？"接下来的同学在朗读中明显注意到了要结合理解读出句子蕴含的情感，教师抓住这一变化进行有效的评价，调动学生积极参与和表达的欲望，达成了对学生朗读的指导，这就是做到了把"学生是否能够在朗读人物描写这一部分时，有细致揣摩的理解和表现"作为倾听的重点。教师应把握时机，引导学生注重结合个人理解、读出感情，进而增加对文章的理解，提高阅读能力。

在体会本课人物复杂情绪的过程中，要注意利用书中出现的同学和老师的变化，抓住两次对话，重点指导朗读。教师想要树立主动倾听和积极评价反馈的意识，就要在课堂实践中做到认真专注地听取学生的朗读与发言，关注细节。反馈时，应尽量正面而具体地作出评价，评语忌千篇一律而缺乏针对性、流于形式和表面。要面向全体，不断释放积极信号，尽可能不要打断学生发言，多引导，少定义。注重反馈评语的延伸性，为课下学生的学习做好铺垫。

三、在"放"中探索新路径——小中见大，多元发展

学生的核心素养是在积极的语文实践活动中积累、构建并在真实的语言运用情境中表现出来的，是文化自信和语言运用、思维能力、审美创造的综合体现。语文学习的边界和语文学习的方式是不断拓展丰富的，这也需要学生以更加开放的思维与视野、更加进取的心态与活力投入学习，适应发展的需求。

（一）以课堂学习的集中化驱动课外阅读的个性化，探索阅读拓展的实践策略

《义务教育语文课程标准（2022年版）》将语文课程内容分成六大学习任务群，分别划归到基础型、发展型、拓展型任务群三个不同的层次。"整本书阅读"属拓展型任务群，"旨在引导学生在语文实践活动中，根据阅读目的和兴趣选择合适的图书，制定阅读计划，综合运用多种方法阅读整本书；借助多种方式分享阅读心得，交流研讨阅读中的问题，积累整本书阅读经验，养成良好阅读习惯，提高整体认知能力，丰富精神世界。"这是"双减"背景下的一个"增"项，有力保障了整本书阅读的时间，使质与量相辅相成，实现学生阅读能力的提升。

整本书阅读在不同学段有不同的要求，以小学第二学段阅读教学引导为例，这一时期的阅读内容要注重故事性，以精彩的故事情节吸引学生，引发阅读兴趣，符合这一学段学生的认知特点。在阅读拓展方面，教师可从以下几个方面入手引导：

第一，教师可以在上课前准备一些有趣的图书、杂志或报纸，确保学生能够接触到不同类型的阅读材料，同时也起到开一个好头的目的，为选择阅读提供素材，为坚持阅读打下基础。

第二,在课堂上,教师要为教材阅读做好延伸,比如统编版三年级语文上册的教材中,涉及非常多充满趣味的童话故事,教师可以引导学生关注相同题材的故事集、相关作家的其他作品或其他经典儿童文学;同时可以使用互动的方式引导学生参与阅读,如共同朗读、分组讨论、角色扮演等。

第三,每周给学生分配阅读任务,并鼓励他们分享自己的阅读心得,做好课堂内外的衔接与贯通。教师可以设立一个阅读日记或阅读分享活动,鼓励学生写下自己的体会和感想。

第四,定期组织阅读活动,如图书展览、阅读分享会等,让学生能够在不同的阅读场景中展示和分享自己的阅读成果,让阅读行为可以持之以恒地进行。

需要注意的是,要设计吸引学生兴趣的阅读活动,尽量选择适合学生年龄和兴趣的阅读材料,避免过难或枯燥的内容;要给予学生充分的阅读时间和空间,不要过于强调阅读速度和结果,要鼓励他们享受阅读过程;引导学生采用多样化的阅读方式,阅读材料包括书籍、报纸或杂志等,满足学生不同的阅读偏好;提供积极的反馈和认可,支持学生阅读并表扬他们的努力和进步。

(二)做好家庭阅读的调研,关注家庭教育情境,指导跟进课外阅读

目前学生课外阅读,尤其是家庭阅读的现状,往往只局限在家长急于从学校老师或名家推荐中获得书单,督促孩子在家多多翻阅,因此"家中书多不看"的现象比较普遍,就此类问题,教师应该做好家庭阅读的调研,关注家庭阅读的方式,跟进指导。调研内容可包括:家长提供阅读内容的途径和方式,除了购买图书外,是否有图书馆借阅、订阅报刊或提供电子书资源;家长除了鼓励监督孩子的阅读习惯外,家庭成员是否有一起读书、讨论书籍内容的意识和行动。

调研的过程,是教师掌握学生家庭阅读情况的过程,是帮助家长树立正确的家庭阅读观念的过程,是启发家长如何更好地帮助学生开展课外阅读的过程。教师和家长的合作将有助于确保学生有效阅读的时间,获取更广泛的阅读资源,增加阅读分享的机会,建立起良好的阅读习惯,促进他们的阅读乐趣和能力的提升。

教师应把握目标主线,落实语文要素,关联课堂内外,发展学生核心素养。教师是学生学习的引导者和促进者,在帮助学生提升阅读能力的过程中,

应关注学生的学习兴趣和经验,强调个性化的教学设计和教学理念以及学生个体的需求和体验,指导学生的阅读,跟进家庭阅读,为学生终身学习奠定基础。小学语文阅读教学将在"收"中发现新契机,在"放"中探索新路径,寻求教育发展的新突破。

(作者系天津市南开区华夏小学语文教师)

初中语文非连续性文本的阅读指导策略探究

穆劲伊

"非连续性文本"的概念最早出现于国际经济合作与发展组织的国际学生阅读素养评估项目（PISA）中。它是相对于以句子和段落组成的、叙事性较强的"连续性文本"而言的阅读材料，如图表、漫画、数据统计、广告、说明书、报告等。

"非连续性文本"容量大、效率高、承载媒介丰富，在当今这个越来越重视信息整合运用的社会中广泛存在且形式多样。近几年国内的中、高考语文试题越来越重视对非连续性文本的考查，《义务教育语文课程标准（2011年版）》也首次提出非连续性文本阅读的教学要求，其中第三学段目标与内容提出"阅读简单的非连续性文本，能从图文等组合材料中找出有价值的信息"，第四学段则要求"阅读由多种材料组合、较为复杂的非连续性文本，能领会文本的意思，得出有意义的结论"。自2014年以来，上海市中考语文试题中综合运用的考查项在材料选择上也多以非连续文本的形式。

但是我国语文阅读教学的现状是：偏重于传统的、文学性较强的"连续性文本"，现行教材在内容的选择上涉及非连续性文本的比较少。关于非连续性文本的阅读指导还没有真正进入诸多语文教师的教学思维，更未能构成一个相对完善的体系。

为了改变学生们对无处不在的碎片化阅读望而生畏的现状，也为了对一线的初中语文阅读教学尽一份绵薄之力，笔者在日常教学中常常有意识地对学生进行有针对性的引导，并对非连续性文本阅读教学的有效指导策略一直坚持不懈地进行着积极的探索。

一、聚焦教材充分利用

综观统编版初中语文教材，其中蕴含着大量的非连续性文本。这些非连续性文本或是作为课文内容的再现，或是对文本内容进行相关的补充，或是对教材内容的拓展延伸，形式多样但性质相同，都是教材的有机组成部分。

以统编版语文教材六年级第一学期第十二课《故宫博物院》为例。黄传惕先生在文章中详细介绍了故宫博物院的主体建筑，文中附有一幅俯瞰故宫的图片和一张故宫博物院的平面示意图（图1）。根据图下标注可知，此图从2016年12月的故宫博物院官网中截取。从图中可以清晰看出哪些是目前故宫已开放和未开放的区域，对游客规划游览线路很有帮助。课后设置了两篇拓展阅读材料，一篇来自林徽因女士所撰写的《故宫三大殿》；一篇选自姜舜源先生的《故宫史话》，讲述了太和门大火的故事。

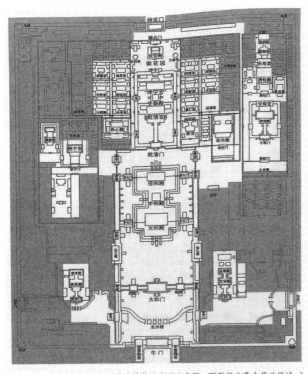

（故宫博物院平面示意图，阴影部分是未开放区域。）
——选自2016年12月的故宫博物院官方网站

图1

基于非连续性文本信息的多元呈现方式,笔者围绕"信息"这一核心要素的提取、整合和推理开展教学,培养学生立足文本提取信息的能力。在此过程中,笔者引导学生灵活地采用略读、跳读等方式提高阅读效率。例如,围绕课文关于各宫殿的描述进行简单设问,如"故宫博物院的'三大殿'是指哪三座殿?""皇帝登基、生日、婚礼等重大典礼在哪举行?"等等。

另外,引导学生根据不同的阅读目的选取适宜的阅读材料,培养他们选择合适的阅读材料的能力。根据教材的配套练习,通过这篇课文的学习,学生将完成两个任务,分别是"设计一日游的路线图"和"为家人讲解一两个景点"。这两个任务涉及提取、整合信息和进行简单的推论。由此笔者设置了问题:① 为了完成这两个任务,你认为以上哪些材料是有用的信息?② 如果要选择一两个景点给家人讲解,你觉得哪几则材料能提供有用信息?为什么?

通过练习,学生一般都能够迅速圈定范围,略过无关文字,又快又准地找到关键信息,并由此作出正确的表述。可见,充分利用教材中的资源,能够有效地提升学生的阅读素养和语言运用能力。

二、转换文本提升能力

无论是连续性文本的阅读还是非连续性文本的阅读,都要求学生学会概括文本的主要内容,善于提取关键信息,故而根据教学需要,在教学中变换形式,充实非连续性文本教学因素,也是较实用的教学方法。

在统编版语文教材六年级第二学期第十三课《真理诞生于一百个问号之后》一文中,作者列出三位科学家的事例证明观点"真理诞生在一百个问号之后"这句格言也是真理。文章事例明白,脉络清晰,大多学生都能感知掌握。于是笔者在课前列出表1,要求学生在阅读过程中完成表格中相对应的内容。笔者最后在板书时也改变以往教学中知识点罗列式的方式,而采用了表格式的板书形式,很快便和学生一起理清了课文的思路及内容:

学生带着"?"和"!"进行阅读,对课文内容的掌握逐步全面和深入,最终达到了增强文本梳理与观点概括能力的目的。

除了填充图表,笔者还请学生运用之前学到的画思维导图的方式转换文本。例如在课外拓展阅读萧红《祖父和我》一文时,学生就采用思维导图软件或手绘的方法自行整理文章结构和写作方法,绘制的过程中也更深地感受到了人物之间和谐融洽的关系。

通过"连续"与"非连续"之间的转换，学生掌握了梳理脉络、归纳概括的阅读方法。事实证明，这些精心绘制的图比教师的讲解或播放的幻灯片更加直观、生动和形象，因为只有让学生自行动手设计，他们才会真正投入学习之中。

表1 课文主要内容分析

人物	发现现象	不断发问（？）	问号（？）到叹号（！）的过程	找到真理（！）
波义耳	紫罗兰遇到盐酸会变红	紫罗兰中遇到盐酸会变红的物质是什么？别的植物中会不会有同样的物质？别的酸对这种物质会有什么样的反应	进行了许多实验	大部分花草受酸或碱的作用都会改变颜色，其中以石蕊地衣中提取的紫色浸液最明显：它遇酸变成红色，遇碱变成蓝色。利用这一特点，波义耳制成了实验中常用的酸碱试纸——石蕊试纸
魏格纳	南美洲东海岸的凸出部分与非洲西海岸的凹陷部分，竟然不可思议地互相吻合	这不会是一种巧合吧	他将地图上的一块块陆地作了比较；阅读了大量的相关文献，同时搜集古生物学方面的证据	从海岸线的情形看，地球上所有的大陆都能较好地吻合在一起，提出"大陆漂移学说"
阿瑟林斯基	儿子在睡觉的时候，眼珠忽然转动起来	为什么睡觉时眼珠会转动？这会不会与做梦有关？会是什么关系呢	对自己八岁的儿子进行了实验；他又对二十多名成年人进行了反复的观察实验	睡眠中眼珠快速转动的时候，人的脑电波也会发生较大的变化，这是人最容易做梦的阶段

三、横跨学科借鉴整合

语文是一门综合性的学科，笔者通过借鉴和沟通，充分把握和利用学科之间的关联性，进行知识的整合。这既是资源开发，也是一种教学策略。例如学生阅读名著《海底两万里》一书时，就其中的科学道理提出了一些困惑。以下面两段文字为例：

① 在直布罗陀的出海口处，有两股水流：一股是早已人所共知的上水流，另一股是现已被推理证实存在的下水流。……鹦鹉螺号正是利用这股逆流，从狭窄的海峡迅速穿过。……几分钟后，我们已经漂浮在大西洋的碧波上了。

② 这个时候，林肯号舰只正处于31°15′N、136°42′E海面。日本国本土就距离我们舰只下方不到200海里。黑夜临近了，此时船上的时钟刚敲过晚上8点。团团乌云遮住了月面，显现出新月至上弦月间的月相。舰艇艉柱下面，大海平静地泛着波涛。

对于地理知识掌握甚少的七年级学生来说，这两段叙述是十分抽象的。为了帮助学生更好地理解此内容，笔者请他们取出地理书和地理图册，结合PPT展示相关的高中地理知识，热烈讨论出这两段文字中蕴含的地理原理——密度流和上弦月月相。与第一段文字相关的地理知识是：大西洋海面较高、盐度较低、密度较小，地中海的海面较低、盐度较高、密度较大，所以表层海水是由大西洋流向地中海，底层海水是由地中海流向大西洋。与第二段文字相关的地理知识是：上弦月出现在农历的上半月的上半夜，亮的方向朝西，出现在西方的天空。

这样将文学作品与地理教材及图册结合起来讲解和分析，架起了学科之间的桥梁，不但加深了学生对文学作品的理解，而且使得学生对作家凡尔纳在科幻小说中严谨、科学的描述，基于地理空间想象力的叙事手法等有了更加立体和全面的认识。

四、联系实际沟通生活

虽然现行初中语文教材缺少对非连续性文本的关照，不曾设置专门的章节进行学习或训练，但其实对于非连续性文本的阅读来说，即使教材设置相应内容也是远远不够的。学生学习非连续性文本不仅在于掌握概念和策略，更重要的是解决在生活实际中所面临的真实问题。对此，笔者试着从日常生活中选取材料，结合社会热点话题等学生关注度高和感兴趣的内容进行阅读指导。

比如，笔者针对孩子们向往的梦想乐园——上海迪士尼的游玩热情，给他们提供迪士尼园区景点分布图，并让他们设身处地地设计一下：如果你有机会和家人或朋友一起前去游玩，该怎么查阅公交路线图，读懂迪士尼游乐园的导览图，进而制定出合理的出行计划？

根据以上资料，学生经过小组合作交流以及结合自身实际情况，最后做出一份家庭出行的计划。

上海迪士尼乐园一日游计划书

设计人：_____

一、行程安排

时　间	景　点	交通工具	备　注

二、景点介绍

序号	景　点	吸引我的理由	有关景点的相关资讯
1			
2			
3			
4			

三、经费预算（单位：元）

序　号	交通费	美食费	门票费	游玩费	总　计
1					
2					
3					

最终学生交流和展示的作业显示，他们在制定出行计划的过程中学会了认读地图，搜集公交路线，根据参观的地点选择合适的公交路线等。

其实只要用心留意，生活中的非连续性文本教学资源比比皆是。笔者常将这些资源融入语文教学中，比如让学生仔细阅读日常食品的成分说明和药品的注意事项，或在布置教室读书角时把从网上购买到的书架、收纳盒等按照附件中的说明书进行组装，或在六一儿童节即将到来之际，提前了解学校即将举行的系列活动内容、活动时间以及场地安排，制作一份图文并茂的宣传海报。这一系列的实践活动实际上都是对非连续性文本加以理解和运用的过程，都凸显了非连续性文本在生活中的实用价值。

五、效果及反思

当今的时代是一个信息时代，海量多元的信息大都是以图画、表格、视频、音频等碎片形式呈现出来。这些非连续性文本融合了多种表达元素，如线条、图形、符号、文字等，不仅拓宽了表达范围，还将内容可视化、直观化，它们的大量涌现无疑向语文教师提出了教学的新挑战。

实践证明，笔者在教学过程中对非连续性文本阅读指导进行的探究与创设符合了学生的学习与生活实际，促使大多数学生以很大的热情投入非连续性文本的学习中来。学生根据实际生活的需要自由设计的非连续性文本的各类作业和作品显示笔者所做的探究收到了一定的成效。

当然，对于"非连续性文本"的考试评价研究与具体的教学实践都尚处于探索与尝试阶段，不足之处在所难免。笔者希望能够通过不断努力，充分把握语文的学科思想，引导学生认真研读教材，也从生活中寻找资源，并且通过学科之间的整合与归纳培养学生灵活运用所学知识解决实际问题。

（作者系上海市宝山区南大实验学校语文教师）

校外课程整本书阅读的认知与策略

邵英英

《普通高中语文课程标准(2017年版2020年修订)》中,基于语文核心素养,提出了18个学习任务群。其中第一个任务群就是"整本书阅读与研讨"。这个任务群旨在引导学生通过阅读整本书,拓展阅读视野,建构阅读整本书的经验,形成适合自己的读书方法,提升阅读鉴赏能力,养成学生良好的阅读习惯,促成学生对中华优秀传统文化、革命文化、社会主义先进文化的深入学习和思考,形成正确的世界观、人生观、价值观。

一、对整本书阅读的认知

(一)当代学生阅读能力的需要

如今,学生生活在一个碎片化阅读的时代,多种阅读平台都是以"微"俘获大众快速浏览;教材对于经典往往遴选最精彩的一部分,而教学也常常只注重节选的部分。这样长期的碎片化阅读、短篇教学不利于学生整体思维的构建。学生的课外阅读量不够,导致学生整本书阅读的耐心和理解整本书的能力不足。整本书阅读是对短篇选文教材的补充,是阅读的回归,是提升核心素养的重要手段。

有些教师认为对于整本书阅读应该激发学生兴趣,提倡自由阅读论,规定篇目会遏制学生阅读兴趣。课程化后的整本书阅读不是要遏制学生的兴趣,而是通过共读一本书,掌握整本书阅读的阅读方法,在语言、技巧、主旨、思维、价值等层面有深入的发现、提升和建构。如果没有教师的引领,阅读还是会出现碎片化、浅层次的问题,因为学生的理解能力、整合能力、深入思考的能力没有达到一定的水平,阅读可能会停留在学生感兴趣的情节和人物上,停留在原有的认知模式上。因此课程化的整本书阅读,一定要有教师的引领。这个引领不是教师把自己的理解强加给学生,而是设计、点拨、互动和启发。

美国的莫提勒·艾德勒和查尔斯·范多伦在《如何阅读一本书》中认为阅读目的一般分为三种:娱乐消遣、获取资讯、增进理解力。只有最后一种目的的阅读能帮助阅读者增长心智,不断成长。我们的整本书阅读任务群属于第三种。

(二)整本书阅读书目的选择

统编版教材选定《乡土中国》和《红楼梦》作为整本书阅读必读书目,但除了教材规定书目之外,整本书阅读应该有更广泛的选择空间。可以根据教材,拓展与所选教材相关的作者作品,如杨绛《我们仨》、沈从文《边城》、老舍《四世同堂》、赫尔曼·黑塞《悉达多》等;可以根据学生的阅读需求,拓展阅读《月亮与六便士》《悲惨世界》《活着》等经典作品;也可以适当引导学生阅读社科类哲学类作品,如《乌合之众》《美丽新世界》等。

整本书阅读的课程化也旨在推动学生阅读的常态化。学生在这个资讯发达的互联网时代其实不缺阅读量,缺乏的是对经典的深入阅读与思考、对优质思维能力的形成与提升、在养成阅读常态化的过程中养成思考常态化。

二、教学目标的制定和阅读策略的选择

(一)教学目标的制定

既然是课程化的整本书阅读,就应该和教材教学一样,制定合适的教学目标,选择恰当的教学策略,达到整本书阅读的有效性。整本书阅读因为作品本身内涵丰富,体量大,所以教学目标无法面面俱到。有些目标可能是情节梳理和人物解读,有些解读可能运用文学批评理论来提升学生思考的角度。教学目标的深浅或多少要根据具体文本和学生的情况来设计。

教学目标的确定应该有两个方面的考量。一是要符合文本的内在逻辑,文本的独特性与普遍的规律体现在何处。小说、戏剧、散文、传记,每种文体有不同的知识体系。对文本内在逻辑的思考,取决于教师对解读此类作品所储备的知识。二是要符合学情,符合阅读对象的认知规律。教师应了解学生阅读这类作品的起点在哪里,困惑在哪里,瓶颈在哪里,学生阅读这类文

本需要在哪个层面上有所建构，是阅读路径阅读方法、文本语言技巧，还是思维方式的提升或是价值观的建构。认识到学生的阅读起点，才能设定有效的阅读终点。

（二）教学策略的选择

教学策略涉及前期阅读指导、课堂教学、课后思考巩固以及拓展等多个阶段。

首先，要考虑阅读时间的合理性。要清楚学生略读、精读这部作品的时间，太短无法深入阅读，太长则所读所思容易散碎。中短篇应该以一两周为宜，比如《乡土中国》可以初读一周，但进一步梳理概念、分析说理思路，可以分阶段进行精读。有些短篇也适合在一两周内读完，比如《边城》《我们仨》；长篇以一两个月为宜，比如《四世同堂》《平凡的世界》；有些作品的精读可能需要一学期，比如《红楼梦》《三国演义》等。

其次，要关注过程性。学生在阅读过程中可以做读书笔记，可以撰写读后感、书评、阅读报告。如果篇幅长应该要有效划分阶段，可根据情节发展也可根据人物分类。根据阅读进度，教师在过程中应该有一定的指导和督促。

最后，课堂教学可以组织学生交流汇报，可以组织学生小组合作，各组从一个角度解读文本，也可以以每个学生个体为单位进行阅读交流。课堂也可以是师生互动，与短篇教学相同的教学模式。

三、整本书阅读指导策略

（一）项目式任务辅助阅读梳理

项目式任务是阅读前教师根据文本特点设定阅读目标，适合学生初步阅读的教学策略。项目式任务主要帮助学生明确阅读本书或本章节需要掌握的概念、观点，需要了解的基础知识和基本人物情节，对学生的阅读能力要求相对较低，但对于进入阅读难度较大的篇目而言，明确的目标帮助学生快速进入文本。阅读学术类著作，获取文本信息，积累基本概念，掌握文本基本观点，是基础的阅读目标；阅读长篇小说，梳理情节，了解主要事件、主要矛盾，厘清人物关系，是基础的阅读要求。项目式任务可以引领学生更有效地进入本文。

比如对于《乡土中国》阅读指导，可以先从厘清每篇论文的基本概念、梳理每篇论文的行文思路开始。通过梳理的任务掌握核心概念，并了解作者如何围绕这一核心概念展开论述。

比如对于《红楼梦》阅读指导，可以让学生制作人物关系图谱。对于其中的《香菱学诗》章节，可以引导学生梳理古诗词阅读路径。

（二）主问题设计寻找思考路径

整本书阅读应该有主问题的引领，主问题引领帮助学生找到阅读路径。对小说而言，能整合单个人物和片段式情节的理解，使学生在阅读这个人物或情节的时候能深入思考作者的写作目的，能整合前后情节及人物诸多行为背后所指向的核心问题，从而把握文本的核心价值。

问题设计重在提升学生阅读思维。学生在阅读时更多是具象的、片段的，通过问题引领，能引导学生将具象发展到抽象，从而提升学生在阅读过程中的整合思维、推断思维、想象思维、批判思维等。

杜威认为，思维不是自然发生的，它一定是由"难题和疑问"或"一些困惑、混淆或怀疑"引发的。杜威着重强调问题之于思维的重要意义，思维的发生就是反思—问题生成—探究、批判—解决问题的过程。问题设计就是思维的引领。

比如对于沈从文的《边城》，可以围绕"人生形式"的母题设计如下问题：

（1）什么是"优美、健康、自然而又不悖乎人性的人生形式"？

（2）为什么要表现这种人生形式？

（3）既然是优美的人生形式，为什么小说是悲剧结尾的？

对于杨绛的《我们仨》，可以围绕"生活哲学"的母题设计如下问题：

（1）第一部分的短梦和第二部分的万里长梦有什么关系？

（2）第三部分的琐事回忆体现了怎样的生活哲学（为学态度）？

余党绪老师在《经典名著的人生智慧》一书中，对九部经典著作进行了母题的思考探索：《鲁滨孙漂流记》的"流浪与穿越"，《西游记》的"成长与选择"，《三国演义》的"功名与道义"，《红与黑》的野心与尊严"，《水浒传》的"反叛与规训"，《哈姆雷特》的"使命与命运"，《悲惨世界》的"苦难与罪恶"，《复活》的"堕落与拯救"，《俄狄浦斯王》的"命运与担当"。这些母题的选择聚焦于该书的核心价值，更能引向学生自身的价值思考，形成真正有效的思辨性阅读。

母题具有普适的基础性、广泛的开放性与多维的关联性，母题的探讨有助于学生对社会历史与文化的理解，母题又具有个体的切己性、体现了生活的同构性与生命的共同性，母题的探讨有助于学生的精神发育与社会成长。

母题避免了百科全书式的知识，而是更聚焦于适合学生思考的问题上。母题的确定和问题的设计使整本书阅读更有方向性，也可以启发学生多层面的思考，由浅入深、由表及里，最终形成由局部到整体的思考方式，形成由具体到抽象、由情景到哲学思考的逻辑认知。母题是开放的而非封闭的，是多维的而非单一的，更能提升学生理性清明的思辨性思维品质，在对文本作出自己的评价和判断中形成自己的价值观。

（三）专题式研究延伸阅读价值

在学生理解整本书的基础上，还可引导学生做专题研究。学生在读完学术类著作《乡土中国》之后可以延伸阅读费孝通的其他几本《乡土经济》《乡土重建》，也可拓展阅读哈佛大学社会学教授项飙的调查报告《跨越边界的社区——北京"浙江村"的生活史》，了解新时代新体制下城乡接合部的社会结构；可以拓展阅读托克维尔的《旧制度与大革命》，了解法国大革命前夕法国社会体制的特点。通过阅读此类学术著作，了解研究社会结构的方法与路径，探究论文写作的方式，探究完整的体系框架，这对学生探究性研究和论文写作都有一定的启发。

比如阅读《边城》，可以从"环境美""风情美""人情美"的角度来解读评价小说，从而使学生从一般的感受获得书评写作的技能。还可引导学生阅读沈从文的其他作品，研究沈从文的地域写作。《普通高中语文课程标准（2017年版2020年修订）》中学习任务群16是"中国现当代作家作品专题研讨"，学生也可由一篇小说进入一位作家的研究专题，或者由此打开京派小说的大门，进入流派研究的领域。

根据《如何阅读一本书》中的观点，在分析阅读的基础上，能进入主题阅读，那是阅读的最高层次。专题研究型拓展阅读，对学生的要求更高，也需要教师作出一定的引导，避免研究范围太大，而使研究变得空洞，或者研究角度太小而价值不高。专题性研究的方向应根据学生和教师能力的不同加以适当的拓展。当然，这对教师提出了更高的阅读研究要求。

四、反馈和评价

独学而无友,则孤陋而寡闻。每个学生根据自己阅读经验产生的阅读感受,也并非全面、准确。最打动学生的场景和人物各有不同,最能激发学生认知的点也各有不同。如果阅读经验仅限于自己的思考,那么阅读经验又会陷入狭隘之中。

交流让学生吸取他人的阅读经验,从而促使学生在其他整本书阅读中有更丰富、广阔的视角。学生对一本书的自由讨论,可以产生思想的碰撞,也可以发现自己阅读疏漏或理解偏差之处,对整本书的理解可以更具整体性和更加深入。

整本书阅读教学是复杂而艰难的,因为内容庞杂,课堂上不可能事无巨细的呈现,但由问题引领的阅读与思考,帮助学生更深层地走进文本,同伴的分享与交流让他们可以从不同的角度去认识问题,从而对于整本书阅读角度有更多的启发。在阅读、观看、撰写、交流、再反思中,让学生对整本书阅读不再畏惧,认知也不再停留在故事梗概、人物性格上。

五、结语

项目设计、问题引领、平等交流、专题研究、评价反馈,整本书阅读要找到"入乎其内,出乎其外"的策略,使学生在更多的阅读活动中,既有自己独特的阅读见解,又有深度的思考。

整本书阅读要根据学生的实际阅读经验,循序渐进,引导学生在阅读中探索阅读整本书的路径,形成丰富的阅读经验,在梳理内容、理解情节的基础上,把握作品的重要观点和价值取向。在阅读过程中培养学生良好的阅读习惯,帮助学生寻找有效的阅读方法,提升学生的阅读思维,使整本书阅读成为学生的阅读常态。

(作者系上海市闵行区青少年活动中心教师)

K-12学段阅读黄金期的有效激活方法

孙琳琳

K-12学段阅读黄金期是学生阅读能力迅速提高的关键时期。在这个阶段,学生不仅需要掌握大量的基础知识,还需要掌握有效的阅读技巧、培养良好的阅读习惯。

一、如何有效激活K-12学段阅读黄金期

(一)多读书是激活阅读黄金期的有效方法

学生可以选择自己感兴趣的书籍,如小说、传记、科普读物等,通过大量阅读拓宽知识面,提高阅读速度和阅读理解能力。当学生们在阅读中遇到生词或不懂的句子时,可以及时查阅字典或向老师请教,这样有利于提高自主学习能力。

(二)多写作也是激活阅读黄金期的重要手段

学生可以尝试写日记、小作文、读书笔记等,这样可以帮助他们更好地理解阅读材料,同时也能提高写作能力。通过写作,学生们可以更好地表达自己的观点和感受,加深对阅读材料的理解,进一步提高阅读理解能力。

(三)多练习也是激活阅读黄金期的重要途径

学生可以通过练习册、习题集等资料进行有针对性的练习,从而巩固所学知识,提高阅读速度和准确率。同时,学生还可以参加各种阅读竞赛和活动,如英语演讲比赛、作文比赛等,这样有利于锻炼他们的口语表达能力和思维敏捷性。

除了以上三种方法，还可以通过其他途径来激活K-12学段阅读黄金期。例如，学生可以与同学、老师、家长进行交流和讨论，分享自己的阅读体验和感受，从而加深对阅读材料的理解；还可以参加各种社会实践活动，如志愿者活动、夏令营等，在实践中拓宽自己的视野和知识面。在具体的教育实践中，也有不少行之有效的方法。

二、用三种方法一键激活孩子的阅读兴趣

激发孩子的阅读兴趣有三种有效的方法：

一是营造阅读氛围。家长可以在家里营造读书的环境，让书本在家里随处可见。可以通过情感共鸣的方式鼓励孩子阅读，比如让孩子知道他/她崇拜的偶像喜欢读什么书。通感式的引导方法比较立体，色香味触法等辅助情景的创设可以帮助孩子更好地进入感兴趣的阅读领域。

二是与孩子积极互动。无论是老师还是家长，都应该放低姿态，与孩子积极互动。当孩子的阅读素养超过自己时，是老师最快乐的时候。

三是及时奖励和鼓励。比如发表作品、任务式鼓励等方式，将阅读内容及时转化成演讲、辩论、戏剧、写作等成果。"阅而优则演，阅而优则写"，让读写形成闭环是兴趣转化为能力的关键。

三、择书而读，不同阶段的正确引导方式

信息冗杂的时代，开卷不一定都有益，择书而读尤其重要。在当下图书市场鱼龙混杂的情况下，老师和家长如何引导孩子进行正确的阅读尤其重要。若是不知道如何选择合适的书籍，可以问问身边的人，比如可以参考老师、朋友的推荐，也可以自主搜索自己喜爱的名人的经典书单。

比如美国作家梭罗的《瓦尔登湖》很经典，受他的影响，法国探险家西尔万·泰松在贝加尔湖畔雪松北岬的一座西伯利亚小木屋里过了六个月的隐居生活，写下一本《在西伯利亚森林中》。这本书里也记录了他隐居时带去的必须阅读的书单，包括杜牧的诗歌和《庄子》。在隐居的最后一个月，他读《道德经》和中国古诗，在日记里写下了对他而言相当生僻的东方字符，望着被积雪覆盖的银白色树木，想象声喧乱石、风度竹林，体味

着"无为"的意味。

四、逐步升级的阅读体验，让阅读视野不断升级

抓好阅读，自然要注意择书过程中根据不同年龄段孩子的需求和特点进行分类，以便更好地帮助他们进行阅读和拓展阅读范围。

（一）胎教阶段

胎教阶段，准妈妈可以听一些优质的经典音乐和广播剧，有情境描写的广播剧可以增强孩子的想象力，也可以听一些科普故事或是经典神话故事，例如《冈特生态童书》《一千零一夜》《安徒生童话》等。

（二）学龄前阶段

对于学龄前的孩子，家长更多的是主导角色，可以帮助孩子选择适合他们阅读的绘本，也可以带孩子去一些藏书丰富的图书馆、书店等场所，让孩子自行选择自己感兴趣的书籍。

（三）小学阶段

对于小学低年级的孩子，应该选择一些桥梁书。这些书一般是图文并茂、内容生动，可以帮助孩子拓宽阅读范围。在这个过程中，家长应该引导孩子尝试阅读不同类型的书籍，如小说、散文、诗歌、纪实文学等，了解不同类型的书籍的特点和魅力，以便他们未来更好地适应学术阅读的要求，扩大视野，从小建立自己的阅读兴趣。

小学阶段的阅读要和教育行动、教育成果联系在一起。摘抄和朗诵是非常有效的方式。摘抄是输入，朗诵是输出。朗诵可以提高孩子表达和演讲的能力，帮助孩子进步。此外，戏剧表演也是一种表达能力的训练方式。

（四）初中阶段

初中阶段更要注重"思辨式读写"。初中生需要在小学的阅读基础上加强思考和提出问题的能力。在这个阶段，简单的摘抄已经不够，学生需要参加竞赛和活动，如辩论赛，以鼓励他们读得更多，并将阅读成果转化为自己的思维

成果。

此外，初中还要进行整本书阅读，因为这样有利于情感发育的完整性，更有利于理解一个浓缩的社会如何运作。比如马尔克斯的《百年孤独》，虽然可能难以完全理解，但是读一读会让学生初步接触更高领域的知识，并提高其阅读的深度和广度。

（五）高中阶段

在高中阶段，可以通过让学生写一些同人的番外或续集、学术论文、申请文书中表述深度阅读对自己的启发等方式，让阅读和写作相互促进。

首先，可以利用好学生的好胜心，同时激发他们的创造力。许多经典名著都没有明确的结局，这给了学生们一个创作的空间，可以去尝试创作自己的版本。经典名著如《红楼梦》《乱世佳人》都是不错的题材。每个读者都可以是一个创造者，青春期的学生们更有创造力，可以引导他们去创写、改写名著，写一些同人文。

其次，创造力强的学生可能会将写作能力迁移至建筑、绘画、英语等其他方面。在高中阶段，论文能力对于思维逻辑和成果表达至关重要，值得高中生尝试。

（六）大学阶段

大学阶段，学生可以通过写书评、乐评和影评来培养沉淀、表达自己思想并与他人交流的能力，这种社交属性的训练可以帮助自己更好地面对不确定性，因为它帮助个人形成了独立和个性化的思维和观点。学生在进入研究生阶段后，逐渐返璞归真，针对自己专业领域的知识进行深度阅读。

此外，形成文理通达、纵深交错的阅读网络也很关键，比如构建一个家庭书房，一个自己热爱的深度体系，一棵阅读成长树，形成固定的阅读习惯以及发表习惯。

总之，学校语文学习与家庭阅读有密切关系，家长应该根据孩子的年龄阶段和特点，选择适合他们的书籍，引导他们进行广泛的阅读，为他们的语文学习、学术发展和未来创造更多的可能性。

（作者系上海西外外国语学校教师）

第四辑

语文教学问题思考

新课标下小学语文教学中激活学生思维能力的策略

周骏青

《义务教育语文课程标准(2022版)》(下文简称"新课标")提出:语文课程应引导学生热爱国家通用语言文字,在真实的语言运用情境中,通过积极的语言实践,积累语言经验,体会语言文字的特点和运用规律,培养语言文字运用能力;同时,发展思维能力,提升思维品质,形成自觉的审美意识,培养高雅的审美情趣,积淀丰厚的文化底蕴。新课标明确指出,语文核心素养内涵包括文化自信、语言运用、思维能力和审美创造四个方面。

加强对学生思维能力的培养是现今语文教学的重要内容,它可以使学生加深对课文内容的了解,深入体会语言文字所表达的情感特点、人文信息等,还可以提高学生语言组织能力、逻辑表达能力,促进学生的个性发展,提升学生的综合素养。

思维能力是语文四大核心素养之一,新课标对思维能力是这样定义的:思维能力是指学生在语文学习过程中的联想想象、分析比较、归纳判断等认知表现,主要包括直觉思维、形象思维、逻辑思维、辩证思维和创造思维。

鉴于此,如何培养学生思维能力,成为当下语文教学的重要内容之一。结合实际教学,可以通过立足课堂教学、丰富阅读体验、开展实践活动等路径加以实施。

一、立足课堂教学,筑牢思维能力训练的主阵地

(一)设疑激趣,学习迁移运用

童话作为小学语文教学的重要内容,具有浓厚的幻想色彩,赋予世间一切事物以人的情感,契合小学生的人格智力发展阶段,有利于培养和提高学生的

想象力、审美能力和思维能力,对于提高小学语文教学质量有着重要意义。

例如教学一年级的《雪地里的小画家》时,教师展示一幅幅图片,告诉学生:"美丽的雪地里来了一群可爱的小画家。"通过创设情境来激发学生的学习动机,培养学生的观察能力,引导学生思考:为什么他们的脚印像竹叶、梅花、枫叶、月牙?利用问题来激发学生的认知冲突,展开比较分析。学生在积极思考的状态下进行互动交流,建构知识,并最终迁移运用到其他问题的解决上:雪地里还来了哪些小动物?他们的脚印像什么?

整个过程中,教师不断激发学生进行思维的发散和聚合,一步步引导学生思维走向深入,使学生始终保持积极思考的状态。

(二)巧补空白,展开丰富想象

对教学内容的"补白",就是以课内所学习的知识为基础,引申扩充其他方面的知识,从而培养学生的发散思维能力,使语文思维得到提升。以四年级《精卫填海》教学为例,教师以"读了这个课题,你想知道什么?"引发学生的思考,培养学生的质疑能力。学生们适时回答:精卫为什么要填海?怎么填海?填海的结果怎样?随后,教师在引导学生探究"怎么填海"这个问题的时候,鼓励学生展开丰富的想象,结合人物的动作、神态、语言等进行思维的训练。经过教师的指导,学生能很好地激活思维的深度,展开丰富的想象,将"精卫填海"的过程说得生动丰富,对于课文的理解也逐渐由抽象走向具体,不再空洞。

教师以问题为导向,巧借"补白"的方式,帮助学生开阔想象的空间,感受神话故事中个性鲜明的人物形象,学生的思维能力得到大力激发。

(三)整合资料,深入归纳分析

古诗文是中华传统文化宝库中璀璨的明珠。然而学生对于古诗文的理解,往往停留在了解诗意这个层次,对于古代诗人的情感体悟因年代相隔较远而显得比较肤浅。通过资料整合,做好资料归纳与分析,可以帮助学生更深入地理解古诗文,提高学生的思维高度。

以陆游的古诗《示儿》为例。课前,教师指导学生收集陆游的生平简介、创作背景、作品风格等资料,并以小组为单位展开交流与分享,提取整合有价值的信息。课中,学生结合资料做好汇报交流,教师适时构建情境,将孩子们带到陆游的世界,感受诗人陆游"不见九州同"的悲伤,体会家国情怀。课后,教师又引导学生展开想象:九州归一后,中原会是怎样的景象?指导学生继续搜集资料,加以深入探究,将学生置身于前后冲突的学习情境中,大大激发思维的兴奋度,培养学生思维的全面性、深刻性和辩证性。

通过收集资料,既增加了学生对知识的深刻印象,也锻炼了学生收集和处理信息的能力,培养学生的分析归纳思维。

二、丰富阅读体验,构建思维能力提升的主平台

(一)整本书阅读的体验活动

比如三年级上册第三单元,围绕"感受童话"选编了不同作家、不同风格的四篇中外童话。这些童话充满了丰富而奇特的想象,讲述了动物、植物等童话人物奇妙的经历,引人入胜,又发人深思。四篇课文运用多种形式引导学生感受童话丰富的想象。"交流平台"则引导学生梳理总结童话的基本特点、童话中丰富的想象以及阅读童话的好处。本单元的习作要求是"试着自己编童话,写童话"。"快乐读书吧"栏目,推荐阅读《安徒生童话》《稻草人》《格林童话》等经典童话,旨在进一步激发学生阅读童话的兴趣,走进更加广阔的童话世界,养成课外持续阅读童话的习惯。

在学生充分学习课文并阅读了推荐书目之后,教师组织开展了阅读体验活动,引导学生从"展开想象,感受童话魅力""角色代入,感受人物情感"两个阅读策略开展整本书的阅读,并联系实际制定阅读计划,以表格的形式记录阅读书目、阅读日期、阅读页数、阅读时长,还可以写下自己的读书感悟。

阅读计划表:

阅 读 书 目	阅 读 日 期	阅 读 页 数	阅 读 时 长

"走进童话"读书记录卡：

"走进童话"读书记录卡		
阅读日期：	书名/页码：	阅读时长：
我的积累：（有新鲜感的词语和句子）		
我的一句话感想：		
我的疑问：		

学生结合任务要求，完成阅读活动，边读边思，将课内习得的学习策略在课外阅读中加以迁移与运用，使课内阅读延伸至课外阅读，不仅增加了阅读体验，丰富了知识，感受了语言的魅力，更提高了对文本内容的深度思考，在总结归纳、梳理分析中加强了思维训练，提高了语言的思辨能力、组织运用能力。

（二）主题式阅读交流活动

阅读活动以主题方式开展，使得语文学习主旨更聚焦，在主题式阅读活动中，学生能更好地归纳凝练同类文本的主题思想、表达方式、精神内涵等，有助于培养综合素养。

小学语文课文中包含了许多与红色文化相关的内容。如《梅兰芳蓄须》《黄继光》《小英雄雨来》《雷锋叔叔，你在哪里》等课文，都是培养学生爱国主义精神的课文。在实际教育活动中，教师可以指导学生开展红色经典朗读等相关活动。比如阅读梅兰芳的生平事迹，读读雷锋的故事……使学生能够借助文本与革命英雄人物展开对话，沟通思想，拉近学生与时代、与文本、与人物的距离，从而走进革命英雄的内心世界，进一步加强对红色文化的认知和理解，强化学生的思维认识。教师上课时还应注重对学生思维的启迪，组织学生以小组探究的方式开展主题阅读活动，让他们阅读政治、历史、时事新闻类等补充材料，带领学生多角度深入挖掘革命精神的内涵和价值。

学生在参加主题阅读活动中，有了深度的理解，并以释义式阅读、分析式阅读、概述性阅读、移情式阅读等多种形式，使阅读活动多样化、阅读理解立体化、思维训练全方位。

（三）沉浸式阅读体验活动

对于阅读内容的沉浸式体验是阅读活动最直观、最丰富的表现形式。教师指导学生开展课本剧、话剧、小品、诗朗诵表演等体验活动，让学生在阅读中整合故事内容，加深阅读体验，体悟情感，配以多元化的体验活动，将自己的情感与感悟融入体验活动，加强文本知识的梳理与整合，思维火花不断迸发与碰撞，思维能力得到极大提升。

比如在教学《小蝌蚪找妈妈》一课时，教师引导学生进行角色扮演，体会小蝌蚪找妈妈过程中的心情变化，加深对文本的感悟。在教学《曹冲称象》一课时，教师让学生以讲故事的方式复述课文内容，进一步明确曹冲称象的具体办法。

在沉浸式阅读体验活动中，学生对故事内容和人物情感有了更深入的理解，语言表达形式也有了创新。学生基于对文本的理解，甚至可以结合自己的感悟，对文本进行再加工、再创造，使得思维空间得到拓展，情感得到升华，语言表达能力得到训练。

三、开展实践活动，创新思维能力发展的主旋律

（一）多样态的活动形式，让思维训练拓宽广度

多种形式的综合实践活动能让学生的思维能力得到全面提升。比如在夏季来临时，可以开展语文实践活动——"珍惜当'夏'，'育'见未来"。以"读一读""唱一唱""画一画""写一写""做一做"等丰富多彩的活动，让孩子们在语文学习中徜徉，感受语言文字的魅力，提升对语言文字的理解与运用能力，激发对祖国的热爱之情。

再如，结合语言文字活动，开展"品悟语言魅力，传承华夏经典"综合实践活动。精心设计"童声同心唱古诗""绘声绘色读儿歌""奇思妙想编童话""巧手慧心手抄报""妙笔生花自创诗"等活动，通过古诗吟唱、儿歌诵读、童话创编、精绘手抄报、自创诗歌等文体类主题式综合实践活动，进一步发展学生思维能力，促进养成良好的思维习惯，培养学生良好的思维品质。

（二）多元化的活动目标，让思维训练提升高度

语文综合实践活动是语文学科教学与综合实践活动整合的一种新形式，是新课改的一个亮点。可以以教材为依托，以综合实践活动为媒介，将生活中丰富的语文学习资料与教材相结合，建立开放的语文课堂教学体系，让学生的思维能力在活动中不断得到提升与巩固。

比如结合四年级"学科学、爱科学"主题阅读活动，可以设计一系列的进阶活动目标：

（1）制定阅读计划。

（2）阅读整本书，选择一则感兴趣的科学知识，制成知识导图。

（3）借助知识导图，以"科学博物馆"或"历史博物馆"解说员身份讲解一个科学知识，录制成2分钟的小视频上传平台。

（4）将自己的阅读心得写下来。

（5）熟读并背诵喜欢的古诗词篇目，当好"小小讲述员"，解析古诗词。

多元化、多维度的活动目标设计，指向的是学生思维能力的综合体现，学生在多样化的实践活动中能力目标拾级而上，也实现了能力向素养的发展。

综上所述，激发学生的思维意识，培养学生的思维能力，已经成为学校教育的重要目标，也是小学语文教育应该重点关注的教学方向。小学语文教师在教学中应该积极探索，求新求变，提高自己的教学水平，以学生"学"为中心，丰富多样的教学方法，充实多元的阅读体验，组织多维的综合实践活动，培养学生分析整合、比较判断、联合想象等思维能力，全面提升学生语文综合素养。

（作者系上海大学附属小学副校长）

小学一年级阅读问题与策略探究

陈 妍

阅读是认知和创造的过程，阅读能力的培养在学生的成长中发挥着重要的作用，它不仅有利于文本理解，也能提高写作能力和语文素养，是小学语文教学的重要组成部分。阅读按照"字—词—句—段—篇"的顺序进行，通过输入大量的文字，在大脑中编码解码，形成认知。《义务教育语文课程标准（2022版）》（下文简称"新课标"）注重培养学生多方面的语文素养，要求学生通过阅读不同类型的文本，提高理解能力、批判思维和审美表达能力。阅读理解是基础，更高一级的要求是鉴赏。新课标要求学生有"阅读与鉴赏"能力，第一学段的阅读能力要达到"对感兴趣的人物和事件有自己的感受和想法""获得初步的情感体验，感受语言的优美"的程度。而现实中学生的阅读水平分化严重，如果连理解都达不到，鉴赏更是难上加难。

阅读的基础是文字。一年级的学生入学之初他们的识字量和阅读能力就有明显差距。有许多零基础的孩子，不识字，更不会阅读，有的孩子认识一些常用汉字但无法自主阅读，有的孩子识字量成百上千，完全可以自主阅读。因此，为了了解一年级学生的阅读情况，本文选取三个案例进行分析，剖析产生阅读差异、阅读困难和阅读能力提升缓慢的原因，探寻解决策略。

一、案例描述与问题分析

（一）案例描述

学生A零基础入学，拼音掌握较差，拼读准确度低，阅读速度慢，阅读理解困难，阅读书目少且多为短小的绘本，缺乏阅读兴趣。每天亲子阅读15分钟，主要方式为家长读，学生听，学生进步较慢。

学生B入学前接触过拼音，认识一些常用汉字，能在父母帮助下阅读绘本，自主阅读能力较弱。其入学后每天阅读短篇作品20—30分钟，做读书笔记，一个学期后识字量增大，阅读速度提高，阅读兴趣明显提升。

学生C入学前已经基本掌握拼音，识字量大，阅读速度较快，阅读面广，尤其喜欢科普类读物，基本可实现自主阅读。但家长想让孩子提前为写作文做好准备，让学生自读《作文大全》，孩子并不喜欢，阅读积极性也大大下降。

案例中的三名学生较有代表性，依次对应以下三类：第一类零基础，没有接触过拼音和汉字；第二类认识少量常用汉字，提前接触过拼音，但无法完全掌握，能借助拼音识字；第三类熟悉拼音，识字量大，基础扎实。

学生通过对汉字字形、字义、字音等要素的学习记忆汉字，能够顺利开展阅读，由此可见识字应是阅读的基础。[①]从案例中可知，学生的基础水平差异主要表现在拼音和识字量，进而导致他们不同的阅读效果。学生A拼音和识字基础薄弱，阅读篇幅短，阅读速度和理解效果较差，无法获得成就感，阅读兴趣低迷且进步缓慢。学生B有拼音和识字基础，有自主识字能力，坚持阅读并做读书笔记后阅读能力明显提升。学生C拼音和识字基础扎实，阅读速度较快，享受阅读的趣味和成就，但阅读不适合的文本后阅读兴趣大大降低。

识字是一年级最基础也是最重要的任务，拼音是识字重要的手段，学习拼音之后学生能借助拼音阅读，更能在阅读中复习拼音，达到相互促进的效果。零基础入学的孩子要同时掌握拼音、识字、写字、阅读是比较困难的，而有基础的孩子已经进入知识运用阶段，他们能更好地在阅读的过程中有效识字，在识字的过程中有效阅读。学生A相比于学生B、C要花费更多的时间识字和学拼音，还要解决字词之间的组合，理解文义，阅读效率低。而学生B、C则已经在阅读中不断巩固练习，阅读效率高。

此外，案例中也展示出亲子阅读和阅读材料对学生产生的影响。低年级的儿童具有强烈的好奇心和较强的模仿能力，他们可以通过书本获取更多知识，

---

① 王争艳.小学语文教学中识字和阅读教学的关系［C］//中国国际科技促进会国际院士联合体工作委员会.2023年教育理论与实践科研学术研究论坛论文集（四）.2023：3.DOI:10.26914/c.cnkihy.2023.004744.

但由于缺乏自我约束能力，需要成人的陪护与监督，教师和父母在儿童阅读中发挥着重要作用。①校内以语文课为主，学生在老师的带领下进行阅读活动。语文课本是课堂阅读的载体，综观统编版教材一、二年级的课文、语文园地、"和大人一起读""我爱阅读""快乐读书吧"等板块，涉及的篇目、书目包含民间故事、创作故事、神话故事、寓言故事、童话故事，还有当代儿童故事、历史上的儿童故事等，占比高且类型多样、内容丰富。②由此可见，语文课本十分重视学生阅读能力培养，且阅读题材丰富，形式多样。课堂阅读主要讲解方式为学生借助拼音自读，再通过师生问答的形式讲解主要意思。教师抛出的指导性问题很大程度上增加了学生的思考空间，锻炼了学生的表达，使学生读书兴趣高涨。不过也存在有的孩子没有提前阅读，课堂参与度不高的情况。"和大人一起读"的处理方式多为课下亲子阅读与课上简单讨论相结合，前者主要目的是自主阅读练习拼音，促进亲子阅读，后者旨在师生共同梳理主要情节，加强学生理解。长期以来，由于低年级学生自身认知水平低、识字量不够，同时教师对阅读教学研究不够深入，导致低年级学生的阅读浮于表面，缺乏思考，影响了学生整体阅读水平的提升。③读书记录卡是增加学生识字量的一项举措，但缺乏监督，没有根本解决识字问题，有的教师一味追求阅读速度和阅读能力，本末倒置。

阅读要从课堂延伸到家庭，从课内延伸到课外。科学的亲子阅读观、恰当的阅读指导策略和良好的家庭阅读环境是提升小学低年级亲子阅读效果的必要条件。④研究表明，以亲子阅读为载体的家庭教育在培养小学低年级学生基本的阅读能力、浓厚的阅读兴趣和良好的阅读习惯上具有不可替代的价值和作用。⑤案例中学生A的亲子阅读只停留在家长朗读学生听，或者学生自读，家长陪伴的阶段，即使在学完拼音之后学生A仍旧采用这种方式读书，且阅读内容较为单一，学生的注意力一定程度被绘本绚烂多彩的图画吸引而只有听觉输入，接触书面语的机会少，无法自主对语言文字进行编码和解码，达不到真正

---

① 王丽梅，马毅飞.小学低年级亲子阅读的现实状况与改进策略——基于713个学生家庭的现状调查[J].上海教育科研，2018（8）：69-72.
② 陈莉.小学低年级故事书的阅读任务设计[J].语文建设，2022（6）：39-42.
③ 刘向阳."双轮驱动"促进低年级学生的阅读思维发展[J].语文建设，2022（12）：66-68.
④ 王丽梅，马毅飞.小学低年级亲子阅读的现实状况与改进策略——基于713个学生家庭的现状调查[J].上海教育科研，2018（8）：69-72.
⑤ 梁凤娇.家庭教育学：教育子女的科学与艺术[M].北京：人民教育出版社，2001：114.

的阅读理解。学生C识字量大，有自主阅读的能力。但家长急于求成，让一年级的学生阅读《作文大全》，主题陌生读不懂，让学生受挫。另外，家长反映学生C不喜欢读色彩丰富、篇幅适中的故事，沟通后发现家长陪读却不导读，作文书打开后全是字，缺少图画指引和丰富的色彩，不能引起学生的兴趣，学生认字了，却不理解故事内容，缺乏交流输出。

（二）问题分析

从以上案例不难看出，无论是教师教学还是亲子阅读都存在一些问题，接下来将对此进行具体分析，阐明学生阅读理解困难、阅读能力无法提高的原因。

1. 识字教学流于形式，识字方法单一，缺乏监督

新课标规定"语言文字积累与梳理"任务群"旨在引导学生在语文实践活动中，积累语言材料和语言经验，形成良好语感；通过观察、分析、整理，发现汉字的构字组词特点，掌握语言文字运用规范，感受汉字的文化内涵，奠定语文基础。"新课标识字教学理念发生了重大变化，由原来的"四会"，即认写讲用齐头并进，转变为多认少写，第一学段要求认识常用汉字1600个左右，其中800个左右会写，认字量是写字量的两倍。但由于课时紧凑，许多语文教师把更多的时间花在教写字和批改写字上，教学新字时只会使用"加一加、减一减、换一换"等基本部首法，缺乏字词辨析，忽视词语学习，导致学生出现同音字混淆、形近字混淆等问题。

部分教师对教学目标研读不充分，忽视不同课文教学目标的差异，采用单一教学方法。如一年级上册第八单元《小蜗牛》，一年级下册第八单元《咕咚》《小壁虎借尾巴》都属于连环画，全文只有个别字词标注拼音，旨在通过教师教学让学生学会结合上下文、图片、生活实际等猜字音字义。但许多新手教师教法生疏，依旧沿用基本部首教学，教学效果差，学生无法掌握猜字方法，从而影响阅读速度和阅读理解。

还有教师对阅读缺乏监督，学生糊弄了事，积极性低。除了课内阅读，课外阅读也十分重要，但教师们有的只停留在口头倡议，有的使用读书记录卡、背诵记录卡让学生填写而没有回收查看，即使查看了也不了解学生的真实掌握情况，没有奖惩措施就导致学生没有真正落实阅读记录，新学字词遗忘快，阅读积极性低。

2. 以听取代阅读，忽视学生情况和需求，不利于学生思维发展与提升

听和读都是输入，两者都是从外界接收信息，但听主要是听觉刺激，读是视觉刺激，"听说读写"中听和说是短暂的，语言转瞬即逝，理解往往要借助当下的语境，遗忘现象也常常发生，听到后面就忘记前面。阅读是文本语言，学生不仅可以通过拼音自主阅读，也能在图画的指导下预测词语的意思和故事情节，读的过程关联前后，对学生思维能力发展与提升有重要意义。家长们在孩子幼儿园时期多采用听读，但孩子识字后仍采用这种方式，有的养成了睡前听故事的习惯，加之阅读时产生的挫败感，导致他们对阅读产生抗拒心理。学生长期缺乏文字输入，文字复现率低，识字能力差。

3. 家长对学生心理发展和学习需求不了解，急于求成

学习是循序渐进的过程，一年级学生刚刚结束幼儿园教育进入小学，有意注意的时间比较短，观察能力有限，识字量有限，学习时容易疲劳，故学习节奏不宜过快。一年级部分家长不了解学生的学习需求和学习情况，让一年级的孩子读《作文大全》，短时间内完成长篇的整本书阅读或提前接触枯燥的作文。学生读不懂，觉得阅读很漫长，无法理解文本意思，也不能产生愉悦的心情，这样做大大降低了学生阅读的积极性，甚至让他们对作文产生恐惧，影响后续学习。

4. 阅读材料不合适，兴趣与难度难以平衡

低年级学生的课外阅读往往是一种冲动，一种发自内心的需要。[1]一年级的读物通常篇幅较短，图画丰富。一方面儿童喜欢色彩丰富的图画，图画能吸引学生注意力，让他们产生阅读欲望，也为学生预测内容提供了重要支架。另一方面较短的篇幅能大大降低学生的畏难情绪。无论是字少图多的绘本还是满篇文字的《作文大全》都不符合一年级学生的阅读需求，太简单或太难的内容都会让学生丧失阅读动力。难度适中的阅读材料既能满足学生的识字要求，又有趣味性，不同程度的学生应有不同的选择。

5. 课堂阅读和亲子阅读没有搭建好交流平台，缺乏阅读指导

听说读写四位一体，是学好语文的关键，学生需要大量输入，也需要大量输出，只有让输入和输出像活水一样流动起来，才能有效提高学生的理解能力。语文课大多为精读课，教学时间和教学任务有明确规定，无法给自主阅读

---

[1] 杨金霞.低年级学生课外阅读的心理需求探析[J].大学教育，2012，1(10)：44.

和自由交流拨出更多的时间，让学生畅所欲言。另外，有的家长对亲子阅读缺少认识，不会使用科学方法引导孩子阅读，家校沟通少，教师没有给予及时的帮助和指导也为学生的阅读提升带来了阻碍。

二、针对一年级阅读问题的解决策略

（一）丰富汉字教学，组织多样识字活动

文字是阅读的基础，教师要丰富教学方法，除了课堂上的加一加、减一减、换一换等基本方法，还要关注字理识字，引导学生关注汉字的形美，通过编儿歌、讲故事等有趣的方法让学生记住汉字。同时也可使用集中识字、对比识字、随文识字等方法让学生记住字与字之间的搭配，积累词语，在语境中理解并应用词语。此外，教师也要引导学生在课外识字，让每个学生在自己能力范围内选择识字内容，让学生养成在生活中识字的习惯，逐渐缩小学生之间的差距。课外识字以趣味游戏为主，辅之奖励，让学生在玩中学，感受识字的乐趣，可使用以下方法：第一，骰子识字。教师打印正方体识字格，让学生写上新认识的字，带到学校进行同桌或小组挑战，互相学习，通关后可以获得老师的贴纸奖励。第二，制作识字小报。教师可结合所学规定主题，划定范围，让学生在生活中识字。如在学习食品包装时就让学生收集食品包装，把认识的字剪下来做成识字小报，蔬菜、水果、文具、家具、运动等名称都是可选的主题。第三，交流识字。可以让学生推荐书籍、认识书名，交流游览经历、认识地名，这个过程既增加了识字量，又训练了学生表达。

（二）推荐阅读书目，尝试整本书阅读，提倡多次阅读

许多家长在给孩子买书时摸不着头脑，难度、内容等都不太适合一年级学生，教师可以依据班级情况列出阅读书单供家长参考。另外在新课标中整本书阅读属于拓展型学习任务群，整本书阅读有利于学生养成良好的阅读习惯，提高整体认知能力。教师可以设置主题，推荐书目，让学生积极参与阅读打卡。不同基础的学生阅读方法也有所不同，基础差一些、理解力弱一些的孩子可以先读完一本书，再把这本书反复读，第一遍解决字词，第二遍加深理解，第三遍体会感情，生成自我理解。

（三）做好阅读监督，采取奖励措施

一、二年级学生读书的主要任务除了增加识字量，还有养成爱阅读能独立阅读的习惯。增加识字量可以通过使用带拼音的读书记录卡，要求写完后读几遍，经常复习读书记录，定期检查读书记录，真正内化新知识。习惯的养成是长期的过程，要求学生每天定时定点阅读，刚开始可以使用奖励增加学生的外部学习动机，如积分兑换奖品、抽奖、发小奖状等，都能有效激发学生的阅读兴趣，当众表扬能让学生体会到强烈的成就感，用外部学习动机逐渐唤起学生的内部学习动机。

（四）拓宽交流渠道，联动课堂内外

阅读能力的提高不是一蹴而就的，只有厚积才能薄发。"从千字文、增广贤文、大学、中庸、左传，等等，一路读下来，似懂非懂地读下来，慢慢就读熟了，由不懂到懂，文字过关了，写作也过关了。这是浸润式的学习，整个身心沉浸在阅读之中，文化的感觉有了，语言的感觉也有了。"[1]教师主要采用引读、讲解、编排小剧、角色体验等方法，培养低年级学生的阅读兴趣。[2]为了激发学生表达读书收获的欲望，班级可组织多种阅读活动，如课前两分钟说说读书感受、填写读书记录卡、给图书配插图、故事大王评选、我来推荐好书等活动，保障阅读的多样性、计划性发展。

（五）家校共学，向家长介绍学生心理发展特点和学习要求

教师通过单独联系或家长会等家校沟通方式，向家长介绍一年级学生的身心发展特点，也可个别交流，指导亲子阅读的方法。小学阶段相比于中学而言没有太大的升学压力，教师和家长都应该摆正心态，将其视为培养良好阅读习惯和积蓄能量的过程。

三、结语

由以上分析可知，识字是一年级学生的主要任务，也是造成学生阅读困难

---

[1] 温儒敏.培养读书兴趣是语文教学的"牛鼻子"——从"吕叔湘之问"说起[J].课程·教材·教法.2016（6）.
[2] 张牧梓.家校协同激发低年级学生阅读兴趣[J].中国教育学刊，2018（S2）：105.

的主要原因，学生阅读能力提高缓慢是教师、家长、课上、课下等多方面原因导致的。小学是知识的储存阶段，学生的阅读能力的提升是隐性的，需要慢慢培养，应联动课堂内外。教师要根据学生情况调整教学目标，丰富教学方法，切实解决一年级学生的识字问题。家长要在了解孩子的基础上选取合适的读物，科学地进行亲子阅读。家校之间要及时沟通，相互配合。

阅读是为了让学生养成思考和探究的习惯，尤其是要通过阅读来激发学生对文学的兴趣，张扬他们的想象力、创造力。语文课也好，亲子阅读也好，一定要跳出教材，让学生学会表达自我，在阅读中欣赏美、感受美、创造美，并建立起对标准、优美的文字的认识。新课标下的小学语文阅读教育面临着诸多挑战和机遇，只有深入分析语文阅读现状，积极探索有效的教育方法，并与家长、学校、社会共同合作，才能够使小学语文阅读教育走向更好的发展，培养出具有良好阅读素养和综合能力的学生，使他们成长为有思想、有情感、有责任、有创新的优秀人才。

（作者系上海市松江区中山第二小学语文教师）

依托"六度"课堂观察评价表激趣小学语文课堂

陈 颖 缪秋红 徐程程

新课标背景下,"教"和"学"的关系已经发生了深刻的变革和转变。为实现育人目标,落实课程管理,上海市闵行区万科双语学校十分重视课堂教学评价。新课标落地后,我校组织教师参与课堂教学评价表的修订研讨,从"熟悉度""专业度""关注度""合作度""享悦度""实效度"六个维度将原有《VKBS课堂教学观察评价表》的"个人素质""教学内容""教学方法"和"教学效果"进行了提炼和优化,将评估指标的高分值从原来对教师的观察转向对课堂学生,强调课堂的"关注度""合作度""享悦度"和"实效度",凸显学生的主体性地位。

新课标提出小学语文教学需要灵动和多元的语文课堂。灵动和多元的语文课堂应该追求妙趣,在小学语文教学中最大限度地发挥学生学习的主动性、创造性。通过灵动多元的激趣课堂实施,可以让学生在语文学习中充分发挥主体作用,提高他们的学习兴趣和积极性,培养他们的综合素质和创新能力。同时,也能够促进学生对语文知识的深入理解和应用,提高语文学科的学习效果。

本文将从"六度"课堂观察评价表出发,探讨如何在小学语文课堂中开展以评价为核心的教学改革实践,以期提供有价值的经验和参考。

一、师生角色的转变,促多样的授课模式迭代重组

教学评价是教学活动的一个重要环节。不同的时期,标准不尽相同。随着新的课程观的确立,课堂教学观察的评价标准也将发生改变。新课程要求评价主体是多元的,既要体现共性,又要关心学生的个性,既要关心结果,又要注

重学生学习的主动性、创造性和积极性；关注学生在学习过程中的表现，包括他们的使命感、责任感、自信心、进取心、意志、毅力、气质等方面的自我认识和自我发展。用一句话说，就是以多维视角的评价内容和结果，综合衡量学生课堂发展的状况。

我校自2016年9月开校以来，前五年的课堂教学观察注重"个人素质""教学内容""教学方法""教学效果"这四个维度，教学观察以教师为主体。例如，《VKBS课堂教学观察评估表》中的"个人素质"考察教师的教态、表达、板书以及备课、讲课、教具等；"教学内容"考察教师的教学目的、教学过程以及对课时的把握；在"教学方法"上关注教师如何引导以及对学生的关注；"教学效果"对老师提出了"促进""激发"的要求。综观整张评价表对教师的观察约占70%以上。在这样的评价标准之下，授课教师的关注点更多的在备课的准备上。而听课者则较多地以课堂教师的表现为打分依据，重点观察上课教师课堂呈现出的备课准备是否充分，教学的连贯性是否完整等，并给予相对应的分值评价。

下面以一位连续两年任教五年级的语文老师两次的课时教案及课堂授课片段为例（第一学期《什么比猎豹的速度更快》）。

第一次教学时的教案片段：

三、速读检测

同学们，我们在阅读的时候要能把握文章内容。如果我们能加快阅读的速度，那么阅读的效果是不是就会增强呢？

下面我们就进行速读练习。

1. 本文共700多字，我的阅读时间为_____分钟。

2. 讨论、交流：如何才能加快阅读速度？

3. 速读课文，你有什么体会？

生读课文，交流。

预设一：在阅读的时候，我先根据题目提出了一个问题，然后带着这个问题读，这样读得更快一些。

预设二：在阅读的时候，遇到不明白的词语，我也不纠结，而是直接越过，继续读下去。

我在读课文的时候，用的时间比较多。因为，遇到不理解的词语，我会稍作停留，思索一下，这样就拖慢了阅读速度。

预设三：在阅读的时候，我抓住每段的重点句子，重点读，其他的地方，我会加快速度。

那么，速读课文，你有什么感受？我们明白了速读的好处后，要经常练习，这会使我们受益匪浅。

四、整体感知

指名朗读课文，总结一下这篇文章介绍了哪些事物的速度，由慢到快完成下列表格。

五、小结

这节课，我们了解了课文内容，并且知道了速读的好处，希望在今后的学习中，我们运用速读，提高学习效率。

从这位老师的教案设计中不难发现课堂的主角就是教师。虽然她在课前对可能出现的知识难点"加快阅读速度的方法"做了充分的备课，按照速读的方法进行了预设，课堂中在教师的引导下学生的回答确实也基本上符合预设，且在交流完之后再次检测时，学生的阅读速度明显越来越快，但是当需要学生按课文内容根据事物的速度由慢到快排序时，学生却出现了各种错误，令这位年轻授课教师束手无策。

课后这位授课教师在反思中写道："我的预设都是基于教师正确的答案，所以一旦学生有其他意见时，为了保证课堂教学的流畅性，能在正常时间内上完课，我选择性地进行了忽视，于是那些由学生反映出来的真正的问题被掩盖了。"尽管授课教师意识到了课堂问题，但是当时听课者从《VKBS课堂教学评估表》观察角度给到了这位授课教师相当高的分值，因为大家觉得这堂课无论教师的个人素质、教学内容、教学方法都不存在很大的瑕疵。

随着新课标的推出，我校在充分研究解读新课标的前提下，结合现有的课程体系对教学评价体系进行评估和改进，重视师与生的角色转化，重视多样的授课与互动模式，重视核心素养在评估中的体现，并且及时检测、反思、调整教学评估体系，以适应学生发展的实际需求，着力进行新课标背景下万科双语学校以"六度"课堂观察评价表为抓手的教学改革实践研究所带来的课堂灵动和多元，从"熟悉度""专业度""关注度""合作度""享悦度""实效度"六个维度将原有《VKBS课堂教学观察评价表》的"个人素质""教学内容""教

新时代语文教育的探索与实践

学方法"和"教学效果"进行了提炼和优化,将评估指标的高分值从原来对教师的观察转向对课堂学生的观察,强调课堂的"关注度""合作度""享悦度"和"实效度"。

以上述这位教师第二次执教公开课《什么比猎豹的速度更快》的教案片段为例:

在前面的课文中我们学习了哪些提高阅读速度的方法?(指名回答)
请同学们运用学过的方法默读这篇课文,并将所用时间记在课题右边。
1. 自读课文,记录所用时间。
2. 交流所用时间及提高阅读速度的方法。
随机板书:集中注意力 不回读 连词成句读
3. 交流了解的内容。
老师想采访一下,刚刚你们阅读的速度很快,花的时间很少,老师想问一下读了这篇文章你们知道了哪些事物比猎豹的速度更快。
(指名阅读速度较快的同学说)
预设一:答案很全。
预设二:答案不全。
教师追问:你们是用什么方法在文中找到比猎豹速度更快的这些事物的?(学生交流方法,老师及时肯定学生正确的阅读方法。与此同时向没有找全答案的同学指出提高阅读速度不仅仅在于读得有多快,更在于了解课文内容的正确阅读技巧。)

同一授课内容,这位教师在第一次授课经验的基础上,结合新出台的《VKBS课堂教学"六度"观察评价表》,关注学生"学"的有效性思考,在第二次教学中做了大胆调整,根据课堂学生的实际生成教师给出了"提高阅读速度不仅仅在于读得有多快,更在于对课文内容了解了多少"的方法指导。同时在接下来的教学环节中,这位教师的授课重点也不再是说明方法的讲解,而是集中在结合文本带着学生演练"尝试运用借助关键词句提高阅读速度的方法读懂每一自然段的意思"。正是因为教师抓住了学生真正的难点,教授了阅读技巧,课堂呈现出积极和谐的师生互动,学生的学习效率明显提升。

《VKBS课堂教学"六度"观察评价表》的推行给课堂带来了不少生机和

灵动，因为它不仅观察教师自身深厚的底蕴，研读教材的深度，注重教学目标定位是否准确、学科特点是否凸显、教师是否具有很强的驾驭课堂能力，同时还观察学生"学"的过程，关注学生是否主动积极地学习，是否自信表达和合作分享，有所收获，精神上乐此不疲。

再如：我校一位语文教师在执教统编版四年级第二学期《短诗三首》时给我们留下了极其深刻的印象。这是一堂非常精彩的校级示范课，这位年轻教师不但教态亲切，语言优美，而且教学内容层层递进，课堂氛围相当融洽。更可贵的是她打破教学课时安排的顺序，大胆地将冰心写的三首现代诗（其中第一和第三首同属于"母爱"主题的两首诗）迭代重组放在一起教学。这样的教学设计不仅是对传统教法的大胆突破，节省了课时时间，还教会了学生归类学习，让学生明白这样归类教学的做法是有一定依据的，从诗歌的中心对其进行了分类。另一亮点还在于这位教师将《VKBS课堂教学"六度"观察评价表》的指向项目作为备课时的一定依据，关注学生习得这一方面做得尤为突出。在教学《繁星（一五九）》"心中的风雨"难点理解时，这位教师从预习单入手，给学生充分的时间质疑，允许学生提出个性化观点，分享在完成预习单过程中的思考所得。整堂课呈现的不完全是预设的结果，而是师生互动，生生互动，使学生主动发现问题，主动提出问题，主动探索问题，主动解决问题，主动扮演学习的小主人角色，既有师生资源的生成，又有过程的生成，真正体现了教学理念的转变带来的课堂灵动和多元，营造出持续不断地主动积极学习的氛围。

二、融合课程的实践，促多重的交互思维全面迸发

融合课程的学习在一定程度上打破了各学科间的人为界限、时代界限、文化界限，鼓励学生运用多种学科思维不断思考、相互讨论、作出评价、给出建议、得出结论，能够实现各种思维观点的交流、碰撞和融结。

例如，在学习统编版五年级第二学期漫画单元中，我们发现漫画能给人留下清晰深刻的印象，能启发培养学生对历史、自然等多方面的探索兴趣。于是我们鼓励学生将课本中提及的丰子恺漫画与德国漫画家埃·奥卜劳恩《父与子》做一个全面深入的赏析与评价。同学们从中西两位大师创作的时代背景、个人生活经历、绘画色彩的表达方式等多方面分享了探究成果，各抒己见阐述

研究观点，通过比较深入了解两位漫画家的作品风格。中西融合课程的学习氛围浓烈，师生在合作中思维交互全面迸发，课堂焕发出别样的生命活力，教学效果尤为突出。

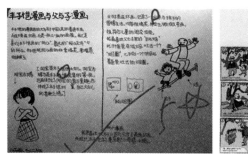

又如，在"月儿圆又圆"中秋古诗词融合课程学习中，有一位外籍学生认为中西方文化艺术上对"月"有不同的解读，月亮在中国文化里其象征意义十分丰富，创造了优美的审美意境，而且还表达了人们对故乡和亲人朋友的怀念之意，但西方人却有着截然不同的看法，具有一定的差异性。第一次听到如此新鲜的质疑声，顿时激起不同的思维冲击，同学们兴趣盎然，纷纷在网上查找资料，于是一场中西文化围绕"月"的学科探究学习就这样拉开了序幕。

再如，五年级语文第二学期统编教材第六单元语文园地的"日积月累"是一首古诗宋朝诗人翁卷的《乡村四月》。由于古诗出现在语文园地中，所以书上没有加点字的注释供学生和老师参考。在理解"绿遍山原白满川"中的"川"字时，有老师和学生认为应理解为"河流"，因为从第一句句意："山坡原野草木茂盛，一片葱茏，而稻田里的水色与天光相辉映，满月亮白"中推断"川"字理解为"河流"。可是有不少老师和学生认为"川"的字义有多种解释的可能性，有的认为将"川"理解为"平地"更为合适。大家对"川"字的理解各持己见，据理力争，引发了一场别样的探究，于是题为《"绿遍山原白满川"中"川"字意思的探究》作业就此诞生。

令人惊喜的是，这次作业很多同学融合多学科课程，通过信息技术查阅历史资料，了解诗人所处的地理环境，运用图文并茂的形式自信地展示自己的研究成果，学生们兴趣盎然，家长们更是赞不绝口。

在新课标引领下的《VKBS课堂教学"六度"观察评价表》自践行以来，

让我们更清楚地认识到"教育不是灌输",每个学生都应有"质疑"的权利,而真正会学习的人不应该只接受新的知识,而应该养成"质疑、解惑"的好习惯。作为教师,谁也不能保证自己一定是"正确"的,但我们必须保证教会学生追求真理的方法,培养学生具备一定的探究能力,通过查找文献、收集资料、思辨总结、分享所得激发起伙伴们的思维碰撞,在共鸣中解锁各种各样的疑难困惑。唯有师与生在课堂上一次又一次的平等教和学,才会让我们无数次地欣赏到孩子们对我国古代诗词的兴趣和质疑解惑精神的可贵再现。

三、学法互助的融通,促多彩的中西课程整合优化

在《VKBS课堂教学"六度"观察评价表》的"实效度"中,我们重在"整合运用资源,提高教学质效"的考量。不同学科有各自的学习范式,我们从中西课程多样化的学习方式中进行筛选,与语文学科学法进行交叉整合、优化融通,使之成为助力学生语文学习的学法支架。

例如,在统编版三年级语文下册第一单元古诗教学中,我们把学校融合课程"春之韵"整合在一起学习。讲诗意,品诗韵,作诗赋,配诗画,将课内教材与课外古诗"诗情"与"画意"有机融合,丰富古诗词作业的层次,让学生领略诗意盎然的古诗词的魅力。三年级学生根据已经学习过的字节、节拍和押韵等诗歌元素在英文诗歌学习中进行迁移,中外教师合作教学,对同类学法中英文学科藏头诗的创作同步进行指导,鼓励学生书写更丰富的诗歌,从而更完

新时代语文教育的探索与实践

整地呈现出学生书写诗歌的能力,旨在让学生进一步体会多彩的中西诗词所蕴含的独特的韵律美。

又如,依托统编版四年级下册第三单元诗歌内容进行推荐名家现代诗歌阅读,包括冰心的《短诗三首》、艾青的《绿》、戴望舒的《在天晴了的时候》等。指导学生通过多种途径搜集诗歌或记录当地的民歌、童谣,以及有关诗歌的知识和故事等,并按照诗人、内容、形式等对搜集到的诗歌进行整理、归类,提炼现代诗歌的特点,随后在此基础上鼓励学生根据单元诗歌内容试着模仿,选择开展写童诗、合编小诗集等创编现代诗歌活动,以简洁凝练的语言表达出丰富的情感。当然诗歌的创编不仅仅局限于中文表达,我们启发学生结合英文课程中有关西方诗歌学习内容,大胆地做中西诗歌比较研究,找出写法融通之处并巧妙地运用于中西诗歌创编之中。

中西学法合作突破性的优化,让我们看到了学生在完成项目、解决问题的过程中享受主动探究、自由创编的乐趣,进而建构有意义的学习体系。

(作者系上海市闵行区万科双语学校语文教师)

小学语文课堂阅读与课后阅读的整合策略

刘 艳

在当今这个信息爆炸的时代,阅读已经成为人们获取知识、理解世界的重要方式。而对于处在生长发展阶段的小学生来说,培养良好的阅读习惯和能力更是至关重要。一直以来,小学语文教学中的阅读教学有两个重要部分:课堂阅读和课后阅读。然而,在实际的教学过程中,这两者往往是分离的,课堂阅读主要集中在教师的指导和讲解上,课后阅读则更多依赖于学生的自主阅读和理解。这种分离的状态不仅降低了阅读的效率,也影响了学生阅读能力的全面提高。

因此,如何有效地将课堂阅读与课后阅读整合起来,以实现更高效的阅读教学,成为语文教师需要深入研究的问题。本文将对小学语文课堂阅读与课后阅读的现状进行深入剖析,探讨阅读整合的重要性,并提出一系列有效的整合策略,希望能为小学语文阅读教学提供新的思路和方法。同时,将通过对实际案例的分析,验证这些整合策略的实效性,希望能够促进小学生阅读能力的提升,培养他们的自主学习能力,激发他们的批判性思维,全面提高他们的综合素质,以帮助他们更好地适应社会的需求。

一、课堂阅读与课后阅读现状分析

(一)课堂阅读现状分析

在新课改和"双减"的背景下,小学语文的教学方式正在发生显著的变化。传统的"填鸭式"教学逐渐被教师主导、学生主体的教学方式所替代,阅读教学也不例外。这样的教学方式更有利于提升学生的阅读能力和语文素养,促进学生的全面发展。然而,尽管教学方式有了明显的改变,但在实际的课堂阅读教学中，仍存在一些问题。例如，课堂阅读教学往往过于依赖教师的讲解，而忽视了学生的主体地位。此外，课堂阅读教学往往着重在课文的理解上，而忽视了对学生阅读技能和阅读习惯的培养。

"核心素养"已经成为语文教学中的热门话题。在阅读教学中，如何在语文核心素养的理念下，从小学语文阅读教学入手，培养学生的语文核心素养，已经成为学者们重点关注的问题，也是一线语文教师面临的重要问题。

（二）课后阅读现状分析

随着"双减"政策的实施，小学生的课业负担大大减轻，这为学生课后阅读提供了更多的时间和机会。课后阅读作为连接课堂学习与家庭学习的桥梁，其作用越来越受到教师和家长的重视。目前，课后阅读的形式主要有两种：一种是复习、预习语文课本中的拓展部分，通过阅读课文背景知识、作者其他作品等形式加深学生对作者、原文的理解并增加词汇量；另一种是指定一种或几种少儿读物，要求学生以周或月为单位完成阅读任务，并在课堂中以复述或给同学讲故事等形式检验学生阅读成果。

然而，当前的课后阅读也存在一些问题。首先，课后阅读的内容和形式还相对单一，主要集中在课本的复习和预习上，缺乏多样性。这种情况可能会限制学生的阅读视野，影响他们的阅读兴趣。其次，课后阅读的评价方式主要依赖于教师，往往忽视了学生的自我评价和同伴评价，这可能会影响学生的自主学习能力和合作学习能力的发展。

（三）课堂阅读与课后阅读之间的关系

课堂阅读和课后阅读是小学语文阅读教学的两个重要部分，它们之间具有密切的关系。课堂阅读主要是教师引导，教师通过讲解和指导，帮助学生理解和掌握课文的内容，培养学生的基本阅读技能。课后阅读则主要依赖于学生的自主学习，学生通过自我阅读和理解巩固和提升在课堂上学到的知识和技能，同时也可以激发阅读兴趣，培养自主学习能力。

然而，在实际的教学过程中，课堂阅读和课后阅读往往是相对分离的，缺乏有效的连接和衔接。这种情况可能会降低阅读教学的效果，影响学生阅读能力的全面提升。因此，如何有效地将课堂阅读与课后阅读整合起来，实现阅读教学的连贯性和一致性，这是语文教师面临的一个重要问题。

二、阅读整合的重要性

（一）对学生阅读能力的提升

整合课堂阅读和课后阅读可以有效提升学生的阅读能力，两者的有效整合可以让学生在教师的指导下进行有目标、有计划的阅读，同时也能通过自主阅读，增强阅读的深度和广度，从而全面提升学生的阅读能力。

（二）对学生自主学习能力的培养

课堂阅读与课后阅读的整合对于培养学生的自主学习能力具有重要作用。课堂阅读主要由教师引导，而课后阅读更依赖于学生的自我驱动。通过整合这两种阅读形式，学生可以在教师的引导下自主地选择阅读材料，规划阅读时间，制定阅读目标并自我评价阅读效果。这种自主学习的过程有助于培养学生的自我管理能力、自我调节能力和自我反思能力，这些能力对于学生的终身学习都是非常重要的。

（三）对学生批判性思维的激发

课堂阅读与课后阅读的整合也有助于激发学生的批判性思维。在课堂阅读中，教师可以引导学生进行深入的文本分析，挖掘文本的深层含义，从而训练学生的分析和评价能力。在课后阅读中，学生可以通过自主选择不同类型和主题的阅读材料，开展比较阅读和反思，从而激发他们的批判性思维。通过整合课堂阅读和课后阅读，可以让学生在多元化的阅读活动中不断挑战和扩展自己的思维，从而提高批判性思维能力。

三、小学语文课堂阅读与课后阅读的整合策略

（一）教师角色的转变

传统上，教师在阅读教学中主要扮演着知识的传授者和学生学习的导向者角色。在这种模式下，学生往往被动接受教师的教学，缺乏主动学习和自主探索的机会。因此，教师在整合课堂阅读与课后阅读的过程中，需

要转变自身的角色，从传统的知识传授者转变为学生学习的引导者和协助者。

1. 教师需要引导学生自主选择阅读材料

可以通过建立多元化的阅读资源库，提供各种不同类型和难度的阅读材料，让学生根据自己的兴趣和能力自主选择。教师可以提供一些选择的建议，但应避免过度干预，以保持学生的选择自由。

2. 教师需要引导学生自主规划阅读时间和方式

可以通过教授学生时间管理和阅读策略，帮助他们有效地组织和安排阅读活动。同时，教师应鼓励学生尝试不同的阅读方式，如沉浸式阅读、批判性阅读等，以提高阅读的效果和乐趣。

3. 教师需要引导学生自主进行阅读评价

可以教授学生自我评价和同伴评价的技巧，让他们对自己的阅读进行反思和改进。同时，教师也应尊重和接纳学生的评价，以鼓励他们的自我反思和批判性思维。

（二）加强课堂阅读和课后阅读的联系

在课堂阅读和课后阅读的整合过程中，两者之间的紧密联系显得尤为重要。有效的联系能够使两者形成有机的互动，从而提高阅读教学的效果。

1. 利用课堂时间明确设定课后阅读的目标和任务

例如，一次课堂阅读结束后，教师可以指定与课文相关的课后阅读任务，如阅读与课文主题相关的资料，或探索课文作者的其他作品等。通过这种方式，课堂阅读与课后阅读建立明确的衔接，使学生在课后阅读中有明确的学习目标和方向。

2.课堂活动可以用来巩固和延伸课后阅读的学习

教师可以设计一些与课后阅读内容有关的课堂活动，如讨论、口头报告或小组作品展示等，让学生有机会在课堂中分享他们的阅读成果，以此增强他们对阅读材料的理解和吸收。

3. 信息技术的利用也可以加强课堂阅读与课后阅读的联系

例如，教师可以通过在线教育平台发布课后阅读任务，分享阅读资源，收集和反馈学生的阅读作业。学生可以在平台上分享他们的阅读体验，进行同伴互评，从而增强课堂阅读与课后阅读的互动性和连续性。

(三)创设丰富的阅读环境

创建丰富的阅读环境对于课堂阅读与课后阅读的整合具有重要作用。一个良好的阅读环境可以激发学生的阅读兴趣,提供多元化的阅读材料,支持学生进行自主和深度阅读。

1. 教师和学校应提供丰富多样的阅读资源

阅读资源包括但不限于各种类型的书籍、杂志、电子书、网络资源等。这些资源应覆盖各种主题和领域,以满足学生不同的阅读兴趣和需求。同时,这些阅读资源也应满足不同层次学生的阅读需求,包括不同的阅读内容和难度,以支持所有学生的阅读学习。

2. 教师和学校应创设一个舒适且支持阅读的环境

这包括设立一个安静、舒适的阅读角,配备适当的阅读设施,如充足的照明、舒适的座椅和充足的书架等。此外,学校也可以通过定期组织阅读活动,如阅读节、阅读比赛、读书俱乐部等,来营造鼓励阅读和分享阅读体验的文化氛围。

3. 教师和学校应利用信息技术来丰富阅读环境

可以使用电子图书馆、在线阅读平台、阅读App等工具,为学生提供更广泛和便捷的阅读资源。教师也可以使用教育技术工具,如学习管理系统(LMS)、学习分析工具等,来跟踪和支持学生的阅读学习。

四、案例分析

(一)案例介绍

在小学四年级的语文课上,教师正在教授统编版四年级上册的《一个豆荚里的五粒豆》。这是一篇揭示每个生命都有其独特的价值和可能性的故事,目标是引导学生理解生命的力量和希望的重要性,并引发对生活的思考和对生命的尊重。

课堂情景:

师:"同学们,你们还记得我们的故事《一个豆荚里的五粒豆》吗?"

生(纷纷举手):"记得!"

师:"那你们能告诉我,这五粒豆子最后的命运吗?"

生（轮流回答）:"有的豆子被当作玩具枪的子弹射了出去，有的豆子落入水沟，变得又大又胖，有的豆子被鸽子吃掉了，还有一粒豆子成了小女孩的希望，最后变成了一棵豌豆苗。"

师:"很好，那你们认为，这五粒豆子中，哪一个豆子的命运最好？"

（学生开始思考，有的认为是成为小女孩希望的豌豆，有的认为是被当作玩具枪的子弹的豌豆）

师:"其实，每一粒豆子都有它们自己的价值和意义。成为小女孩希望的豌豆，帮助小女孩恢复健康；被当作玩具枪的子弹的豌豆，给孩子们带来了乐趣；落入水沟的豌豆，虽然生活环境艰难，但是它依然保持了乐观的态度；被鸽子吃掉的豌豆，虽然命运看似悲惨，但是它成了鸽子的食物，有了它们，鸽子才能生存下去。"

然后，教师布置课后任务，学生需要阅读更多关于生命的书籍，然后进行总结和思考，第二天课上分享自己的发现。

（二）案例分析

这个案例中，教师成功地将课堂阅读与课后阅读整合在一起。在课堂上，教师通过引导式提问，使得学生们能更深入地理解和思考文章的主题——生命的价值和可能性。教师的提问不仅激发了学生的思考，还引导他们学会理解和尊重每一个生命。

在课后，学生们按照老师的要求阅读更多关于生命的书籍，并进行总结和思考。这个任务不仅让学生们有机会进一步理解和思考《一个豆荚里的五粒豆》这篇文章的主题，也帮助他们培养了自主阅读和学习的能力。

总的来说，这个案例充分展示了如何通过课堂引导和课后任务帮助学生理解和思考阅读材料的主题，同时培养他们的自主阅读和学习的能力。

五、结语

本文通过对小学语文课堂阅读与课后阅读的研究，强调了将两者有效整合的重要性。整合课堂阅读与课后阅读可以全面提升学生的阅读能力，培养他们的自主学习能力，并激发他们的批判性思维。

在整合策略中，教师角色的转变、加强课堂阅读与课后阅读的联系以及创设丰富的阅读环境是关键。教师需要转变为学生学习的引导者和协助者,以激发学生的自主学习和批判性思维。同时,通过设定明确的课后阅读任务,组织与课后阅读相关的课堂活动,以及利用信息技术,可以有效地加强课堂阅读与课后阅读的联系。此外,通过提供丰富的阅读资源,创设舒适的阅读环境以及组织多元的阅读活动,可以为学生阅读提供强有力的支持。

(作者系上海大学附属小学语文教师)

脑科学背景下小学语文输出型语用课堂探索

欧阳志平

《义务教育语文课程标准（2022年版）》指出：在语文课程中，学生的思维能力、审美创造、文化自信都以语言运用为基础，并在学生个体语言经验发展过程中得以实现。随着新课标的深入实施，让学生在真实的语言运用情景中开展语言实践，从而积累语言经验，培养语言文字运用能力，早已成为广大小学语文教师的共识，也成为各级各类教学评比的重要依据。但是，在日常教学中，输入型课堂依然大行其道，教师的讲解占据了课堂教学的大部分时间，学生听得多，练得少，接受多，实践少，学生学到的更多是知识，而不是能力。

脑科学研究认为，人类的学习过程是一个从感知到认知、从认知到操作、从操作到反馈的过程。国内外的多项研究证明语言输出具有"强化有意注意、及时修正问题、增强反思能力、提升教学效果"等作用。虽然输出型课堂大多用在第二语言的习得上，但是不论是母语的学习还是第二语言的学习，其脑科学原理是一样的。在教学时，教师需要构建输出型语用课堂——在语文课堂教学中，通过创设真实的语言运用情境，设置语用输出任务，加强语言输出实践，帮助学生积累语言文字，提升运用语言文字能力，建立自信心。

一、研究教材，让语用目标更聚焦

语用目标是输出型语用课堂的出发点与归宿，为设计语用任务、开展语言实践活动指明方向。语用目标的设定应该与教学目标的确立融为一体。

脑科学视域下的输出型语用课堂教学，是以促进语言知识增长和迁移、语言技能形成和运用为目的的教学，教师需对相关的教学内容或教学资源进行深入的研究,然后根据学情确定课堂教学目标。

(一)瞻前顾后,提升目标的准确性

要使语文课堂教学取得最佳效果,首先必须制定精准的教学目标。精准的教学目标必须建立在对课标、教材、学生的全面、准确的把握之上。有时同一个输出型语用任务在不同的学段都会出现,比如讲故事、复述课文内容等。但是同样的语用任务根据不同的学段特点及学情,教学目标也不尽相同。以讲故事为例。讲故事是小朋友喜闻乐见的一种交际方式,也是各学段学生均要掌握的一项表达技能。通过对新课标各学段要求进行对比研究就会发现,同样是讲故事,各个学段的要求各不相同(见表1)。

表1 不同学段对讲故事的要求

学段	第一学段 (1~2年级)	第二学段 (3~4年级)	第三学段 (5~6年级)
要求	听故事、看影视作品,能复述大意和自己感兴趣的情节。能较完整地讲述小故事	讲述故事,力求具体生动	阅读叙事性作品,了解事件梗概,能简单描述印象最深的场景、人物、细节,说出自己的喜爱、憎恶、崇敬、向往、同情等感受

以课标为导向,各个学段在制定讲故事这一语用目标时,要求也不一样。二年级下册第七单元安排了四篇与动物有关的童话故事,该单元的课后习题中编排了根据示意图讲故事、分角色演故事、借助提示讲故事等类型的讲故事形式。《蜘蛛开店》一课的课后练习是这样编排的(见图1):

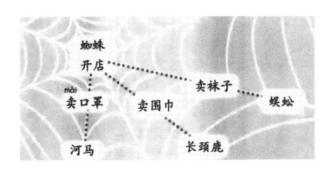

图1 《蜘蛛开店》课后练习

新时代语文教育的探索与实践

在教学目标的制定上，结合新课标的相关要求，《蜘蛛开店》一课教学目标之一可以表述为：根据示意图比较完整地讲述这个故事；能展开想象，续编故事。

四年级下册《黄继光》一课课后练习关于讲故事的要求非常简洁：有感情地朗读课文，简要复述课文。

本课已经是四年级的最后一个单元了，学生即将迈入高学段，正是处于从中段到高段的过渡阶段。通过前后各学段目标的梳理分析，结合本单元的语文要素——借助人物的语言、动作体会人物的品质，本课的输出型语用目标定为"抓住人物语言、动作生动具体地讲述黄继光的故事，表现人物舍生忘死、英勇无畏的革命英雄气概"更为恰当。这样的目标既能很好地落实单元语文要素，也能让学生在讲故事这个言语实践中体会英雄崇高的革命情怀。

（二）由表及里，凸显目标的操作性

多元智能理论追求总的教学目标是——为理解而教。加德纳"哈佛大学零方案"的协同主持人柏金斯认为，所谓"理解"是指个体可以运用信息做事情，而不是他们记得什么。因此，在教学目标的制定上首先要基于学生的最近发展区，让学生能够达到，其次要能全面调动学生的眼、耳、口、手、身，让学生全身心地投入学习活动，并能学有所得。

如《小壁虎借尾巴》一课教学目标如下：

（1）认识"壁、墙"等12个生字和户字头、车字旁两个偏旁，会写"捉、条"等7个字。

（2）通过多种方法猜生字字音、字义，把课文读正确、读流利。

（3）借助连环画课文的特点，读懂故事内容，说说故事的主要情节。

（4）了解壁虎、鱼、牛、燕子的尾巴的不同作用。尝试查找资料，了解其他动物的尾巴的不同作用，并与同学交流。

上面的目标设计贴合一年级学生特点，兼顾学生各方面能力的发展，具有较强的操作性。第一条目标为语言智能蓄能；第二条和第四条目标关注到了知识的学习，也关注到了获取知识背后的学习技能的指导；第三条目标全面调动了学生的器官，既锻炼了学生的观察能力，又锻炼了学生的表达能力。

二、关联生活，让语用任务更真实

语言学习指个体学会使用语言进行交际的过程，它包括对一系列声音或符号及其约定俗成意义的识别、再认和重现，对语法规则的理解，以及对使用语言所必需的动作技能（如发音、书写等）的掌握。从对语言学习的定义中不难看出，语言学习本身就是一个从输入到输出的过程，它既包括学生对语言符号及其意义的认知、对语法规则的理解，也包括语言技能的运用。输出型语用课堂直抵语文核心素养，最能体现"指向社会、适应社会、学以致用"的价值取向。输出型语用课堂就是要创设真实的语用环境，让学生"真实践""真运用""真提高"。

（一）勾连生活情景，激发输出欲望

根据脑科学的研究，人的大脑左右两个半球既有分工又有合作。大脑左半球是掌管逻辑、理性和分析的思维，包括言语的活动；大脑右半球则负责直觉、创造力和想象力，包括情感的活动。长期的"输入式"教学，机械的背诵将使学生右半球处于被压抑的状态，直接影响一个人的直觉、领悟和创造性才能的发挥。而情境教学较好地协同了大脑两半球的互补协同的作用。

1. 让真实的生活走进课堂

生活是学生进行语言实践最好的平台。将课堂与学生的生活连接起来开展语言实践活动是提升学生表达能力的一条捷径。而语文教材用心地安排了很多这方面的内容，如语文园地的"识字加油站"就与学生的生活密切相关——有的让学生认识公共场所的名字，有的让学生认识清洁工具等。

怎样利用好教材的内容设计生活化的语言实践活动呢？下面以二年级下册语文园地七的识字加油站为例进行简要说明。

课堂上教师先出示了很多清洁工具，有扫帚、抹布、拖把、水桶、簸箕等，然后让学生分别认一认这些工具，这个过程帮助学生正音。接着让学生分别给这些工具贴上名称标签，这是字形和实物对应的过程，实现了词语与词语意义的联结，是一次从认知到理解的飞跃。最后让学生联系班级开展大扫除的情景，用上"谁用什么干什么"的句式介绍图中的内容。这样的输出型语用教学设计，基于学生生活，便于学生完成对这些字词的认知、理解和运用。

2. 让虚拟的网络还原生活

有些生活场景离学生生活非常遥远，比如说革命战争年代的故事；再比如说，威尼斯小艇的轻便灵活，抑或牧场之国的旖旎风光，学生也无法亲眼见识。对于这些离学生非常遥远的人、事、景，怎样让他们真正走入文本，与文章产生共鸣，并最终能表达出对自己内心的感受呢，网络此时就可以大显身手了。

比如说五年级下册《军神》一课，教师为了让学生体会到刘伯承将军钢铁般的意志，播放了一段电影片段。这段电影片段正好与课文内容高度契合，学生通过镜头看到了刘伯承在没有使用麻醉剂的情况下忍受着锋利的手术刀一次次在身上划过，却没有哼一声，他们的表情变得凝重，敬佩之情油然而生。此时此刻，教师再让学生表达自己的感受，学生的情感喷薄而出，言语表达激情四溢，思维力度也达到了空前未有的高度。

（二）深入生活天地，开展语言实践

输出型课堂不仅要让学生观察生活，还要引导学生思考生活。教学时，教师不仅要让学生有疑处释疑，还要让学生在无疑处生疑，从而让学生主动走入生活的天地去学习、去实践。

1. 自主实践，收获真知

在学习"贝"的故事一课时，课文最后一句话是"贝字旁的字大多与钱财有关"。为了帮助学生理解这句话，教师给学生提出了一个问题：生活中哪些贝字旁的字与钱财无关呢？这个问题把所有人都难住了，于是教师让学生完成一个实践作业：找一找生活中还有哪些贝字旁的字，它们分别表示什么意思，又有哪些不是贝字旁的字，为什么与钱财无关。这样的语言实践作业不但让学生积累了更多关于贝字旁的字，而且对汉字的造字规律有了更深的认识，这是教材无法教会他们的。

2. 任务驱动，学科融合

新课标中跨学科学习任务群要求语文教学可以围绕学科学习、社会生活中有意义的话题，开展阅读、梳理、探究、交流等活动，在综合运用多学科知识发现问题、分析问题、解决问题的过程中，提高语言文字运用能力。输出型语用课堂的构建当然需要为跨学科助力。

二年级下册第一单元的内容都与春天有关，教师们就可以设计这样的语用任务：读春天的诗，开展诗歌诵读比赛；找春天的变化，开展"我"眼中的春天口语交际活动；写"我"眼中的春天，开展画文同步语言实践活动。这些语用实践活动的开展不仅培养了学生的语言运用能力和思维能力，还培养了学生的科学精神和审美素养，文化自信也在活动中慢慢形成。

三、"学""习"一体，让语用活动更有效

美国心理学家B.F.斯金纳在《言语行为》一书中提出：个体言语的获得主要依靠后天的学习，是一种操作性的条件反射的形成。可是，教师在实际教学中却把学生当成知识的容器，而不是知识的使用者和创造者。输出型语用课堂就是要想方设法让学生将已输入的知识重新构建，让学生边学边习，在积累中运用，在运用中思考，在思考中提升。

（一）教学融合，教学过程就是学习过程

在教学《黄继光》一课时，为了帮助学生完成"生动具体地讲述黄继光的故事，体会人物的英雄气概"这一目标，教师先让学生圈画出人物的语言、动作，然后具体指导学生如何从人物语言中体会人物的品质。教师让学生朗读黄继光的话，接着说一说他是在什么情况下说的这些话，然后思考他为什么要说这些话，并谈一谈从中体会到人物怎样的思想品质，最后让学生通过表演把整个过程展现出来。"圈画句子——寻找背景——分析原因——体会品质——情境表演"的学习路径帮助学生掌握了通过人物语言体会人物品质的方法。之后，教师再让学生用同样的方法学习如何通过人物的动作体会人物品质。纵观整个教学过程，教的过程就是学生习得方法的过程。这些学习活动为学生生动具体地讲述黄继光的故事奠定了良好的基础，很好地达成了教学目标。

（二）启发提问，学习过程也是建构过程

输出型语用课堂其实是一种建构主义课堂。输出型语用课堂不是学生被动地接受教师的教，也不是知识的简单转移或传递，而是学生主动地建构自己知识经验的过程。在教学过程中，教师要指导学生及时总结学习方法，让学生形成新的学习经验，也可以启发学生提问，引发学生新的思考，并实现新旧知识的综合和概括。

比如说《草船借箭》一课，教师在课堂最后设计了这样一个环节：课文

学完了，你有什么疑问吗？一石激起千层浪，学生纷纷举手，其中一名学生提了这样一个问题：鲁肃明明是周瑜这边的人，为什么鲁肃竟然帮诸葛亮呢？这是一个难度较大的问题，文中没有现成的答案，教师随机补充了一些背景知识：为了孙刘联盟共同对付曹操的战略大局考虑，鲁肃帮助诸葛亮就是为了大局；从个人道义上，是鲁肃将诸葛亮带到东吴，于情于理不希望诸葛亮因自己而死；从个人品质上说，鲁肃诚实守信……听完老师的介绍，这名提问的学生恍然大悟：诸葛亮与鲁肃素有渊源，而且非常了解鲁肃这个人的人品，洞悉人心、洞察人性的诸葛亮才会把准备船只等重要任务交给鲁肃。通过这个环节，学生对鲁肃和诸葛亮都有了新的认识。

四、开展评价，让语用课堂更灵动

新课标指出，课堂教学评价是过程性评价的主渠道。教师应树立“教—学—评”一体化的意识，科学选择评价方式，合理使用评价工具，妥善运用评价语言，注重鼓励学生，激发学习积极性。输出型语用任务的设计与开展同样离不开评价标准的监控与指导。

（一）评价前置，提供指南针

一般来说，在学生开展输出型语用任务之前，教师要通过语言、文字、表格图示等形式告知学生该活动需要学生做些什么、怎么做。如，《枫树上的喜鹊》一课有下面这样一道练习题（见图2）。

看到下面的情景，你会想到什么？试着写下来。

我看见喜鹊阿姨找了一条虫子回来，站在窝边。喜鹊弟弟一齐叫道：“鹊！鹊！鹊鹊鹊！”

我懂得，他们的意思是：“________________________________”

喜鹊阿姨把虫子送到喜鹊弟弟嘴里，叫起来：“鹊，鹊，鹊……”

我知道，她是在说：“________________________________”

图2 《枫树上的喜鹊》课后练习

学生在练习说话的时候，很容易脱离语境随意表达。因此，在学生练习之前，可以出示以下评价标准：

符合当时情景	符合字数要求	表达有新意	合　计
（　）★	（　）★	（　）★	（　）★

这份评价标准将指引学生在进行表达时应该遵循什么样的标准，知道自己该表达哪些内容，该做到哪个程度，有助于学生语言表达的准确性和创造性。

（二）评价伴随，搭建脚手架

输出型语用课堂往往由多个环节构成，不管是哪个环节，评价都应该始终伴随左右。在学习《中国美食》一课时，有这样一项输出型语用任务：亲自制作一道中国美食，然后向同学们介绍它的做法及其味道。这个任务由三个环节构成，一是做美食，二是尝美食，三是介绍美食。教师在设计评价标准时就要充分考虑到每个环节的目标要求，如做美食环节的评价标准是要做到注意安全，注意用火、用电、用刀安全等；在大人指导下认真准备各项材料，完成一道美食的制作。而介绍美食环节的评价标准则变成了：用普通话流畅、准确地介绍自己制作美食的过程，包括前期材料准备和烹饪过程；能够说出这道中国美食的味道和优点，并表达出对中国美食的喜爱之情。

学生通过对评价标准的解读，了解了本次任务的目的要求，也明确了任务的基本步骤，有序而精细的评价标准相当于帮助学生搭建了一个脚手架，帮助学生达到他自己本身难以企及的高度。

（三）评价激励，树立自信心

不管是活动前的评价，还是活动中的评价，都应以鼓励、表扬为主，即使是提意见，也应该先指出优点，再提出建议，这样的评价才能给学生以力量，有助于培养学生的自信心。

总之，输出型语用课堂体现了语文学科综合性和实践性的特点，因此，教师要认真研读课标、教材和学生，站在发展学生语言运用素养的高度，明确其价值定位，创新语用实践方式，开展丰富多彩的语言实践活动，为提升学生的语言运用能力保驾护航。

（作者系上海市松江区新闵学校教师）

童话美学：统编版语文第一学段童话教学中的审美构建

赵志宏

新课标将审美创造列入了四大核心素养之一。而童话，又是一种特殊艺术形态的体裁，以奇异的幻想、极度的变形与夸张、多彩的象征色调构成的一种具有独特审美价值的儿童文学。在童话课文占据三分之一的第一学段，教师应该抓住教材和学生心理，明确审美教学的目标，厘清审美教学的特征，通过"读、架、编、演"四种手段，指导学生构建起学习童话的审美创造能力，从童话审美特质中得到独特的审美体验。

一、童话教学中审美构建的重要性

研究显示，由于感知功能、审美情趣、思维方式、审美意识等的特异性，儿童审美心理对待童话的阅读经验也是多元的，会伴生出复杂的审美感情。而统编版教材双线组元的编排方式，虽能让教师快速了解教习路径，明确需要达成的语文要素能力培养点，但在平日课堂教学和公开课教学实践中，不少教师仍将单元语文要素视作教学童话的指导方针，忽略了儿童文学文本独特的美学特点，亦忽略了儿童审美的情趣，将学生们喜闻乐见的童话转置到语文课堂后，反而变得索然无味。

现行的统编版小学语文教材中，对于童话不可谓不重视，童话课文达到了43篇，占第一学段课文总数的34.1%（如表1）。统编版教材中还有大量童话编排在其他栏目中，如"和大人一起读""快乐读书吧"，推荐阅读整本童话书，把童话阅读从课堂移到课外，使得童话阅读的数量剧增。

此外，童话对学生语文素养和能力的培养的要求肩负着重任——第一次分角色朗读训练，第一次课文无全文注音，第一次提出默读要求，第一次以长课文的形式呈现，第一次复述故事，第一次以文体单元进行编排……在这些语文要素里，似乎没有关于审美的明确要求，但是新课标在核心素养内涵中明确提出了"审美创造"这一方面。如何让学生充分感受童话蕴含的独有的美，就需要语文教师在课堂上充分地为学生构建。

表1 童话课文在第一学段课文中的情况

教　材	童话篇目	非童话篇目	合计（篇）	童话篇目占比（%）	童话篇目举例
一年级上册	4	31	35	11.4	《乌鸦喝水》
一年级下册	12	18	30	40.0	《小公鸡和小鸭子》
二年级上册	13	17	30	43.3	《小蝌蚪找妈妈》
二年级下册	14	17	31	45.2	《开满鲜花的小路》
合计（篇）	43	83	126	34.1	
占比（%）	34.1	65.9	100	34.1	

二、明确童话审美教学的目标

童话作品含有丰富的审美功能，与儿童天生好玩的游戏精神相契合，童话中的幻想内核与儿童与生俱来的爱幻想的特点相一致，给儿童心灵上以美的享受。另一方面，童话用充满游戏与幻想的故事情节，以真善美为思想内容，给儿童美的熏陶，教师在童话教学目标的制定上也应该考虑到童话的特质和儿童的审美心理结构，具体来说，童话的审美教学目标可以定位以下四项。

（一）触发想象

在学生最会想象的第一、二学段，教材编排了这么多的童话课例，就是鼓励儿童的思维能在现实与幻想之间来回穿梭,童话故事中精彩纷呈的故事情节总是能触发孩子的想象精神。教师要抓住他们的这一关键时期,把发展想象力作为童话审美教学的重要目标。

(二)培养审美

童话故事中蕴含的审美,包括色彩明丽的语言、个性鲜明的人物形象、荒诞离奇的故事情节,这些美的因素构成了童话诗意的境界,让儿童在其中感受作者传递的含蓄、纯善之美。在童话的教学过程中要注重学生的审美体验,感知童话中的审美因素。儿童在童话的世界里不在于学到大道理,而在于可以体会到温情的、自然的、悲伤的美,因此教师应该注重培养儿童体会童话故事的美感。

(三)释放童心

童话艺术充满了童趣的色彩,每一个人物的出现,实际上都有戏剧性地扮演角色出场,童话艺术的戏剧化的游戏色调吸引了千千万万的儿童。充满游戏精神的童话充满童趣,在教学目标的设定上教师要充分利用童话的游戏精神,展现学生的童真、童趣,真正贴近童心,为学生在课堂内外创设游戏活动,演一演,感受童话中的游戏的魅力,释放儿童的本心。

(四)外化语言

有研究表明儿童书面语言发展的关键阶段正是小学阶段,童话不仅符合儿童心理特点,也与儿童的语言贴近。不同于成人的华丽辞藻,童话中仅仅只用几句就能够刻画出鲜明的人物形象,体现童话细腻的思想情感。教师应为儿童营造唯美意境,走进童话语言,引导学生积累相关语言,感受作者精妙的写作手法,做到学以致用。

三、厘清童话审美教学的特征

(一)童话体例特征

关于童话的分类,可从不同角度进行简单的分类,主要包括以下三种:
(1)从表现方法来看,童话大致分为超人体童话、拟人体童话和常人体童话三种。但这三者并非截然分开的,有时互有联系。也就是说,在一篇童话中,可能既有常人体表现方法,也有拟人体表现方法。不过,统编版教材在第一学段中选用的童话几乎都是拟人体童话,即主人公多是人类以外的各种人格化的有生命或无生命的事物,如《小蜗牛》《狐狸分奶酪》等;或以植物、自然天气作为主人公,如《雨点儿》《棉花姑娘》等。拟人体童话取材自然,贴近生活,但想象力不够。

(2)从表现题材上看,童话又分为科学童话(如《小毛虫》《雾在哪里》《牛肚子里旅行》等,故事中涵盖了简单的科学道理和知识)、文学童话(又称"品德童话",如《小公鸡和小鸭子》《咕咚》)。

(3)从童话的体裁上看,童话可以分为童话故事、童话诗、童话剧、童话小说等。

(二)童话审美特征

童话是一种有浓厚幻想色彩的虚构故事,为儿童最喜闻乐见的文学样式。从审美角度来审视它,就会发现童话本身就蕴含着丰富的美。

(1)幻想。童话是以奇异动人的幻想,奇妙曲折的情节间接地反映现实生活、表现儿童情趣的一种文学样式。"在童话作品中,人物是虚构的,环境是假设的,情节也是离奇的。童话中的一切都是幻想的产物。"在童话里,人物形象是虚构的。童话的人物形象有超人体、拟人体和常人体三种。童话通过幻想折射式地反映现实。

但其幻想又不是胡思乱想,它是深深地植根于现实生活的,对现实生活作折射式的反映,如安徒生的童话《丑小鸭》。

(2)夸张。童话的夸张是一种强烈的、极度的夸张,在于造就浓烈的幻想氛围;突出所描绘的形象和环境的主要特征,同时也使作品产生吸引人的独特美感、充满儿童喜欢的趣味和幽默感。

(3)拟人。童话拟人的范围十分广泛,包括动物、植物、非生物、自然现象以及观念、概念、思想品格等方面。拟人形象既具有人的某些特点,又不等同于生活中真实的人,身上仍然保留某些物的属性。

(4)美好。它那变化无穷的幻想性、独特的叙事方法、丰富多彩的形式和风格,都为审美提供了生动有趣的对象。因此,审美是童话的本体功能,童话的根本价值是通过审美去呵护儿童美好的心灵。

四、运用童话审美教学的方法

（一）读·感知美

在优秀的童话作品中，儿童总能感受到优秀童话作品带来的好处，选入小学语文课本中的童话故事，一般都便于小学生理解，语言比较直白，以短句为主，很少有较长的句子，而且在作者的用词方面也比较讲究，多用叠词、拟声词，这样小学生读起来会朗朗上口，还具有音乐感。对于小学生而言，要想品味童话中的语言美，真正走进童话创造的美好意境中，离不开朗读。如一年级下册《树和喜鹊》第一、二自然段的教学设计：

师：大家看，当太阳露出笑脸的时候——

生（朗读）：树很孤单，喜鹊也很孤单。

师：当月亮挂上树梢的时候——

生（朗读）：树很孤单，喜鹊也很孤单。

师：当森林里的雪都融化了的时候——

生（朗读）：树很孤单，喜鹊也很孤单。

师：当叶子在秋风中飘落的时候——

……

教师创设了各种情境，让学生通过反复朗读去感受树与喜鹊的孤单画面的凄美，为后面的美好做铺垫。孩子在这一情境的朗读中不仅仅感受到了童话语言的简洁美好，更感受到了喜鹊与树的朝夕相处情谊美。

其实在童话教学中朗读有多种多样，不管是哪种形式的朗读，都旨在增强学生的语言感受能力，在朗读的过程中要明确朗读的不同目的，加深对童话内容的理解，在朗读的过程中感知童话故事传达的美。

（二）架·联接美

教师为学生学习童话，品读童话美，利用教材，搭建恰当的支架，适当提供点拨和赏析，以帮助学生完成自己无法独立完成的童话学习和审美提升的任务。

纵观教材，从《小蜗牛》《雪孩子》等课文中不难发现，教材为童话类课文都配上了连环画，这不仅是吸引学生去学习，还是老师童话教学的最佳支架之一。统编版教材二年级下册《小马过河》这篇课文中就有三幅插图,分别是小马和一头老牛、一只松鼠在河边以及小马自己正在过河。教师在教学中就可以结合这三幅图,让孩子用自己的话来说一说图中的内容。这一方面有利于儿童二次巩固课堂知识,另一方面也训练了儿童的说话能力。

童话教学审美功能的实现并不是一蹴而就的,由于小学生的身心发育还不成熟,而具体形象思维突出,因此需要教师通过支架式教学,由语言引入,由浅入深,并利用具体的图片等形象事物引导学生,试说童话诗性的语言,幻想有趣的故事情节,表现人物的形象特点,感受童话中蕴含的游戏精神,鉴赏童话故事中蕴含的美,进而实现童话教学的审美功能。

(三)编·创造美

建构主义中对支架式教学的重视,体现在教师为学生提供一种辅助,帮助他们完成自己无法完成的学习任务,逐步减少外部支持,直到最后完全由学生独立完成任务为止。学生审美能力的发展也是一点点积累起来的,对童话故事进行续编是填补作品空白的重要方式,也是学生独立完成任务的重要体现。

统编版一年级上册口语交际《小兔运南瓜》,虽然不是课文,但也是童话题材的学习内容,有一个空白的图画,让学生来说说小兔想了什么办法运回了南瓜,就是引导学生去编一段童话情节,丰富故事中的智慧之美。而二年级下册的《蜘蛛开店》这篇童话故事的课后练习题为"让孩子们猜一猜接下来会发生什么事情?展开想象,续编故事,讲给大家听"。教师应善于利用这个支架,让学生思考:如果蜘蛛不开袜子编织店了,第四天、第五天又会开一家什么店呢?又会遇见什么特点的顾客呢?学生一方面会对蜘蛛的经历感到有趣,另一方面则会发挥自己的想象来编童话。

根据单元语文要素和课后习题,能够高效准确地续编、改写故事,通过说和写两种手段来实现童话美的创造。如果没有课后习题要求,如二年级上册《风娃娃》一课,教师也可以适当利用童话故事的改编,在第一课时中,想象风娃娃还会到哪里做了什么好事……让学生不拘泥课文传授的知识,放飞学生的思维,使学生在收获课文内容的基础上也收获课本之外的童话魅力。

(四)演·释放美

根据教材中的童话教学目标,关于识字写字的童话课文为43篇,关于情景表演与有感情朗读的童话课文为29篇，关于续编续写的童话课文为3篇。同时具备识字写字与情景表演的课文为27篇。可见情景表演和有感情的朗读的教学训练，是最常用的方法。教师除了为学生搭建支架外，还需要设置恰当的学习任务，通过各组成员之间的共同讨论交流、共同分享学习资源完成。儿童天性酷爱游戏，同时又巧妙链接童话的游戏性特点，每个人的脑海中就像开始一段奇妙的冒险之旅，把自己当作童话里的人物，在教学中教师应了解儿童的这种特殊的心理，并充分利用这种心理为儿童营造表演的环境，设置表演的内容，优化表演的语言，鼓励孩子大胆进行表演，通过表演将课文中的故事情节表演出来，在表演中通过人物的对话，体会人物的心理，感受作者传达的思想情感，演绎出童话故事情节价值的美。

五、结语

综上所述，在童话美学的视域下，教师对童话审美教学的特征、目标有了清晰的认识后，童话教学审美功能使儿童能够感知童话美、理解童话美，最后创造童话美，学会用欣赏的眼光看待周围事物，以美好的心态健康成长。

（作者系上海大学附属嘉善实验学校语文教师）

如何解决一年级语文朗读"拖音"问题

蒋宇婷

小学低段是习得规范语言的重要阶段,《义务教育语文课程标准（2022年版）》明确提出第一学段（1~2年级）"阅读与鉴赏"的学习目标——"学习用普通话正确、流利、有感情地朗读课文"。但在小学语文低学段的朗读尤其是一年级语文朗读中，"拖音"现象更为严重，一定程度上影响了学生的课文理解和教师的授课效率。在前人研究的基础上，结合实践教学的经验，本文就"拖音"现象产生的原因以及解决措施进行探讨。

一、产生"拖音"现象的原因

（一）学生生理条件影响

"拖音"现象主要出现在低学段，而低学段中齐读也比个人读更容易"拖音"，这很大程度上是受学生生理条件影响。低学段尤其是一年级学生身体发育还不完善，发音器官较为柔软，容易出现嘴型松散、归音不到位等问题，正确、流利、有感情的朗读对其来说本就具有一定的挑战性。此外，饶红梅指出，"小学生，尤其是低年段的学生上课容易走神、开小差、玩小动作等，这时，无论老师如何示范正确朗读，学生依然无法复现老师的朗读"[1]。正如饶红梅所言，低学段学生具有注意力不能长时间集中的特点，面对课堂中占比较大的课文朗读，在注意力松懈之后很大可能就会出现"拖音"现象，加之低学段学生容易受他人影响，导致齐读中的"拖音"现象更为明显。

---

[1] 饶红梅.浅析如何在小学语文低段朗读教学中有效改善"拖音"现象[J].新课程导学，2019（24）：29-30.

（二）未养成良好朗读习惯

一年级学生处于学习习惯培养的关键期，朗读习惯是其中的重要方面，但良好的朗读习惯非一朝一夕养成，需要教师与家长的长期督促以及学生自身的不懈努力，在朗读习惯还未完全养成的阶段，朗读中出现"拖音"也是正常现象。其中，对朗读内容不熟悉是造成"拖音"现象最主要的原因。茹茉莉指出，学生对朗读内容不熟悉，通过慢速朗读辨认生字，从而导致拖音。[①]日常教学中，教师都会布置课文朗读的预习任务，但学生对任务的重视程度不同，对任务的完成程度也存在较大差异，部分学生没有朗读课文，或者朗读不够充分，课堂中自然无法正确、流利读好课文，因而也容易出现"拖音"现象。此外，茹茉莉还指出，"幼儿园、学前班时，学生以唱读的方式学习儿歌，若小学阶段教师不加以正确的引导,学生会按照原有的儿歌模式朗读课文"[②]。部分学生可能受原有的朗读习惯影响，进一步加剧了"拖音"现象。

（三）教师重视程度不足

生理条件影响以及未养成良好的朗读习惯是产生"拖音"现象的主要原因，但实际教学中，班级之间、学生之间的"拖音"程度存在较大差异，这同教师的重视程度息息相关。虽然语文教学一直强调朗读的重要性，但部分教师尤其是新教师，授课仍然是以教师讲、学生答为主，忽视了课文的朗读，学生无法在课堂中获得较为充分的朗读训练。此外，姚洵指出，"有的教师会认为不时地纠正学生的读音会影响学生学习的积极性,降低课堂效率"[③]。在朗读占比已经较低的情况下，倘若出现"拖音"现象，教师不用专门的时间进行朗读指导和训练，只是简单说一句"不要拖音"，学生的朗读自然得不到及时纠正，久而久之，出现僵化，养成了"拖音"的朗读习惯。

综上所述，"拖音"现象的产生受师生双方共同影响，生理条件影响以及未养成良好的朗读习惯是导致一年级学生"拖音"的主要原因，而教师重视程度不足，发现"拖音"现象却没能及时纠正，这是导致"拖音"现象难以解决的重要原因。

---

① 茹茉莉.治治朗读中的拖音病［J］.语文教学与研究，2014（32）：121.
② 茹茉莉.治治朗读中的拖音病［J］.语文教学与研究，2014（32）：121.
③ 姚洵.帮助学生克服"拖音"习惯应从点滴做起［J］.中小学教学研究，2004（02）：39-40.

二、解决"拖音"现象的措施

(一)重视朗读练习,丰富朗读形式

教师需要增强个人意识,重视学生的朗读练习,充分利用课堂时间给予学生较为充分的朗读指导与训练,由此才能从根本上提高学生的朗读水平,解决"拖音"现象。但朗读练习绝不是枯燥乏味的简单重复,教师要注意丰富朗读的形式,根据不同的课文类型,选取自由读、轮流读、合作读、配乐读、比赛读等丰富形式,激发学生的朗读兴趣,吸引学生的注意力,提高学生的朗读能力。

(二)重视"拖音"问题,及时纠正

随着学生年龄的增长和学习的深入,"拖音"现象能得到有效改善,但教师不能被动等待,而应该积极发挥主观能动性,提高重视程度,有效缩短这一过程,帮助学生解决朗读"拖音"问题。针对"拖音"现象,教师不能"拖"。"如何纠正学生在朗读句子时的错误?越早发现纠正效果越好"。[①]"拖音"现象第一次出现时,教师就应当让学生明白这是"拖音"、为何"拖音"以及"拖音"是不对的,此后每一次"拖音"现象出现,教师都需要及时制止、及时纠正,由此学生才能形成"不拖音"的朗读意识和习惯。

(三)重视朗读示范,教授朗读方法

课堂是教学的主阵地,教师需要充分利用课堂时间,教授朗读的方法与技巧,提供朗读的训练机会。

1. 教师示范朗读

低学段学生有着良好的模仿能力,教师的示范在朗读教学中可以发挥重要作用。日常教学中,教师可以采用自身范读,视频、音频范读等方式,让学生整体感知课文,培养学生的语感。重点教授某一个词语、短语或句子时,教师也应当先示范,让学生明白朗读的停延、轻重,在此基础上学生尽可能模仿教师的朗读,由此减少"拖音"。此外,茹茉莉还指出,"小学生看到的节奏比听

---

① 冯海萍.如何才能朗读好一句话[J].新课程(上),2016(11):50.

到的节奏更直观"，由此，茹老师提出了"对嘴型默读"的训练方法，学生观察老师嘴型，不出声跟读，看看是否和老师的嘴型朗读节奏一致。①

2. 朗读内容分解

朗读指导要遵循由字到词、词到词组、词组到句子的原则。"小学生往往在由字到词的过渡中就出现了问题，具体来说就是在词的朗读时教师没能进行很好的指导，这一错误顺延到短语、句子中。"②学生的"拖音"很大程度上是由于词语、短语读不好，因此教师在教授朗读技巧时，首先应该教会学生如何读好一个词、一个短语，比如助词的轻声、四声的变调，在此基础上层层累加，借助斜线、圆点等符号帮助学生更直观地明晰断句与重音，强调标点符号感受句子的语气，由此从易到难、由浅入深让学生掌握朗读的技巧，读好句子。

3. 有节奏的朗读

一年级尤其是一年级上册的课文，以简短的、朗朗上口的儿歌为主，朗读这些课文时，可以采用"有节奏的朗读"，包含拍手、跺脚、比画等多种形式。比如"拍手朗读"的方法，让学生一边拍手一边跟随拍手的节奏朗读，这样可以培养学生的节奏感，有效减少"拖音"现象。但"有节奏的朗读"在朗读内容、朗读篇幅上都有所局限，教师需要根据实际教学情况灵活选用。

（四）巧用课外时间，加强朗读训练

课堂教学时间有限，即便教师已经尽可能利用课堂时间对学生进行朗读训练，仍然有部分学生不能得到充分的练习，因此教师需要合理利用课外时间，重视课堂之外的朗读练习，如此才能巩固学生的朗读技巧，提升学生的朗读能力，进而解决"拖音"现象。

1. 明确朗读预习

多数情况下，教师会布置课前朗读课文任务，但部分教师任务要求不明确，只是让学生朗读课文，对于读多少遍、读到什么程度，学生与家长都不清楚。因此，教师首先要明确预习任务的朗读要求，其次要对学生的预习工作进行检查和监督，帮助学生养成良好的朗读习惯。

---

① 茹茉莉.治治朗读中的拖音病［J］.语文教学与研究，2014（32）：121.
② 冯海萍.如何才能朗读好一句话［J］.新课程（上），2016（11）：50.

2. 重视朗读复习

目前朗读预习已经得到了教师、学生以及家长的重视，多数学生能够认真完成预习任务，认真朗读课文。但无论是教师还是学生，很大程度上都忽视了课后对课文的朗读复习，往往只在做测试前复习学过的课文，但重点也在测试的知识点，不在朗读技巧。因此，教师需要提高对朗读复习的重视，布置合理高效的朗读复习任务，帮助学生巩固朗读技巧。

3. 丰富朗读活动

除了课前与课后，教师可以充分利用早读、午会、兴趣活动等时间，增加丰富有趣有效的朗读训练，比如朗读比赛、朗读表演等，给学生提供练习的机会和展示的平台，激发学生的朗读兴趣。

4. 重视课外朗读

朗读的内容不局限在课内，课外丰富的阅读材料都可以成为学生朗读训练的内容。课外朗读不仅能激发学生的学习兴趣，还能拓展学生的知识广度，教师要充分利用好课外阅读，在合适的地方加入朗读部分，帮助学生提高朗读能力。

（五）长期坚持纠错，明确朗读目标

针对"拖音"等朗读问题，教师要做好长期攻坚的心理准备，"拖音"现象并非一次、两次或几次的指导与教学就可纠正，良好的朗读意识与习惯的养成需要长期的坚持。教师与学生双方都需要提高对朗读的重视程度，学生认真完成每一项朗读任务，教师留出足够的朗读指导与训练时间，由此才能从根本上解决"拖音"等一系列朗读方面的问题。相信在教师与学生的共同努力下，"拖音"问题终能得到解决。

三、结语

一年级语文朗读普遍存在"拖音"现象，对学生学习以及教师授课都产生了一定的影响。生理条件限制以及未养成良好的朗读习惯是导致一年级学生"拖音"的主要原因，而"拖音"现象能否解决或改善与教师的重视程度息息相关。因此，师生双方都要提高对朗读的重视程度，充分利用课堂与课外时间，增加朗读活动，加强朗读训练，培养良好的朗读习惯，提升学生的朗读水平，由此才能从根本上解决"拖音"问题，进而提高语文教学与学习的效率。具体来说要做到：重视朗读练习，丰富朗读形式；重视"拖音"问题，及时纠正；重视朗读示范，教授朗读方法；巧用课外时间，重视朗读训练；长期坚持纠错，明确朗读目标。相信在教师与学生的共同努力下，在课上课后、课内课外的坚持训练下，学生的朗读技巧与能力一定能够得到提升，"拖音"现象也必将得到解决。

（作者系上海市松江区教育学院附属实验小学语文教师）

教育生活化与儿童本位
——谈统编版教材小学语文课程的设计与使用

谭旭东

统编版语文教材的使用是2017年开始的,但全国各地完全落实统编版教材的使用应该是2019年,有少数地区到了2020年才正式使用统编版教材。这主要有三个方面的原因:一是统编版教材《语文》是陆续出台的,并不是一下子全部编定好的,因此导致了教材不可能一下子被统一使用。二是统编版教材出台后,各地语文教学指导还未及时跟进,原来使用人教版、苏教版、北师大版和语文版的地区和学校还没来得及适应统编版教材,也缺乏有效的与统编版教材衔接的教育教学指导,因此出现了短暂的教材使用脱节现象。三是地方本位主义和懒惰心理导致了有些地区的确存在对统编版教材使用的延缓。不管什么原因,统编版教材在推广和使用的过程虽然并未实现全国同步,却也基本完成了全国性的覆盖。

总体来看,统编版教材小学语文1—6年级的12册课本的编写还是值得肯定的。古诗比例的增加,符合了国家对传统文化的重视,也为倡导古代文学和传统文化的学习提供了认知条件。儿童文学作品的编写也基本符合了语文教材"儿童文学化"的目标。小学语文教材"儿童文学化"是叶圣陶语文教育思想的一部分,早在1932年,叶圣陶花了整整一年时间编写了一部《开明国语课本》,初小8册,高小4册,一共12册,400来篇课文。这400来篇课文"形式和内容都很庞杂,大约一半可以说是创作,另外一半是有所依据的再创作,总之没有一篇是现成的,抄来的。"[1]这套国语教材就强调小学语文教材要儿童文学化,中华人民共和国成立后,他主持语文教材的编写和出版时,也一直秉持了这一原则和理念。外国文学作品也保持了一定的比例,增加了语文教材的开

---

[1] 韦商.叶圣陶和儿童文学[M].上海:少年儿童出版社,1990:4.

放性，体系了语文读写的国际化视野。但统编版小学语文教材到底怎么使用，如何在母语教育中发挥它最大的功能，却是值得所有关心语文教育及从事语文教学的各界重视的课题。

本文拟从"教育生活化"和"儿童本位"两个视角来谈谈统编版小学语文教材的设计与课程的使用。

一、语文课程设计与教育生活化

教育生活化是美国实用主义教育哲学家约翰·杜威的观点，杜威提出"教育即生活"和"学校即社会"，强调教育与生活的联系、学校与社会的联系。但在中国，对约翰·杜威的这一观点加以实践的是陶行知。陶行知1914年去美国，先入伊利诺伊大学学市政，得政治学硕士学位，后转入哥伦比亚大学师范学院研究教育，以杜威、孟禄等为师。陶行知提出了"生活教育"观点，并把杜威的教育生活化的观念转化成了"生活即教育"和"社会即教育"，赋予"教育"和"学校"新的意义和作用。按照他的看法，生活教育包括三部分：一是生活之教育；二是以生活影响生活之教育；三是为着应济生活需要而办之教育。他还提出了"教学做合一"的原则，开拓了"教学论"的新境界。[①]从陶行知创办晓庄学校及山海工学团等实践来看，他践行了"教学做合一"的理念，也把杜威的教育生活化的理念进行了中国化的尝试。陶行知的教育实践虽然超前，却行之有效。今天看来，它不只是一笔思想财富，也是值得学习与借鉴的方法论。

统编版小学语文教材从选编的内容来看，具有实践语文"教育生活化"的条件和前提。具体来说，统编版小学语文教材包含了这三个方面的生活化内容：一是课文选文体现了生活化，而且贴近儿童生活。如二年级下册的古诗《村居》（高鼎）、《咏柳》（贺知章）不但具有浓郁的生活气息，翻译成白话文就是两篇生活散文。二是单元设计与儿童生活及儿童成长结合度比较高。统编版小学语文教材中段和高段，都设计成了一个一个单元。形成了一个"大单元教学模块"的概念，但仔细研究会发现，每一个单元无论是从主题、题材还是文体来看，都可以发掘生活内容，都可以联系生活实际。三是教材整体上

---

① 李楚材.陶行知和儿童文学［M］.上海：少年儿童出版社，1990：238.

符合生活化延伸的目标。从文体形式上看，统编版小学语文教材的选文包括了儿歌、儿童诗、儿童散文、散文诗、童话、寓言（《狐假虎威》和《坐井观天》等还是成语故事）、儿童小说、儿童生活故事、神话、科学小品文、主题文、古诗（五绝、七绝）等12个文体样式，但这些文体都是儿童课外很容易接触到的，和儿童的阅读生活密切相关。当然，这些选文的内容大多数也很生活化，是生活空间的拓展。因此，站在"教育生活化"这一视角，统编版小学语文教材的课程设计和讲解不妨从三方面出发：

一是课文讲解的内容要与儿童的生活结合，把对课文的认知拓展到对生活的认知。如一年级上册的儿歌《小兔子乖乖》和《轻轻跳》（郑春华）要和儿童的良好的生活习惯与文明礼仪的养成结合起来。儿歌《在一起》（李秀英）除了要引导学生观察生活，有条件的学生可以直接观察小鸡啄米、刨土、捉虫子等，还要引导学生学会友好相处，一起学习，一起游戏。即便是《小白兔》（刘御）这样的儿歌除了引导学生观察小白兔，观察身边的小动物外，也可以和学生一起模仿小白兔的样子做笑脸，做鬼脸，增强课堂的生活趣味，实现快乐教学。

二是口语表达与生活结合。小学语文教材中都强调"口语交际"，把"听、说、读、写"的训练看作语文的四个教学目标，但母语学习本身就在自然的语言环境里，日常生活中的口语交流很多，那么，语文课的"口语交际"既要具有语文训练的高度，还一定要充分生活化，只有和学生的生活结合起来，才能真正达到交际的目的。例如：三年级下册第一单元的"口语交际"内容是"春游去哪儿玩？"城市里的儿童可能家庭和学校都会安排春游，在口语交际训练时学生是有话可说的，但落后的乡村小学的学生可能根本没有"春游"的活动，这时候，教师一方面可以组织春游小活动，另一方面也可以把"春游去哪儿玩"修改为"春天，我们村里有哪些很美的地方？"或"我们小镇有哪些地方值得去游玩？"这样，既达到了语文课本对口语交际的要求，又有效地实现了教材和课程的生活化。

三是写话与习作与生活结合起来。按照课程标准，小学低段要求写话，而到了中、高段要进行习作教学和习作训练。写话阶段，就要紧密结合生活，把生活内容的表达和写话结合，并适当进行一些简单的比喻、拟人等修辞的练习，提高学生的语言表达的基础。习作训练不要一开始就做空洞的概念的理解，不要空发议论，不要过分强调思想和逻辑，而应该强调生活经验的记录与

新时代语文教育的探索与实践

呈现,让生活走进习作。例如:四年级下册第一单元的"习作:我的乐园",就要把"乐园"与学生在生活中真正体验和感受到快乐的场所结合起来,而不是死板地按照课本上提示的"湖畔、林间、广场、校园"等来进行描绘。

当然,统编版小学语文教材也有一些课文与今天的生活包括儿童的实际生活有一定的距离,但这些课文也可以扩展儿童认知世界的时空边界,让儿童的认知空间得到拓展。这也为语文课程设计留下了生活化的可能性。

二、语文课程使用与儿童本位

"儿童本位"是五四时期鲁迅、周作人等现代文化和儿童文学先驱在西方现代儿童观的影响下较早地提出来的。1919年,鲁迅在《我们现在怎样做父亲》中指出:"往昔的欧人对于孩子的误解,是以为成人的预备;中国人的误解,是以为缩小的成人。直到近来,经过许多学者的研究,才知道孩子的世界,与成人截然不同;倘不先行理解,一味蛮做便大碍于孩子的发达。所以一切设施,都应该以孩子为本位,日本近来,觉悟的也很不少;对于儿童的设施,研究儿童的事业,都非常兴盛了。"[1]1920年,周作人在《儿童的文学》一文中指出:"近来才知道儿童在生理心理上,虽然和大人有点不同,但他仍是完全的个人,有他自己的内外两面的生活。""我想儿童教育,是应当依了他内外两年生活的需要,恰如其分地供给他,使他生活满足丰富,至于因了这供给的材料与方法而发生的效果,那是当然有的副产物,不必是供给时的唯一目的物。""所以小学里的文学的教材与教授,第一须注意于'儿童的'这一点,其次才是效果,如读书的趣味,智情与想象的修养等。"[2]在《儿童的文学》里,周作人还根据儿童学上的分期,将各生理心理期儿童需要接受的文学进行了分类,形成了后来者所大致界定的幼儿文学、童年文学(针对小学生)和少年文学(初中生和高中生)。鲁迅、周作人的"儿童本位"观,不仅仅是儿童权利的宣言,也提出了儿童文学创作和儿童教育的原则,成为五四以来影响深远的儿童文学观和儿童教育观。

"儿童本位"观念不但影响了儿童文学创作和儿童阅读、儿童读物的出版,

---

[1] 唐俟.新青年[J].1919,6(6).
[2] 唐俟.新青年[J].1920,8(4).

也影响了语文教育。民国时期的国语教育和国文教育就基本遵循了这一原则。前已提及的叶圣陶编写的《开明国语课本》就是以"儿童本位"立场来编写的语文教科书,中华人民共和国成立后,虽然受到了政治意识形态的干预,语文教材的编写也基本遵循了这一原则和思想。从统编版小学语文教材来看,儿童本位的基本立场未变,教材课文选文尽可能考虑了小学低段、中段和高段学生的认知差异和接受差异,考虑到了儿童的趣味,也考虑到了不同年龄的儿童对儿童文学的兴趣。

因此,统编版小学语文教材的课程设计和应用都应基于"儿童本位"这一原则和思想,在儿童文学的选文上,既保留课文原有的儿童文学性和儿童趣味,同时,也要对缺少儿童趣味和儿童视角的课文进行修订和补充,使课程更符合儿童的心理,更能激发儿童的兴趣、儿童的好奇心以及儿童对于生活和自然的热爱。而对现代作家的作品,也尽量在改编时使其儿童化,从而达到儿童文学的阅读效果。

那么,从儿童本位的立场来设计统编版小学语文教材的课程,需要怎么去做呢?不妨从三个方面展开:

一是课堂要强化学生主体,让学生成为读写的主动者。课文讲解时,要充分让学生表达,让学生发表自己的观点和见解,尤其是发表不同的观点。如,学习三年级下册第一单元的"古诗三首"时,语文教师先讲解一下这些古诗中的生字和难词,然后就可以让学生来说说自己对杜甫《绝句》的理解,谈谈对苏轼《惠崇春江晚景》和曾凡的《三衢道中》的理解。尤其要鼓励学生进行情景的联想,调动感觉,进入诗的情景(意境)。学习四年级下册的第三单元里的《短诗三首》,就可以推荐学生先阅读冰心的《繁星》,然后在课堂上让学生分享阅读体会,并发表对课文中的《繁星》选章的看法。

二是要挖掘课文的童心童趣,让课堂上学生的心灵与课文产生共鸣。统编版小学语文教材有不少是儿童文学作家作品。以小学三年级上册为例:第一单元中的课文《大青树下的小学》就是儿童文学作家吴然的儿童散文,《花的学校》是印度作家泰戈尔的儿童散文。第二单元中的课文《铺满金色巴掌的水泥路》是儿童文学作家张秋生的儿童散文,《秋天的雨》是作家陶金鸿的儿童散文,《听听,秋的声音》是儿童诗诗人毕国瑛的儿童诗。第三单元中的《卖火柴的小女孩》是丹麦作家安徒生的经典童话,《那一定会很好》是童话作家流火的短篇童话,《在牛肚子里旅行》是儿童文学作家张之路的短篇童话《一块奶酪》是辛勤的短篇童话。第四单元里的课文《总也倒不了的老屋》是慈琪的童话,《胡萝卜先生的长胡子》是王一梅的短篇童话,《小狗学叫》是意大利童话作家罗大里的童话。第五单元的课文《搭船的鸟》是郭风的儿童散文,《金色的草地》是苏联作家普里什文的自然散文。第六单元至第八单元的课文虽然不是儿童文学作家的作品,却也是适合儿童阅读的散文和小品文。语文课文中的儿童文学作品占比之高,也为课程设计的儿童化提高了基础,在课程设计中自然要突出儿童文学里的童心和童趣,激发他们对生活的热爱。

三是课外内容补充时要以儿童文学为主,这也可以弥补一些课文的儿童性不足。语文课程的设计,主要是课内阅读的设计;而课内阅读要以精读课文为主,但还要根据具体情况,补充课外的作品。如,学到小学语文三年级下册第五单元时,教师和学生一起分享顾鹰的童话《我变成了一棵树》时,就可以补充顾鹰写的其他童话,当然是更具有儿童生活气息的童话,这样不但可以增加学生对作者的了解,而且可以把课内阅读和课外阅读结合起来。

总之,"教育生活化"和"儿童本位"观,前者强调了把教育的内容扩大,让学生接受更多的生活经验,也可以说是对儿童教育内容的限定;后者可以说是对儿童教育立场的规定,即儿童教育要从儿童实际出发,从儿童生命成长的需要出发。因此,两者有机结合就可以使儿童教育从形式到内容都发生根本的变化,使儿童教育更贴近儿童,更符合儿童发展和成长的需要。在新的义务教育语文课程标准出台之际,统编版小学语文教材和课程设计坚持"儿童本位"和"教育生活化",不但会使语文课堂形式更活泼,内容更符合儿童生理和心理,而且会使得课程中的想象力和创造力得到极大的张扬,这是符合语文现代化趋势的,也是语文教育走向可持续性发展之路的必然选择。

(作者系上海大学文学院教授)

第五辑

作文教学的新思考

生态作文教学实践探索

谈永康

一、生态作文教学学理

作文是一种书面表达与交流，是学生的基本学习活动与生命活动之一。学生写作需要怎样的心理过程？写作心理学认为，写作是由思维到表达的一个心理转换过程。著名神经心理学家鲁利亚认为，学生要完成这个过程，至少要在思维内部进行两次转换，即由思维转换为内部言语，再由内部言语转换为外部言语表达（见图1）。

图1　鲁利亚作文二级转换理论图示

二级转换是"学生写作心理过程的核心环节，是学生运用写作知识的过程，在这个静默无声的思维全过程中，教师指导学生顺利开展不出声的言语活动"[①]。教师在教学实践中发现，要提高指导这种言语活动的质量与效果，需要把外部语言表达活动细化为"外部口语表达＋外部书面表达"，借助口头表达，学生的书面表达就顺畅，教师指导也便捷、深入。教师就此提出了作文三级转换实践框架（见图2）。

图2　作文三级转换实践框架

---

① 董蓓菲.从知识传授到行为实践的视点转移［J］.课程·教材·教法，2014（9）：58.

十年来，我们设计游戏、观察等活动，通过生生、师生等外部口语表达，指导学生把自己的见闻、情感、想法等思维活动转换为书面表达（见图3）。

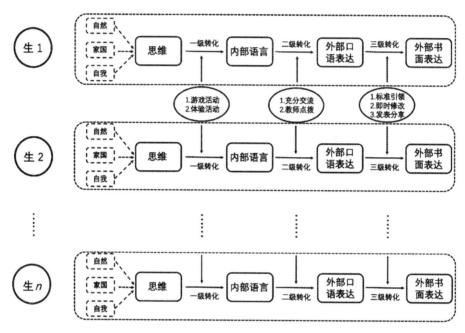

图3　生态作文教学学生基本学习程序与方法

活动这一概念支撑、贯穿生态作文教学。活动的开发与设计是生态作文教学的关键，通过多年探索，我们提炼了开发路径：教师确定教学目标、学生树立作文素材——教师明确教学内容、学生修改完善素材——教师设计学习活动、学生沉浸活动，完成写作。我们以学生活动为灵魂研制课堂教学基本结构：活动（以游戏、体验活动为主）——交流（主要是学生倾听与表达）——写作（以学生修改、分享活动为主），注重学生情感与认知和谐同步发展，学生喜闻乐见，人人会写教材作文。

基于十年来近百节研究课，我们从不同的活动类型出发，构建课堂教学变式结构及相关流程，主要有四种变式：

经典阅读活动作文教学流程：阅读——笔记——交流——写作。

自然观察活动作文教学流程：观察——拍照——笔记——故事——写作。

文化体验活动作文教学流程：认知（阅读与笔记）——体验（考察与拍照）——写作（写故事、作交流）。

志愿者活动作文教学流程：志愿者活动——笔记——故事——写作。

二、生态作文教学主张与策略

（一）价值追求：作文即成长

作文是运用语文的一次练习，是学习做人的一项纪录。因此，我们着眼表达立人，改进作文教学，培养有中国心的现代文明人。生态作文教学，创设和谐温暖的学习环境，以活动为基本学习方式，提升学生语文核心素养，有效提高学生习作能力（见表1）。

表1 生态作文教学的主要内容

价值取向	课程形态	学习方式	教学环境	教师角色	教学效果
表达立人	开放和谐	建构式学习：经历、笔记、故事、交流	立体丰富的教学交往；自由舒适的写作心理环境	提供资源与条件，建立学习共同体。点拨引导	学生掌握习作知识，提升语文核心素养

为此，我们基于统编语文教材，构建生态作文"一体两翼"学习框架："一体"是作文课堂，充满生机趣味，这是作文教学的主阵地；"两翼"是充满生活滋味的课外行走课程，以及充满生命品味的课外自由读写（见图4）。

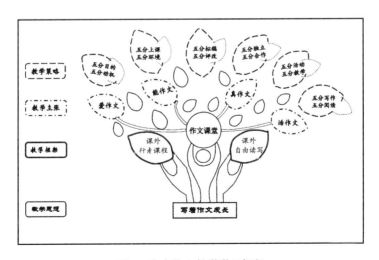

图4 生态作文教学学习框架

（二）教学主张：爱、能、真、活

1. "爱作文"：让学生爱上作文课

兴趣是对学习的一种认识倾向，表现为对学习的向往、热情和专心。我们首先研制能力量表，做到作文目标"跳一跳摘得到"；其次力求作文学习趣味化，以活动帮助学生真切地感受、投入地体验；再次作文评讲多表扬。

2. "能作文"：让学生能写"这一篇"

"每个学生"，即100%的学生都会写作文，做到"一个也不能少"；"这一篇"，是这一次作文的核心目标，做到明确、适切，一般是由1—2个习作知识支撑的作文能力。我们的做法可以用两句话来概括：课堂作文跟着教师"学一次"，课外作文学生试着"做一次"。

3. "真作文"：让学生养成好习惯

作文不是始于作文课，而是始于学生的观察、思考、读书等行为。好作文是"流"，好行为才是"源"。结合语文课标的学习，通过观察学生学习常态，小学生应养成五种行为习惯，我们概括为"五会"：会观察、会积累、会表达、会修改、会交流。

4. "活作文"：让学生都产生动机

动机是"为了什么"，是回答原因的问题；而目的则是"达到什么"，是回答结果的问题。从动机走向目的，遵循了作文的规律，有利于学生成为作文的主人。教学一要讲究命题艺术，激活学生读者意识；二要激发交际需要，引导学生有所为；三要激励学生发表，当学生自觉成为一名作者时，学作文与学做人可以完美地融合。

（三）生态作文教学策略

如何实施以活动为基本学习方式的作文教学，我们提出六个"五五律"。"五五律"意在把作文教学中的教师、学生、环境等要素看成一个整体，以联系、互动的意识处理作文教学中的关系与矛盾，做到彼此相辅相成，相得益彰，让每一个要素都发挥最大效能。

1. 五分活动，五分教学——坚持学生立场

以活动为学生学习作文的基本方式，意在凸显学生主体性与创造性，凸显老师、同学以合作等形式有效介入习作过程。教师的教同样重要，首要工作就

是提供资源以及支持性环境,如走进学生学习与生活,开发、设计学习活动;提供适宜的场景、道具、材料;提供观察、思考、表达、交流的机会,并适时点拨,提供支架,并不断反思活动的有效性与适宜性……

2. 五分目的,五分动机——激发写作需求

每一次作文生态活动都有明确目的,即掌握什么知识、发展什么技能,同时要落实为什么,动机与目的同样重要。动机可以为目的的落实提供强大的动力,而目的则可以为动机提供保障。松江经验是每次习作都有明确的功能指向,如概括与交流信息、自我教育、与人交流等。

3. 五分上课,五分环境——创设写作环境

对学生作文来说,环境与上课同样重要。杜威说:"有意识的教育就是一种特别选择的环境。"[①] 这种特别选择过的教育,目的就"在于平衡社会环境中的各种成分,保证使每个人有机会避免他所在社会群体的限制,并和更广阔的环境建立充满生气的联系"[②]。松江区教育学院引导教师营造和谐温暖的作文教学生态,践行民主教学,做到:目标多请学生商定、机制多请学生提议、活动多请学生设计、收获多请学生交流、作评价多请学生参与、习作形式多请学生丰富。建立和谐温暖的人际关系与信任激励的学习机制,如制定"四个三"学习机制,包括了"三相信""三允许""三欢迎""三不迷信"。

4. 五分拟稿,五分评改——重视作文评改

学生学会作文的表征是通过教师评讲或个别指导,学生改好了自己的作文。为此,松江区从2018年开始推进"改作文"三年行动计划,研制年级改作文目标,推进作文批改与评讲,提升学生语言表达的品质。事实证明:修改贯穿学生作文全过程。学生学会了修改,才是会写作的开始。

5. 五分独立,五分合作——创新写作方式

作文教学犹如一枚硬币。一方面,作文从来都是自己的事;另一方面,作文从来都是学生与伙伴、老师等一起完成的事。因此,交流是学生最乐见的学习支架。作文教学要锤炼学生的读者意识。最好的读者意识,可以从建立学友关系,从办一张小报开始。松江经验就是坚持办好《小作家》杂志,越来越多的语文教师开始办起班级作文报,让每一个孩子都能发表自己的习作。

---

① 约翰·杜威.民主主义与教育[M].北京:人民教育出版社,2001:45.
② 约翰·杜威.民主主义与教育[M].北京:人民教育出版社,2001:26.

6. 五分写作，五分阅读——明确读写联系

读书是吸收，是积累；作文是倾吐，是表达。松江区过去十年既有系统的整本书阅读活动，如2012年松江区第二实验小学陈爱君老师开始进行"每月读一本好书"探索，小学阶段师生共读40本经典好书、写读后感；又有基于地域资源的《云间小学生经典诵读》引领下的读书分享。学生诵读、交流、写作，诗文因地域而亲切，文化因亲切而化人。

三、生态作文教学实践经验

（一）整合写作学习内容，为学生作文提供资源

基于学生发展需要，整合语文教材、学校特色、地域资源，构建"一体两翼"学习框架，有效支持小学生过程性写作（见表2）。

课外行走活动需细化相关内容及要求，比如节气课程每个节气均要观察、体验、阅读、讲故事等，并开展相应写作活动。再如上海市松江区张泽学校确定了"请到我们村子来、木桶羊肉"等主题，由此设计作文地图（见图5）。学生们走进广阔的自然、社会，用心体察养育自己的一座座村舍、一株株稻香，用笔、相机等记录家乡的变化，讲述劳动的风景，抒写内心的情感。

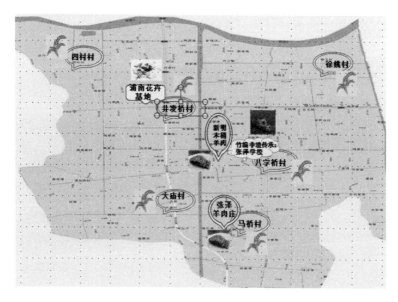

图5　上海市松江区张泽学校作文地图

表2 生态作文教学学习框架

	人的发展			作文活动（"一体两翼"框架）		
	我与家国	我与自然	我与自我	教材作文活动	课外行走活动	课外自由读写
低年级	爱亲人；了解社区，参与社区活动	亲近自然	关爱自己的身体	1. 我的好朋友 2. 放风筝 3. 我心中的"问号" ……	1. 学校特色活动 2. 社会实践活动：去看方塔公园（黄浦江），我们的小区，爸爸妈妈的职业……	1.《云间小学生经典诵读》 2.《小猪唏哩呼噜》《猜猜我有多爱你》等 3. 自由写话
中年级	爱师长爱伙伴；爱社会，参与社会活动	了解自然	关心身边的世界	1. 这儿真美 2. 猜猜他是谁 3. 写信 4. 我有一个想法 ……	1. 学校特色活动 2. 社会实践活动：传统文化节日体验、佘山行走、我的发现 3. 志愿者活动	1.《云间小学生经典诵读》 2.《亲爱的汉修先生》《中国神话故事》等 3. 自由写作
高年级	建立"和"之理念；培育家国意识	敬畏自然	关注心灵的成长	1. ——即景 2. 漫画老师 3. 写报告 4. 那一刻，我长大了 ……	1. 学校特色活动 2. 社会实践活动：二十四节气写写；行走张泽等 3. 志愿者活动	1.《云间小学生经典诵读》 2.《西游记》《假如给我三天光明》等 3. 自由写作

（二）营造良好写作环境，为学生习作提供支架

学习环境是学习活动赖以持续的各种学习资源、人际关系、学习氛围、学习机制的总和。陶行知先生提出"社会即学校，生活即教育"，强调社会、生活都是学生学习的大环境，其重要性不言而喻。本文提出生态作文学习环境强调以学生为主体，教师要尊重学生，理解学生，努力优化学习环境，不断革新学习机制，激发、促进、维持学生有效学习，为学生全面发展夯实基础。我们用四句话来概括生态习作学习环境的特点——

1. 学习环境"乐"为首

小学生，是需要被激活的生命，是需要被点燃的火种，习作越是困难，越要激发学生积极的情绪、饱满的情感与坚强的意志。教学生态的重要使命就是引导学生"乐"写，营造教学生态就是要让学生对习作有兴趣。

儿童本是"浪漫"的人。怀特海把学生的智力发展分为浪漫阶段（出生至13岁或14岁）、精确阶段（13岁至18岁）和概括阶段（18岁至22岁）。在浪漫阶段，儿童主要是直接认知事实，"从接触单纯的事实，到开始认识事实间未经探索的关系的重要意义，这种转变会引起某种兴奋，而浪漫的情感本质上就属于这样一种兴奋"。[①]基于对儿童身心发展特点的这一认识，小学作文教学要重视游戏、考察、动手做等儿童喜闻乐见的活动，通过这些活动让学生产生表达的动机，积累作文的内容，"但见文之易，不见文之难"。同时要建章立制，促进学生交流与发表，给予足够的激励与表扬，让学生习作的整个过程都始终如坐春风如沐春雨。

2. 学习环境"活"为先

洪宗礼等提出："语文知识的掌握，能力的培养，素养的提高，都不是一个纯粹的学科学习的问题，都不能脱离鲜活的生活。"[②]自然的鲜活的学习环境与氛围，需要"三个超越"：基于课堂，超越课堂；基于教室，超越教室；基于学校，超越学校。这样的学习不是封闭的，而是开放的、活泼的，引导学生走向生活、走向社会。这样的学习不是孤立的，而是鲜活的、立体的，引导学生思接千载、神游八方。比如阅读，与古人精神对话；比如行走，亲近山水，

---

① 怀特海.教育的目的［M］.北京：生活·读书·新知三联书店，2022：33.
② 洪宗礼，柳士镇，倪文锦.语文教材编制基本课题研究［C］.南京：江苏教育出版社，2007：288.

升华心灵。在这样的环境中，学生写作文就像吃饭、走路、睡觉一样，自然而然。讲述自己的故事，需要学习叙述；介绍自己的见闻，需要学习说明；交流自己的识见，需要学习议论；哭了笑了，就需要学习抒情。在纷纭生活中，在大千世界里，遇到问题，解决问题，可能需要综合运用多种能力，其中必然包括习作能力。

3. 学习环境"和"为重

《说文解字》如是诠释："和，相应也"。教学生态中的学生、教师，心心相印、人人相和。自然是人的环境，人也是人的环境。自然环境、社会环境不仅仅是学生学习的对象、学习的工具，学生写到作文中去，反过来，也有教育性。"社会环境能通过个体的种种活动，塑造个人行为的智力的和情感的倾向"[①]。孩子们习作最需要的是什么？平等、包容、自信、乐观的氛围与社群。对孩子成长影响最大的环境是同龄人组成的社群。皮亚杰就认为，最有效的社会互动发生在具有社会性对称（知识、权利）的同伴之间。语言学家也认为，伙伴语言对学生语言学习的影响巨大。在这个意义上，我们说，作文的过程就是学生学习共处、学习合作、学会做人的过程。

4. 学习环境"创"为的

教学环境是快乐、和谐的，充满生活气息的，因而也是鼓励每一个孩子用心创造的。习作教学中的创造，就是引导、激励学生用自己的笔写自己的话。换言之，学生要写"我"的见闻、想法和做法。于漪先生曾说过："教育，是生命展开的过程，是学生寻找到自己、完善自我、完成自己的过程。"某种意义上，语文学习，特别是写作，是学生通过笔发现自我、完善自我、提升自我的手段。课堂是学，掌握习作基本知识与基本技能；然后到生活中学以致用，这个"习"，就是温习，就是实习，就是运用。

总而言之，生态作文教学看到的是作文，更是孩子，一言概之就是作文育人，激励孩子自然、健康成长。蒙台梭利早在一百多年前就下过结论：如果孩子们成长于鼓励他们自然、顺序地发展的环境中，他们就会突破性地进入学习，变成自我激发者和自我学习者。

---

① 约翰·杜威.民主主义与教育［M］.北京：人民教育出版社，2001：22.

（三）研制作文评价量表，为学生作文提供保障

好的作文课，需要把学生放到"课堂的中央"：在价值上，指向学生生命成长；在内容上，指向学生生活世界；在方式上，指向教学生态和谐。

生态作文课堂评价表引导我们的作文教学实现"五个走向"：

从听讲走向实践。遵循语文课程"实践性"的特点，变传统作文教学听老师讲、听好学生讲为接受性学习、探索性学习并重，通过一系列观察、思考、构思、交流等过程化行为完成自己的作文。

从孤立走向综合。遵循语文课程"综合性"的特点，从唯写作知识的窠臼里跳出来，从孤立机械训练的老路上走出来，通过听说读写的融合，通过课内外结合、学科间融合来积累、发现、优化作文材料，丰富写作方式。

从封闭走向开放。遵循语文课程"开放性"的特点，打通教室与生活的隔阂，打破学校与社会的藩篱，作文内容向生活开放，作文语言向个性开放，作文评价向多元开放，作文结果向读者开放。

从害怕走向快乐。有了见闻、思想、情感，无论怎么写，写得怎样，都要积极鼓励学生。能交流的交流，能发表的就发表，不能交流不能发表，也要肯定写作的价值：或一吐为快，或记录生活……生态作文教学笃行并践行：一学年至少让每一个学生有一次发表作文的机会。

从作文走向做人。"人之所以为人者，言也。人而不能言，何以为人？"回归作文的本义，回归人的教育。写不好作文，我们不能只看到作文的毛病，而是要看到学生发展的问题。教学生写好、改好一篇作文，其实不只是在帮学生改作文中的问题，而是教他做人，比如培养了学生写作的兴趣和习惯，鼓励了他表达真情实感，引导了学生热爱生活、亲近自然、关注社会等等。

十年来，我们以习作量规的开发与实施为载体，指导学生开展自主学习活动，以提高习作质量，获得习作经验。

1. 明细结果，建立适合不同年段的"健康体检"标准

明晰结果，必须基于学生视角，使学生清楚地知道自己这一次、这一阶段、这一年甚至小学阶段作文学习的目标。这里的"结果"，就习作而言，应该包括完整的两个内容：一是学生学习后的成果，即书面习作；二是学生学习后发生的变化，即习作行为。根据这样的思路，结合当时新颁布的《义务教育语文课程标准（2011年版）》，我们分年级制定了《学生习作评价标准》与

《学生习作过程评价标准》。以四年级为例,《习作评价标准》包括三个板块：习作内容、习作结构和习作语言。每个板块各拟定3—5条评价标准,如"习作语言"有5项指标,分别是：学习运用记叙、描写、说明等表达方式写作；运用积累的好词好句,特别是有新鲜感的语言；一篇习作错别字不多于4个；语句通顺连贯,一篇习作中病句不多于2个；正确使用常见标点符号（逗号、顿号、句号、问号、感叹号、引号、省略号）。《习作过程评价标准》则从习作准备、起草和修改等阶段共提出8项指标,如"修改"阶段的指标是：花时间、用符号修改习作；愿意将自己的习作读给他人听或者投稿,与他人分享习作的快乐。

在年级量规基础上,结合教材编排,每次作文训练都设计细化量规,在习作内容、结构等方面稍作调整,做到既呼应年级共性要求,又体现了本次习作个性。如四年级《连续观察日记》在"写作内容"上的评价指标是：根据需要分小节,把连续观察到的橘子树写具体；写出橘树的变化。而"习作过程"评价也相应调整为：平时能留心观察某事物；乐于把观察到的事物变化写出来。

研制习作量规,犹如制定"健康体验"标准,对学生习作学习直接产生"正能量"影响。

2. 强化过程,形成持续诊断并改进的"健康体检"机制

量规,表明学生一课或一个阶段学习后应达成的结果、标准,既可以用之于总结性评价,给学生学习一个评判；也可以用之于形成性评价,及时学习进展以及存在问题,以便及时调整和改进学习,获得最优化的学习效果。那么,如何发挥量规的反馈与促进作用呢？

第一,在习作教学中运用细化量规,帮助学生写好"一篇习作"。为了促进学生的自主学习,我们建立了习作教学新范式,其基本流程为：

议学——活动——起草——修改——交流——编辑（誊写或发表）

"议学"环节中,师生根据本次习作题目（范围）展开讨论,在年级量规基础上细化有关指标,一起形成本次习作标准即量规。然后针对量规涉及的重点知识与技能内容,展开学习过程,或活动体验,或范文得法,突破重难点,让学生完成草稿。接下来的修改、交流与编辑环节,都由学生依据量规展开学习。因此,习作量规主要是帮助学生写好这一篇习作。

第二,在阶段测试后运用量规,帮助学生养成"一种习惯"。阶段性测

试,指期中、期末进行的学科质量监测。我们利用年级量规,在测试结束后,学生跟随教师一起用量规诊断自己的习作水平,从得分、字数、病句、错别字、卷面书写等方面统计分析,然后各自完成一份《"我习作我改进"情况记录表》,内容与量规呼应,包括了习作能力与习作行为,分别从"哪些地方我进步了""哪些问题我还存在"两个不同的角度来反思、改进。

由上可见,应用年级习作量规,可以帮助学生获得一个阶段的知识与技能掌握情况,以此来扬长补短,更多的是对学生习作兴趣、态度、方法、行为的矫正与完善,也就是重在培养一种良好的习惯。

第三,带动日常学习,帮助学生形成"一种行为"。为了最大程度地发挥量规作用,使学生自主学习达到最优化,我们根据量规,针对重点难点:习作积累与习作行为改善,设计了《习作积累表》与《习作行为养成表》。为增强学生自主意识与责任感,每张表都由学生自己填写姓名,进行日常学习记录,每周组长收齐,语文老师组织一次交流活动,请有进步、有经验的同学重点发言。

_____(姓名)习作积累表

背诵积累		读书积累			
课文	课外诗文	读书时间	书名	读书积累质量自评		
				好	一般	需努力

_____(姓名)习作行为养成表

写作时间	作文题目	你修改了没有	你交流(发表)了没有	你运用了积累的语言没有	其他情况

实践表明：这两份习作学习记录跟随着学生，记录着学生习作学习生活中的一切作为，以此作为学生自我监控、教师随时指导的依据，有效地提升了学生自主学习的意识与能力。

（上海市松江区教育学院特级教师、正高级教师）

基于语文学科核心素养的习作教学初探

陈立颖

2014年4月,教育部明确提出"核心素养",2016年9月,提出了中国学生发展核心素养,培养"核心素养"成为教育教学立德树人的指针和方向,益于培养全面发展的人。语文学科作为基础学科,关乎学生的认知和审美。《义务教育语文课程标准(2022年版)》(以下简称"新课标")中指出,义务教育语文课程培养的核心素养,包括文化自信、语言运用、思维能力、审美创造四个方面。习作教学是语文教学的重要方面,习作教学中有效落实语文学科核心素养,对于学生习作能力的提升以及学生的全面发展起着至关重要的作用。

基于以上分析,笔者尝试通过以下途径探索基于语文学科核心素养的习作教学。

一、根据习作主题,创设习作情境

新课标指出,义务教育语文培养的核心素养是在真实的语言运用情境中表现出来的。建构主义学习理论的观点认为,学习环境由四个要素组成:情境、协作、会话、意义建构。真实的语言运用情境贴近学生生活,便于学生表达自己真实的体验感受,利于激发学生的表达积极性。因此,在习作教学中创设情境是有必要的,教师可根据习作主题创设相应的习作情境。

(一)围绕日常生活场景,创设习作情境

著名教育家叶圣陶先生说:"生活犹如源泉,文章犹如溪水,泉源丰盈,溪流自然活泼地昼夜不息。"习作源于生活,当与生活发生联系时,学生才会有话可说,才会有感而发。学生的语言运用是在日常生活中表现出来的,创设习作情境时,可根据习作主题,围绕学生的日常生活场景,激发学生真实地表达。

以统编版教材三年级下册第六单元习作"身边那些有特点的人"为例。班里有一位"人尽皆知"的"幽默王子",笔者以这位同学的故事设计了一个"情景剧":请"幽默王子"做主角,四位同学做"配角",表演课下"幽默王子"的幽默,也是日常生活中对他幽默的再现。

以统编版教材四年级下册第四单元习作"我的动物朋友"为例。这一习作要求就是在一定的情境创设基础上完成的。除了习作中给予的要求外,笔者积极鼓励学生创设不同的生活情境,在一定的情境中将动物朋友介绍清楚。

在创设情境时,教师还可以通过多媒体辅助教学,制作视频、图片等,将学生带入一定的情境中,激发学生习作兴趣。

(二)构建学习任务群,创设习作单元情境

新课标提出,义务教育语文主要是由相互关联的系列学习任务组成的,具有实践性、情境性、综合性的学习任务群组织与呈现课程内容,致力于学生核心素养的发展。也就是说,学习任务群是由系列学习任务组成的,情境性是其特点之一。因此,可通过创建学习任务群,创设习作单元情境。

以统编版教材四年级下册习作单元即第五单元为例。在单元文本解读的基础上,确定本单元属于"实用性阅读与交流"任务群。"学写游记"是这一单元总目标,也是这一单元的主任务。围绕这一任务,为激发学生对祖国山河以及美好家乡认同感和自豪感,笔者创设了如下单元学习情境:"同学们,我们祖国有许多地方令人神往,只要我们多观察、多体验,这一单元让我们跟着作者的脚步一起欣赏奇观。在阅读的基础上,请你化身小小'徐霞客',完成一篇游记——《游_____》。"

根据学习情境,笔者设计了如下单元任务情境:

我是小小"徐霞客"	任务一:赏美景	子任务1:朗读品美景
		子任务2:了解游览顺序
	任务二:学写法	子任务1:过渡句来转换
		子任务2:多方法写特点
	任务三:写游记	子任务1:妙笔写游记
		子任务2:评选最佳游记

这一习作单元,学生一直以小小"徐霞客"的身份开展阅读与表达活动。

二、依据习作要求,组织开展活动

如何落实语文学科核心素养,新课程标准在对第二学段(3～4年级)"梳理与探究"中指出,学生应在活动中学习语文,观察自然和社会,并用多种媒介展示自己的观察与探索所得。习作教学中,教师可通过开展"作前活动"和"作中活动"落实语文学科核心素养。

(一)组织"作前"活动,为习作积累素材

习作首先要让学生"有话要表达""有话可表达",因此,根据习作要求,"作前"可开展多种活动引导学生亲身感受,这样学生才会有倾吐的欲望,才能表达生活的本真,展示个性。"作前"活动的形式多种多样,教师可以设计活动任务,指导学生搜集资料,可以设计实践活动,指导学生记录体验过程等等。

新课标在对开展语文实践活动的建议中指出,学生可"运用书面或口头方式,并可尝试用表格、图像、音频等多种媒介,呈现自己的观察与探索所得"。

例如,统编版教材四年级上册第一单元习作"推荐一个好地方",笔者在"作前"设计了以下活动任务:"同学们,我们居住的张泽是一个值得推荐的好地方。你们可以去田间游历一番,观察特色风景,可以通过采访、调查、阅读等方式,了解特色小吃、特色文化,并将自己所见、所闻、所感用文字、图片等形式记录下来。"

以下是学生活动结果示例:

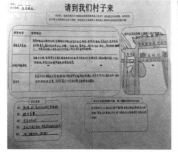  

统编版教材四年级上册第二单元习作"写观察日记",笔者组织学生在课前记录"豆芽成长记",观察豆芽的成长经历。

以下是学生活动结果示例:

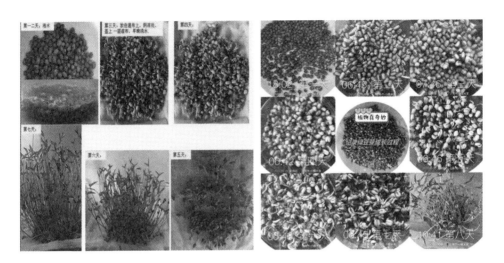

为丰富学生的习作内容,笔者还会组织学生课前开展一些集体性活动,对于统编版教材四年级上册第六单元习作"记一次游戏",笔者指导学生习作前组成小队做游戏。

通过不同形式的"作前"活动,学生有了真实体验,素材更丰富,感受更深刻,表达也逐渐游刃有余。

(二)组织"作中"活动,指导习作过程

依据相关习作要求,组织学生开展"作中"活动是指导学生有效完成习作的途径之一。在"玩"中触发学生的习作动机,解决习作中的困难,丰富习作内容。

在执教统编版教材四年级下册第五单元"游_____"这一习作时,为让学生理清思路,笔者设计了"巧手绘路线"的活动。活动任务如下:"同学们,如果你邀请同学们去参观你要介绍的地方,可以按照怎样的路线进行游览呢?你能绘出景物图,并画出游览路线吗?"

学生成果示例:

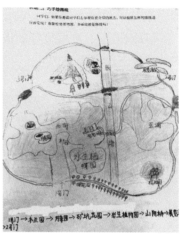

执教统编版教材五年级上册第五单元习作"介绍一种事物",笔者设计了一个采访的环节。课上,笔者鼓励学生现场采访,去了解那些没有吃过张泽羊肉,不了解竹编的人想要了解哪些方面。在采访中,当学生向不了解张泽羊肉的人介绍张泽羊肉时,那种自豪感油然而生,学生仿佛成为小小的家乡代言人。通过这个环节,学生也了解到自己的习作从哪些方面进行介绍才能够吸引人,才能获得大家的喜爱。

三、根据习作内容,开展小组合作

上海师范大学吴中豪教授在强调语文核心素养时提出,教师要"重视学生学习活动的设计,可以变以教师为主的语文课堂为以学生学习为主的语文课堂,最大程度引导学生参与学习,发挥学生学习积极性和主动性,让学生在亲身参与的活动中提高听、说、读、写能力,增加学生的获得感,从而激发他们学习语文的兴趣和动机"。习作教学中,开展小组合作,有利于学生最大限度地参与"写"的过程。

(一)小组合作,共同完成习作

课堂上的时间是有限的,如何让每一名学生在有限的时间内感受到一整篇完整的习作,笔者认为可以根据习作内容,开展小组合作,共同完成。

以统编版教材四年级上册第一单元"推荐一个好地方"为例。在确定一个好地方可以从"景色方面、美食方面、文化方面"进行推荐后，笔者将学生分成四人一组，设计了小组合作清单，小组内讨论确定三个方面将要推荐的是什么，并由三位同学各负责写一个方面，一位同学负责将三个方面串联起来，写好开头、结尾、过渡语。

以下是学生完成的分配任务表：

小组合作清单		
1.议一议：讨论确定三个方面将要推荐的是什么。		
2.分一分：三位同学各负责写一个方面，一位同学负责将三个方面串联起来（写好开头、结尾、过渡语）。		
	推荐	负责同学
景色方面	黄浦江	
美食方面	靓妆	
文化方面	剪纸	
将三个方面串联		

小组合作清单		
1.议一议：讨论确定三个方面将要推荐的是什么。		
2.分一分：三位同学各负责写一个方面，一位同学负责将三个方面串联起来（写好开头、结尾、过渡语）。		
	推荐	负责同学
景色方面	西瓜貝	
美食方面	青龙陂	
文化方面	朱佳園林	
将三个方面串联		

采用这样的形式，不仅树立了学生的团队合作意识，也激发了学生通过习作向他人推荐的积极性，自豪感油然而生。

（二）同伴评价，互助修改习作

评价是为了促进学生更好地写作。作文教学中，教师评价固然重要，同伴评价发挥的作用也是不可忽视的。但是同伴评价需要一定的"评价标准"作支撑，并在此基础上修改习作。

例如，在统编版教材四年级下册第五单元如何写好游记的课堂教学中，这一习作要求"写清楚印象深刻景物的特点"。围绕这一习作要求，笔者通过习作例文，引导学生总结方法，然后让学生利用方法选择一处景物写清楚，并设计了评价标准。完成后，学生根据评价标准开展同伴互评，再根据评价结果进行修改。

评 价 标 准	得 分
采用"直接描写+感受"的方法	☆☆☆☆☆
按照一定的顺序	☆☆☆☆☆
运用修辞手法表现事物特点	☆☆☆☆☆

新课标指出,语文核心素养的四个方面即文化自信、语言运用、思维能力、审美创造,它们是一个整体。文化、审美、思维以语言为基础,语言与思维相互促进,语言文字既是审美对象,又是文化载体。也就是说它们之间相辅相成,不可割裂。每一次的习作教学不单单是为了实现某一核心素养,而是将核心素养孕育于每一个习作教学环节中,循序渐进,逐步提升学生的核心素养。

本文尝试从"创设习作情境""组织开展活动""开展小组合作"三个方面,依据笔者的日常教学,探索基于语文核心素养的习作教学。但是,本研究还有很多缺陷,比如,在习作教学中促进学生思维能力的提升还不够深入,仍需日后的探索与实践。

(作者系上海市松江区张泽学校语文教师)

中学作文教学中的创意写作探索

朱美菊

一、研究背景

"创意写作"最早起源于美国,将"创意写作"引入中国的第一人就是上海大学葛红兵教授。葛教授认为,"创意写作"是以文字创作为形式、以作品为载体的创造性活动。《义务教育语文课程标准(2022年版)》提出:语文课程是一门学习国家通用语言文字运用的综合性、实践性课程,致力于全体学生核心素养的形成与发展,要培养学生求真创新的精神、实践能力和合作交流能力。创意写作注重激发学生的灵感、鼓励想象、提升学生的思维能力及创新品质,这与义务教育语文课程标准不谋而合。

我校在上海大学基础教育集团的组织下,整合上海大学的优质资源,成为"上海大学创意写作教学研究与师资培训基地",成立了"心享创意习作工作坊"。希望聚焦创意写作课堂,为学生开创一个自由、自主、自创的写作环境,让学生由原先的"要我写"变为"我要写"。

二、研究实践

在诸多学科中,学生觉得语文最难学,也最难提高,而语文学习中最难的则是写作文。考试的时候,学生看到作文题目,就抓耳挠腮,绞尽脑汁东拼西凑,如此往复,就越来越怕写作。传统的写作教学往往是以规定的题目、主题将学生限制在一个匣子里,写出的文章很多都是千篇一律,很难有新颖而有深意的作文,而"创意写作教学"借助一系列打破思维框式的写作活动,将学生所固有的创新潜能激发出来,培养开拓学生的创造力,提升学生的写作兴趣,引发学生跳出传统写作模式，自由活泼地写作。笔者主要从以下三个方面进行了"创意写作"的实践探索。

（一）学会观察，鼓励想象，激发写作灵感

"问渠哪得清如许，为有源头活水来。"生活就是学生写作灵感的"源头活水"，没有生活，写作便成了无源之水、无本之木。只有热爱生活并善于观察的人，才能从生活中发现素材，积累素材，从而激发写作灵感。上海大学的葛红兵教授认为：创意写作的教育教学也好，创意写作实践也好，首先要做的就是把视角交给我们的孩子，让孩子做视角训练，帮助他们建立个体的、独立的视角意识。创意写作教学就是从学生个体的视角出发去观察生活，去发现生活中的美，积累写作的灵感及素材，启发其想象力和创造力，激发其灵感，写"我"所看，写"我"所想，写"我"所悟，写出自己的个性。

1. 观察自然，发现美

引导学生观察自然，从天地、山川、春花、夏风、秋实、冬雪等中发现美、鉴赏美，从而激发学生表现美、描述美的热情。

笔者会定期给学生布置观察任务，帮助学生养成留心观察周围景物的习惯，珍视个人的独特感受，养成随手记录生活的习惯。如校园是学生天天上学的地方，非常熟悉，但用发现的眼光去观察，也会发现日常所见的景物，原来也有它与众不同的美。学生利用早晨进校、课间休息等时段，细细观察一下校园美的角落，有感想随时记录。有的学生觉得学校大门口的水池很美："池水真是清澈呀，清得让白云也要到池中来玩一玩，逛一逛，小鱼儿探出头，发现有人在窥视她的芳容，不禁害羞地躲到白云里。"有的观察到了读书雕塑、宽阔的操场、旗杆上飘扬的五星红旗等等。也有学生这样描写食堂前的紫藤花架："校园里有一条风景如画的林荫小道，行走其间，惬意而闲适。每到春来，攀援于古朴藤架上的紫藤花便盛开了，开得如此茂盛，如同一条条紫色的瀑布。这里虽然没有蜂围蝶舞，可紫藤花依旧开得潇潇洒洒，一朵连着一朵，一串挨着一串，缀满枝头，彼此推着挤着，好不活泼热闹，用完餐的同学们在这林荫小道流连驻足，花看到了，乐了，不禁开到了同学们的脸上。"

大自然就是对学生进行审美教育、孕育学生灵性的最佳场所。

2. 参与活动，体验美

学校、班级举行的各类活动，也是学生积累写作素材的好时机。教师应把

握时机，积极动员学生参与，引导学生观察积累，同时将观察目标细化，化整为零，更利于学生体验活动中的美好环节。

比如新生入学的军训生活，将其细化成"听说要军训了""我眼中的教官""军训的苦""军训中的趣事""今天会操了""军训后的我"等等，将目标细化，教会学生从不同的角度去观察积累写作素材。通过这样的观察实践，学生学会多角度观察生活，发现生活的丰富多彩，为写作奠定基础。

3. 留心身边事，感悟美

亲人的叮嘱、老师的教诲、同学的帮助、陌生人的奉献等等，这些生活中美好、有着正能量的人和事有助于学生形成正确的世界观、人生观、价值观，培养学生形成自觉的审美意识。引导学生留心身边小事，让学生感悟生活的美好，更能激发其写作灵感。

义务教育语文课程培养的核心素养，是学生在积极的语文实践活动中积累、建构并在真实的语言运用情境中表现出来的，是文化自信和语言运用、思维能力、审美创造的综合体现。谭旭东教授在《创意写作和作文教育变革》一书中写道：创意写作可以激发潜能，张扬想象力，承认每个人的创造性，让学生通过文字的创造，找到自信，找到力量，找到学习的真谛，同时，也找到文化的认同。创意写作鼓励学生进行有创意的观察，无论走到哪里，都要竖起耳朵，睁开眼睛，把所见所闻随时记录下来，进行多角度立意，不落俗套地选材，用文字描绘生活的美好，用文字展现文化的自信。

（二）以读带写，绘制思维导图，提高写作能力

创意的观察，启发学生关注生活，积累了写作素材后，还得学会"怎么写"。中学语文课本所选的课文，一般来说都是一些"典范文章"，既然是"典范文章"，那么就可以起到"典范"的作用。同时运用思维导图，使学生进行可视化学习——通过直观图表达信息、将思维过程显现化，这样有利于学生把知识点梳理成一张彼此关联分层的知识网络，优化人脑的记忆结构和帮助学生思考。在创意写作的课堂中，教师在激发学生创作灵感和想象力的同时，应以课文为范例，通过绘制思维导图，引导学生逐步开拓思维，提高写作技巧，从而让学生感受到写作的巨大魅力。

统编版教材的每一单元都有习作主题，以六年级上册第二单元的习作主题"多彩的活动"为例。本单元讲读篇目是《狼牙山五壮士》《开国大典》，自读

篇目是《灯光》《我的战友邱少云》。本单元的学习目标之一就是学习场面描写的方法,注意是怎样通过勾画整体和刻画局部写好场面。在设计单元教学目标时,进行大单元教学设计,整体思考、设计和组织实施教学,将学习"点面结合"的场面描写的方法融入这些课文篇目的教学设计中。

1. 同篇课文不同段落的场面描写比较

《狼牙山五壮士》第2段是五壮士奋勇歼敌的场面描写。(面)为了拖住敌人,七连六班的五个战士一边痛击追上来的敌人,一边有计划地把大批敌人引上了狼牙山。他们利用险要的地形,把冲上来的敌人一次又一次地打了下去。(点)班长马宝玉沉着地指挥战斗,让敌人走近了,才命令狠狠地打。副班长葛振林打一枪就大吼一声,好像那个细小的枪口喷不完他的满腔怒火。战士宋学义扔手榴弹总要把胳膊抡个一圈,好使出浑身的力气。胡德林和胡福才这两个小战士把脸绷得紧紧的,全神贯注地瞄准敌人射击。(面)战斗进行了很久,敌人始终不能前进一步。在崎岖的山路上,横七竖八地躺着许多敌人的尸体。

《狼牙山五壮士》第6段是五壮士英勇跳崖的场面描写。(面)五位壮士屹立在狼牙山顶峰,眺望着群众和部队主力远去的方向。他们回头望望还在向上爬的敌人,脸上露出了胜利的喜悦。(点)班长马宝玉激动地说:"同志们,我们的任务胜利完成了!"说罢,他把那支从敌人手里夺来的枪砸碎了,然后走到悬崖边上,像每次发起冲锋一样,第一个纵身跳下深谷。(面)战士们也昂首挺胸,相继从悬崖往下跳。狼牙山上响起了他们壮烈豪迈的口号声:

这两段文字的共同点是:先概写群像,再具体聚焦个体表现,最后再写群像。不同在于"点"的设计不同。通过绘制思维导图,可以清晰地呈现(见图1):

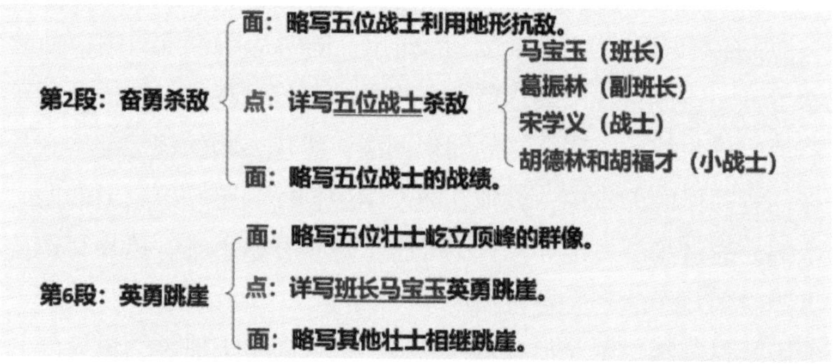

图1 《狼牙山五壮士》第2段和第6段思维导图比较

虽同是运用点面结合的场面描写手法，但可根据人物出场的顺序、情节的发展，点的详写角度可以进行调整。

2. 不同课文的场面描写比较

如《开国大典》第14段"群众游行"的场面描写：阅兵式完毕，已经是傍晚的时候。天安门广场上的灯笼火把全都点起来，一万支礼花陆续射入天空。天上五颜六色的火花结成彩，地上千千万万的灯火一片红。（面）群众游行就在这时候开始。游行队伍分东西两个方向出发，他们擎着灯，舞着火把，高呼"中国共产党万岁！""中华人民共和国万岁！""中央人民政府万岁！"他们一队一队按照次序走，走过正对天安门的白石桥前，就举起灯笼火把，高声欢呼"毛主席万岁！""毛主席万岁！"（点）毛主席在城楼上主席台前边，向前探着身子，不断地向群众挥手，不断地高呼"人民万岁！""同志们万岁！"

将《狼牙山五壮士》的第6节"英勇跳崖"的场面描写与《开国大典》第14段写群众游行画面进行比较，通过绘制思维导图，可清晰地呈现（见图2）。

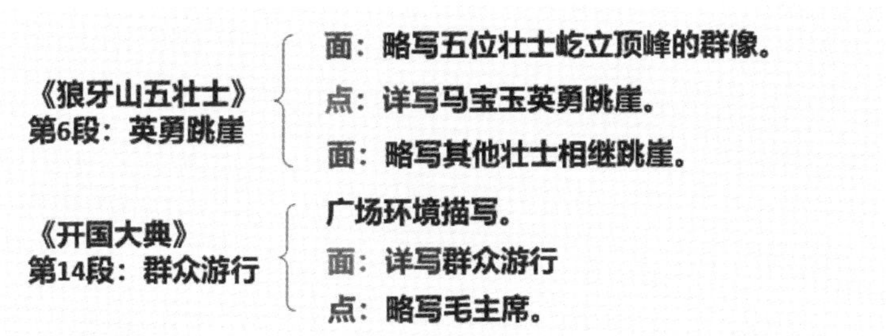

《狼牙山五壮士》第6段：英勇跳崖
- 面：略写五位壮士屹立顶峰的群像。
- 点：详写马宝玉英勇跳崖。
- 面：略写其他壮士相继跳崖。

《开国大典》第14段：群众游行
- 广场环境描写。
- 面：详写群众游行。
- 点：略写毛主席。

图2 《狼牙山五壮士》第6段与《开国大典》第14段思维导图比较

虽同是运用点面结合的场面描写手法，但可根据中心表达、不同的侧重点，点面的详略处理进行调整。

在教学中先引导学生绘制课文范例的思维导图，了解其写作技巧与方法，让学生明白在写作时要考虑不同的目的和对象，根据表达的需要合理安排内容，从而条理清晰地表达自己的意思。再出示本单元写作主题"多彩的活动"，引导学生进行联想，绘制思维导图，用文字将习作想法"画"出来，帮助学生掌握作文方法，提供思维训练，将材料进行筛选整合，有条有理，达到"授人以渔"的效果，同时又增强学生写作的兴趣和信心，提高学生的写作能力。

写作和阅读是辩证统一的关系，阅读可以积累写作的素材，获得写作的技巧，从而提高写作的水平；反之，写作是阅读的进一步深化，是阅读的结果。在创意写作课堂，阅读教学与写作教学是紧密结合的，教师通过单元教学设计，引导学生读典范课文，以读带写，利用思维导图构建写作框架，学习典范课文的写作技巧，从而提升写作能力。

（三）集体激励，合作探究，激发创新思维

对于学生来说，写作不是孤独的。个人的观察、思维是有局限性的，而团队的合作则可以激活学生智慧的火花，拓宽思维的空间。

义务教育语文课程实施从学生语文生活实际出发，创设丰富多样的学习情境，设计富有挑战性的学习任务，激发学生的好奇心想象力、求知欲，促进学生自主、合作、探究学习；引导学生注重积累，勤于思考，乐于实践，勇于探索，养成良好的学习习惯。

创意写作课堂的核心理念是"创新思维"。科学的创意写作训练，通过集体创意和团队合作，帮助学生克服写作方面的困难，提高写作信心和动力，提升自主管理能力。创意写作工作坊是创意写作的标志性教学方法。创意写作工作坊是以创意写作或创意写作教育、研讨等相关工作为导向，由若干参与者组合而成的活动组织。它既是一种工作组织，也是一种以集体创意与团队合作为特征的工作方法。

1. 班级写作工作坊的组织

采用合作小组的形式，每个小组设置小组长、发言人、记录员，这些人员以自荐、组员推荐的方式进行选拔。

教师在课余及创意写作课堂中要及时地进行培养、指导，从而提高小组长的管理能力。

2. 班级写作工作坊的活动开展形式

创意写作教学的形式比较灵活，可以是在教室，也可以将课堂延伸到课外，借助多媒体进行网上讨论、展示，团队成员平等地各抒己见，展示自己的作业，对他人的作品也可以提出建议。

3. 创意写作工作坊的优势

与传统写作教学相比，创意写作工作坊的优势在于：

（1）多重反馈/头脑风暴：1对N→N对N。
（2）及时反馈/试错与纠错并行：出卷/考试→产学研一体化。
（3）"不愤不启"：系统知识传授→问题引导/主题探讨。
（4）目标转换：作品完成→创意能力获得。
（5）主体转换：教师讲解→沉浸式写作、头脑风暴式研讨、集体创意。

创意作文教学由原先老师一人对全班讲解，变为学生们小组合作，进行头脑风暴，激发集体智慧，真正实现了学生的自主管理，教师将活动组织权下放到每一个小组长的手中，如此有利于学生自主管理能力的提高，切实培养出一批具有自我管理能力的人才。

在团队合作中实现学生写作能力的提升。这不但有助于养成学生团队合作精神，提高团队合作能力，更重要的是能够促进每一位学生写作能力的提升。习作可以及时进行反馈、展示、讲评，学生既可以站在座位旁"指点江山"，也可以上讲台进行实时修改。

在轻松、活泼、自由的氛围中，在自主、合作、探究的学习中，体验合作与成功的喜悦，学生收获的不仅仅是完成的习作，更是其写作动力、创意能力、合作能力以及勤于思考、乐于实践、勇于探索的好习惯。让学生从原先的老师"要我写"，变为"我想写""我要写""要写好"，真正地让学生乐于写作，爱上写作。

三、研究反思

《义务教育语文课程标准（2022年版）》提出：语文课程的写作正是实施素质教育的重要学科。它除了提高学生的思维能力和语言表达能力外，还担负着全面培养学生的思想情操、审美修养、心理素质以及创造能力、创新品质的重任。

笔者通过实践探索，发现创意写作这一新型的写作实践模式，对于中学语文写作教学质量的提升有着显著的作用。创意写作以"学"为主，以"生"为主，以学生为主体，培养学生观察能力，发现生活中的真善美，提高学生的思想情操和审美修养；鼓励学生阅读，以读带写，学会构建写作框架，绘制思维导图，提升学生的思维能力及语言表达能力；通过创意写作工坊的建立，集体激励，培养学生合作探究能力及创新能力等。上海大学的许道军教授认为:"创意写作不是教天才,但是一定能够发现天才。不是每一次活动都能产生天才性的想法、天才性的作品,但是能够保证我们走在产生天才性的想法、天才性的作品的路上。"创意写作教学相比较传统的写作教学更能提升学生综合素养。

(作者系上海大学附属学校语文教师)

如何利用新媒体提高写作能力

常 静

新媒体是近年来随着科学技术的不断发展而出现的一种全新的媒体形态，例如比较常见的数字报纸、数字广播、数字杂志、数字电影等。从某种程度上看，新媒体已经与人们的日常生活充分融合在一起。写作是一个人表达自己内心情感、抒情达意的重要渠道，写作能力是评价一个人知识水平的重要标准。但是从近年来的实际情况来看，受到互联网发展的影响，人们随时都可以在网络上查阅到自己需要的资料，使之取代动脑、动手地开展实质性的写作，这就使得人们的写作能力在不断退化。因此，当务之急就是将新媒体技术充分利用起来，利用新媒体不断提升自身的写作能力，这也是本文所讨论的重点内容。

一、新媒体的定义和主要特征

新媒体，是依托新的技术支撑体系出现的媒体形态，建立在数字技术和网络技术基础之上，是信息社会的产物。新媒体是指基于互联网技术的媒体，它以全新的形式和方式传播信息，改变了传统媒体的传播模式。新媒体将传统媒体的传播模式进行拆解，重新组合，以更加灵活的方式传播信息。"新媒体"作为一个专业术语，最早是由戈尔德马克提出，后来伴随着计算机技术的发展，这一词开始广泛普及。在新媒体出现之前，人们所说的媒体主要指报纸、电视、广播、电影等传统媒体。随着新的媒体形态和传播形式的出现，媒体自身发生了很大的变化，人们对媒体的认识也发生巨大改变。新媒体作为一种新的传播现象，受到了大众的广泛关注。新媒体的特征主要体现在"新"上，包括以下三个方面。

一是新的信息形式。在新媒体时代，信息往往以全媒体的形式呈现给大众，新媒体全方位、多角度地满足受众的信息需求，受众可以获得视、听、读等多维度的体验。对于受众来说，信息最终以什么样的形式出现，主要由受众的喜爱偏好来决定，也与现实的接受新的条件相关。每个受众接收到的信息可以是一样的，但是形式可以是不一样的。

二是新的传授关系。在传统大众传播时代，媒介的传播方式是"点对点"或者"点对面"的自上而下的单向传播。在整个传播过程中，传播者占据主动地位，受众始终处于被动地位。在当下新媒体时代，传播方式不限于"点对点"和"点对面"的传播，也有"面对面"的传播。传播主体不再局限于以往职业化的传播者，社会中各行各业的人或组织都可以是传播者。同时，受众的主动意识和话语权增强，可以通过多种渠道传播信息、表达态度。在这一时期，传播者与受传者共同分享传播媒介，传播者与受众摆脱了时空的限制，受众通过新媒体的交互可以影响信息传播者，在一定程度上表现出人与人之间面对面的高效互动。

三是新的传播场景。传播是特定时空中人对现实时空的感知，任何构成场景的要素都会对传播造成影响，任何对传播造成影响的要素都可以被称为媒介。传统媒体往往以内容和渠道为主，对于新媒体而言，关注重点转向了使用场景。新媒体一改传统媒体"一对多"的传播模式，更倾向于满足某一特定受众群体。在碎片化的移动互联网时代，用户更加需要的是以人为中心的更及时、更精准的连接体验，新媒体正是满足了每个用户在不同场景下的个性化的需求。

二、新媒体写作的定义和特点

新媒体写作是当今社会的一种重要文学形式，在传统文学创作方法中融入了新媒体技术。同时，新媒体与传统纸质媒介相结合所产生的"网络文学"已经越来越深刻地影响到现代人们的阅读习惯和写作方式。新媒体写作与传统写作存在很多不同，其特点同样主要体现在"新"上。首先，新媒体写作的着眼点在于阅读的工具，呈现方式也不再局限于一页纸或是一本书，而是电子屏幕。其次，新媒体写作的体裁有别于传统写作。新媒体写作运用新媒体技术进行交互性写作，以文字、图像、视频等为表达形式，还综合多种表达形式来进行信息传播，区别于单纯的文字组合和排列。最后，新媒体写作的主体发生了变化。传统写作的主体往往是新闻记者、作家等，而新媒体写作则将写作权利交给每一个普通人，人人都可以写作。在新媒体时代，每一个个体都有自己的声音。

三、新媒体文章的分类

新媒体文章千奇百态，可是本质上的一些目的和文章的类型还是有迹可循的，目的大致分为两种，即非商业性质和商业性质的。类型主要可以分为以下几种。

一是信息型文章。这是最为常见的一种文章类型，只针对某个主题提供信息。它可以为某个事物下定义，也可以针对该主题的某些方面做更详细、更深入的解说。

二是问题型文章。人们经常在网络上搜索的一个词"为什么"，通常和某个事物搭配使用，这表示他们正在为自己遇到的某个问题寻求帮助。这类文章有些类似于评论型文章，但更多的是客观地解释某一现象。

三是指导型文章。这类文章告诉读者如何做某些事情，提供建议或教程。人们在互联网中搜索的主要目的就是为了解决问题而寻求帮助，把立场建立在回答这些问题上，能够引来相当不错的流量。

四是研究类文章。这种文章需要大量时间，通过适当的图表和有价值的数据把相关研究结果呈现出来，就会有越来越多该领域的作者引用或者链接这些文章。

五是引用链接式文章。当读者在另一个网站或博客里发现了某篇不错的文章后，可以在自己的博客里发布一个指向它的链接。通常文章里可能还会包括一段说明以及对该问题的看法，或者一段原文的摘录，加入作者自身的看法能让文章更具独创性，对读者的帮助更大。

六是考据类文章。此类文章是研究型和引用式的组合。作者选一个有价值的话题，然后调查他人对此都说过什么，找出他们各自的看法之后，把每个人的意见进行汇总，并且通过作者个人的评论把它们联系到一起，最后得出共同的结论。

七是评论型文章。任何一件事物的评论几乎都能在互联网上找到，其观点和角度各异。此类文章可以给出客观公正的意见，并且询问读者们对此的看法，有时候评论型文章会有非常高的活跃度。

八是启迪式文章。启迪和激励式的文章，作者可以在里面讲一个成功者的故事或者描绘美好的愿景。人们总是喜欢听到自己领域内的佳音故事，因为这可以激励他们继续自己所从事的方向。

九是人物与故事。选取一个有意思的人物，对他做一点研究然后将成果展示给你的读者，指出他是如何取得现在的成就的，并描述他所具有的特征。或者是讲一个有意思的故事，通过讲故事的方式告诉读者某些经验和建议，而且通常都附带实践方面的建议。

十是读书与观影。这类文章对书籍及影音资料中的信息进行摘要、分析、汇总，并且以简单易懂的形式整理在一起，并带有作者自己的观点及评价。

四、新媒体写作的思维和方法

新媒体写作和传统写作既有联系也有区别，以传统的写作方式进行新媒体写作，很有可能会影响信息的传播效果。新媒体写作是在写作本源上发展的，与传统写作有着传承的关系，而并非一个全新的事物，所以也一定有着写作固有的属性和规律。新媒体写作着眼于新的工具和新的技术，受众阅读的方式和场景也发生了变化，因此写作思维和方式也必须转变。

首先，传统写作往往聚焦于社会性事件或者政经等比较宏大的话题，而新媒体写作更加着眼于受众本身。作者在进行新媒体写作时，应当转变写作思维，着重于满足受众对内容的需求，也要适应受众的阅读场景和阅读习惯，如发布时间、版面设计、文字分段等。

其次，作者进行新媒体写作与传统写作所追求的也有所不同，前者还要考虑到文章的传播效果，如分享量、转发量等。因此，作者进行新媒体写作时，应更加了解自己的目标受众，弄清楚为谁写，分析好写什么、怎么写、怎么传播，取得最佳的传播效果。

再次，传统写作与受众互动较少，且时效性较差，而新媒体写作所处的媒介环境可以最大限度、最高效地实现作者和受众的双向互动。然而，新媒体写作最大的优势则是读者的黏性。一篇现象级的文章出现，作者应该看准时机增强读者黏性，从而与读者建立社交关系。

最后，为了契合新的传播方式和媒介环境，新媒体写作者也必须改变传统的写作方式。作者应当直接切入主题，尽量避免在开头进行资料的堆砌和铺垫。由于碎片式阅读，新媒体环境下的受众容易对长篇大论的文章产生阅读疲劳，因此，新媒体写作者在写作时可以省去对话题的介绍，直接切入话题。在选题和内容上要引起受众的情感共鸣，并且作者应该整体上控制文章的篇幅，还可以在细节处设置金句，帮助受众加深对文章的阅读记忆。

五、新媒体为写作带来的机遇与挑战

（一）新媒体为写作带来的机遇

新媒体的优势与传统媒介相比，如广播、电视、报纸、杂志等是十分显著的，其自身涵盖的信息容量大、覆盖面广、灵活性强，甚至可以与受众群体进行实时互动。现如今人们容易接受新鲜事物，所以与新媒体之间的关系也更为紧密。对于写作来说，新媒体所带来的影响是十分积极的，主要体现在以下几个方面。

首先，可以获得更多的习作资源。随着新媒体时代的来临，互联网中涵盖了大量且多样的网页信息，数据资料库、电子图书、图片、视频等都可以轻而易举地从互联网当中获得，使得原本写作过程中占用大量时间才可以获得的资料获取变得简单便捷。不同角度的看法，不同立场的观念碰撞出思想火花，可以不断激发人们在写作过程中积极思考。

其次，新媒体拥有更强的写作自主性，促进了主体文化的包容和开放。新媒体时代，已然是"全民写作"时代，开放性与交互性很强，很多人都喜欢用自己的别名或者真实身份在互联网平台记录下自己的生活，描述自己的情感，表达自己的情绪或者评价其他人的作品等。互联网中各种作品精彩纷呈，门槛也相对比较低，所以如果能够合理地使用新媒体技术提升写作能力，那么会获得良好效果。

最后，写作形式更为自由。表达途径的自由自然也会带来各种写作形式的自由。人们可以随时随地地借助新媒体进行写作，也让人们获得了更多的写作机会。

（二）新媒体为写作带来的挑战

新媒体的出现给写作带来了机遇，促进了书写媒介的转变，同时也对人们的写作产生了负面的影响。

第一，思维不连贯。新媒体环境下，媒介信息日益碎片化。人们搜集资

料、阅读信息的方式发生变化，网络上充斥着各种杂而短且随意性较大的内容，这使得人们的思维变得支离破碎。人们看似比过去获得了更多的信息，但未经整合的碎片化信息往往只能提供观察真相的一个维度，有时难免表面化、肤浅化。比如，在新媒体环境中，普遍存在的微博文本太短，缺乏完整的思想体系和逻辑性，还需要进一步提高其严谨性。

第二，获取信息产生惰性。人们难以全面掌握不同途径、不同质量的信息，很容易被不良信息、虚假信息、无价值的信息所吸引，进而让自己陷入一种无所适从的写作困境中。由于新媒体技术所具有的便利性，使得大部分人在写作时所引用到的素材都来自互联网。这样下去，人们就会丧失阅读的兴趣，放弃通过社会实践和积累获得的写作经验和写作素材，从而削弱了写作素养和写作能力。

六、如何利用新媒体提高写作能力

在分析了新媒体对人们写作能力的影响之后，就有必要将其作为一种新的工具，以提高写作能力。

（一）借助新媒体培养良好的写作习惯

在现代社会中，相对于传统媒体的"主导受众型"来说，新媒体是"受众主导型"，也更具张力，这能够帮助人们形成良好的写作习惯。新媒体具有实时交互性，可以在互联网上与受众进行交流和互动，从而实现对写作文本的个性化浏览。与此同时，读者和作者也可以在互联网上进行紧密的互动。在新媒体时代，每个人都可以在网络上搭建起一个属于自己的舞台，充分发挥新媒体的即时性和交互性，以此激发人们的写作兴趣，使读者在使用新媒体、访问网络的同时，培养良好的学习习惯。

（二）基于传统写作上创新发展

新媒体虽然改变了人们的写作方式，但写作的本质依然不变。新媒体技术的出现，对于传统写作是一种整合和创新，而非否定和颠覆。尽管新媒体技术已经非常普及，但在目前我国已有的教育体系当中，写作的内容和方式还是受到了传统文学的影响。在传统的文学文体基础上进行革新，是运用新媒体提高写作水平的根本所在。新媒体写作打破了现实的桎梏，让人们可以在网上自由地进行写作，新媒体极大地丰富了写作的形式和内容，丰富的网络词汇不仅可以帮助人们的日常交谈，还可以将其运用到日常的写作中。由此可见，使用新媒体技术来辅助写作，可以极大地调动人们的写作积极性，使他们可以更忠于自己内心的需要，通过写作来表达自己的感情。

（三）合理使用新媒体技术

首先，不能照搬他人已有的作品，而是要鼓励和引导学生运用新媒介，广泛收集好的文学材料，为自己创造出更多的作品。网上的素材五花八门，良莠不齐，还需要对其进行精心的选择和处理，并与自己的生活实践和经历相结合，形成自己的原创作品。举个例子，很多学生会对青春和爱情的题材产生浓厚的兴趣，并且想要写出与之相关的小说、散文或诗歌，此时就可以引导学生们在网上搜寻相关的素材，并帮助学生们选择一些对人物内心刻画深刻、人文哲思内涵丰富的素材，然后与自己的生活经历相结合来展开自己的创作。根据这些材料，学生们创作出来的作品，一般都具有很高的质量。除此之外，还可以常常提醒学生们，如果他们在网上或手机上找到了可以利用的素材，就应该将它们收集起来，并创建自己的素材库，为以后的工作做准备。

其次，教师可以引导学生运用新媒介进行出版；博客、微博、贴吧、校园文学网等都是大学生们很好地展示自己的平台。因此，学校应该搭建更多优秀的平台，供学生们发表自己的作品，营造出一种校园文学的氛围，最好能在校园中形成一种校园文化，让更多的学生加入这一过程来。教师也可以借助新媒体，举办一些文学比赛，让学生们自己去评，然后进行排名，并给予优胜者一定的奖励。教师要对投票的范围进行规范化，通过新媒体将投票打分的过程和结果进行公开，并将对参赛作品的评审意见进行公开，让比赛在任何时候都能保持透明，这一点是传统的征文评比无法比拟的。通过这种比赛，不仅可以增加学生对作家的关注，还可以增加他们的阅读数量，增强他们的文学欣赏能力。

七、结语

新媒体技术对人们写作能力是一把"双刃剑"，它在为人们写作提供诸多方便的同时，也产生了不可回避的消极影响。面对新媒体技术给人们的写作带来的冲击,教师和学生都要正确地理解它,趋利避害,运用新媒体,养成良好的辅助写作习惯,同时,还可以在传统写作的基础上,利用新媒体,开展创新性的写作。

(作者系上海大学文学院国际中文教育2023级硕士研究生)

第六辑

语文课教学设计

基于核心素养的统编版语文教材五年级下册第七单元设计

邹文荟

当前所使用的统编版教材以单元为基本组织结构,一般包括单元导语页、阅读课文、口语交际、单元习作、语文园地等板块内容。这些内容往往围绕相同的人文主题和语文要素组织在一起,即双线组织单元。这些内容板块按照由易到难、由浅及深、由输入习得到输出应用的顺序依次组织,从而形成一个有机的单元学习整体。在单元教学中,教师往往从单元的角度出发,根据章节或单元中不同知识点的需要,综合利用各种教学形式和教学策略,通过一个阶段的学习让学习者完成对一个相对完整的知识单元的学习。在传统的这种单元教学模式中,教师通常以单篇课文为基本单位,按照教材排列的先后顺序逐课而教。

有别于传统意义上的"单元教学","大单元教学"往往依据学习的需要对单元教材内容进行重组,并模拟真实的任务情境,采用大任务的方式去统摄整个单元的学习。即"围绕一个主题或核心任务,整合了学习内容、情境、资源、方法、活动、评价而形成的课程基本单位。据此展开的教学,我们称为大单元教学。"[1]

最初,对大单元教学的研究源于普通高中新课程标准的出台,主要聚焦于高中的教学理念与教学方式的变革。随着时代的发展,教育理念与教学方式也在不断更新,小学语文教学研究也与时俱进,部分先行者将大单元教学引入中小学研究领域中。尤其近年来研究者们对大单元设计的研究,更是将大单元教学研究逐步推向高潮。《义务教育课程方案(2022年版)》在"课程实施"第二条"深化教学改革"中提出:"探索大单元教学,积极开展主题化、项目式学习等综合性教学活动,促进学生举一反三、融会贯通,加强知识间的联系,

---

[1] 刘颖异.中学语文大单元教学的内涵及其设计策略[J].吉林教育,2022(12):49-50.

促进知识结构化。"① 与之相呼应,《义务教育语文课程标准(2022年版)》(下文简称"新课标")也优化了课程理念,要求"义务教育语文课程结构遵循学生身心发展规律和核心素养形成的内在逻辑,以生活为基础,以语文实践活动为主线,以学习主题为引领,以学习任务为载体,整合学习内容、情境、方法和资源等要素,设计语文学习任务群。"②

全新的教学理念对教学也提出了全新的要求,但当前正在使用的教科书尚未来得及更新。在这种情况下,如何利用好手里的这套教材在全新教学理念的指导下做好教学设计,是所有一线教师所面临的巨大挑战。下面将以统编版教材五年级下册第七单元为例,探索大单元教学的设计思路。

一、梳理语文要素,确立单元学习目标

基于统编版小学语文教材实施大单元教学,要在充分理解教材编排意图的基础上对教材进行二次开发,以核心素养为导向,将大单元教学理念有效转化为教学实践。统编版小学语文教材以"人文主题"和"语文要素"双线组织单元,为教与学提供了基本的学习内容和资源。一个单元通常是围绕某个主题来组织教学内容的,一般包括单元导语、阅读课文、口语交际、单元习作、语文园地等。在单元导读页中明确本单元的语文要素,并通过单元中的阅读课文学习来落实单元语文要素。在语文园地中往往会安排"交流平台"这一栏目,主要起到梳理、总结、提炼学习方法的作用,以进一步强化语文要素。单元习作则是对单元学习方法的运用和实践。不难发现单元各部分内容是环环相扣、彼此配合、紧密连接的整体。所以每个单元的教学内容都自成系统,既是教材体系中的一环,同时又是一个独立的、完整的知识系统。

五年级下册第七单元围绕"世界各地"这一主题,安排了《威尼斯的小艇》《牧场之国》《金字塔》三篇课文,以及口语交际《我是小小讲解员》、习作《中国的世界文化遗产》和《语文园地》等教学内容。本单元的语文要素是"体会静态描写和动态描写的表达效果",对于习作的要求是"搜集资料,介绍一个地

---

① 中华人民共和国教育部.义务教育课程方案:2022年版[M].北京:北京师范大学出版集团,2022:14.
② 中华人民共和国教育部.义务教育语文课程标准:2022年版[M].北京:北京师范大学出版集团,2022:2.

方",习作的任务是写一处中国的世界文化遗产。结合单元语文要素的落实,通过对教材内容的研读和分析,本单元内各部分教材内容所对应的教学要点如下:

分 类	内 容	教 学 要 点	
阅读教学	《威尼斯的小艇》《牧场之国》《金字塔》	1. 体会静态描写和动态描写的表达效果 2. 初步了解非连续性文本的特点,并能从中获取所需的信息	
口语交际	我是小小讲解员	1. 能列出讲解的提纲,按照一定顺序讲述 2. 能根据听众的反应,对讲解的内容作调整	搜集资料,介绍一个地方
单元习作	中国的世界文化遗产	1. 能搜集资料,条理清楚地介绍一处自己感兴趣的中国的世界文化遗产	
语文园地	交流平台	1. 能交流、总结对静态描写和动态描写表达效果的体会 2. 能仿照例句,选择一个情景写句子,表现某处景物的动、静之美	

这些教学内容的学习都指向单元语文要素"体会静态描写和动态描写的表达效果""搜集资料,介绍一个地方"的落实,因此,本单元的学习任务也主要集中在两点:第一,能够了解课文的写法,并体会静态描写和动态描写的表达效果。第二,感受非连续性文本直观、简明的呈现方式,能够从文字、数字、图画等各种文体形式中获取所需要的信息,能够对这些信息进行整合、概括,从而加深对事物的认识与了解,并在此基础上进行搜集、整理资料,介绍一个地方。

二、分析教材内容,提炼单元活动主题

教学要改变教师的单向知识传递转向学生主体地位的凸显,通过引导和促进学生深度学习、创造性学习,让学生在实践活动中提升语文核心素养,任务驱动始终是一种较为有效的方式。在大单元教学设计中,单元大任务的设计一定要以单元活动主题为引领。

统编版教材双线组织单元,教师可以轻松把握单元主题,但这只是从内容

角度获得的人文主题,并不一定就是引导学生开展大单元学习的活动主题。单元活动主题的提炼需要考虑以下几个方面的因素:第一,教师需要熟悉不同学段的课程目标,从而让整个活动主题的设计更加贴合该年段学生的学习基础和特点。第二,单元活动主题的设计要能够和真实生活情境建立连接,从教材内容与学生、学习需要之间寻找有机联系,让学生在真实的情境之中走进单元学习。第三,以素养为本进行有机整合,提炼大单元主题,以此来统领单元的情境、任务、活动、项目等设计,使教学目标更加聚焦,使学生不再只是简单经历一篇又一篇课文的学习,而是依据一个完整、真实情境下的大单元教学方案展开学习活动,实现单元的多重教育价值。

当前的教材依然按照"听""说""读""写"四项基本能力的训练来组织单元教学板块,从"阅读学习"到"口语交际"再到"单元习作"这三个不同的板块之间具有较高的关联度。"阅读学习"为"单元习作"提供方法指导,"口语交际"则为"单元习作"提供材料支持。它们都紧扣单元人文主题,指向单元语文要素的落实。在找到单元内部学习材料的知识关联后,便可以围绕这个核心知识来设计一个可以统领单元各板块的主题学习任务。主题学习任务要能够利用好单元内的各项学习资源,将每一个板块的学习任务有序地串联起来,从而达到浑然一体的学习效果。以组块教学来整合知识,提高学习效率,避免了传统教学中单篇授课所造成的知识散乱的现象。

本单元阅读课文主要通过对异域风情的描绘,展示世界各地丰富多彩的自然、人文景观的魅力,以此激发学生了解世界多元文化的兴趣以及想要去探索世界的欲望。口语交际的练习则进一步提升学生整理资料和讲解介绍的能力。本单元的习作任务是为中国的世界文化遗产写一篇推文,意在让学生从异域风情的体验转向家国情怀深层感悟,在对"中国的世界文化遗产"的深入了解中提升民族自豪感,增强文化自信。通过对单元教材内容的分析,基于学生核心素养的发展要求,可以将本单元的活动主题提炼为"领略世界优美风光 推广中国文化遗产"。

三、整合教学资源,架构单元任务体系

语文学科核心素养包括文化自信、语言运用、思维能力、审美创造这四个方面。在具体的教学中,它们应该是一个统一的整体,通过大任务统领下的语

文学习活动来得到逐步提升。因此，在大单元主题确立的基础上，设计单元大任务，并在此基础上架构单元大任务体系就显得尤为重要。

"设计语文学习任务，要围绕特定学习主题，确定具有内在逻辑关联的语文实践活动。语文学习任务群由相互关联的系列学习任务组成，共同指向学生的核心素养发展，具有情境性、实践性、综合性。"[1]因此，在具体的单元任务体系构建中，需要做好这两个方面的思考：

首先，设计单元大任务，就是要把单元内的学习内容作为一个整体来进行设计。需要对包括内容、学习资源、学习情境、学习实践活动在内的所有要素进行整合，重组教学内容，使教材更好地服务于学生的学习，落实学科核心素养目标。改变以往的单篇独立教学，将散乱的学习内容串联起来，实现教学的从零到整。结合教材本身的编排特点以及在对教材解读的基础之上来思考、创设单元的核心任务。因此，五年级下册第七单元就可以围绕单元活动主题"领略世界优美风光推广中国文化遗产"来设计"向世界推广中国的世界文化遗产"这个单元大任务。

其次，单元大任务的达成需要分阶段有步骤地实施。因此，在教学设计时，将单元学习任务系统分解，细化为可以逐步攻克的彼此相连、循序渐进的具体活动流程，就需要教师仔细分析教材内容之间的联系，选择合适的切入角度，确定合适的排列顺序，在单元大任务的统领之下组建单元任务群。在大任务引领下开展系列学习活动，还需要认真研究单元教学内容及其特点，寻找文本内容与学生生活的关联点，整合语文学习的各个要素，设计出与学生生活相关联的学习方案，方案的主要内容就是一个个关键性活动。

主题	任务	子任务群	课时安排	学习活动
领略世界优美风光 推广中国文化遗产	向世界推广中国的世界文化遗产	任务一：了解中国的世界文化遗产，选出推荐对象	1—2	活动一：通过视频资料学习，让学生初步了解中国的世界文化遗产，并选出自己最感兴趣一处

---

[1] 中华人民共和国教育部.义务教育语文课程标准：2022年版［M］.北京：北京师范大学出版集团，2022：18.

续　表

主　题	任　务	子任务群	课时安排	学　习　活　动
领略世界优美风光 推广中国文化遗产	向世界推广中国的世界文化遗产	任务一：了解中国的世界文化遗产，选出推荐对象	1—2	活动二：就自己最感兴趣的这处世界文化遗产进行多渠道搜集资料，并依据搜集来的内容进行分门别类地整理
		任务二：周游世界各国，学习文化推广	6	活动一：撰写脚本，制作宣传视频《威尼斯的小艇》
				活动二：撰写唯美短句，绘《牧场之国》系列明信片
				活动三：撰写《金字塔》导游词，作景点文化宣讲
		任务三：举办成果展，推广中国的世界文化遗产	1—2	活动一：选用最喜欢的宣传推广方式，来进行宣传资料的制作，做一名"中国的世界文化遗产"推广人
				活动二：举办国际旅游文化展向世界推广中国

四、树立过程意识，有序开展学习活动

本单元紧紧围绕如何"向世界推广中国的世界文化遗产"这个任务来统整单元学习内容。在学生进入单元学习之前，教师就要进行教学情境创设，并将本单元的学习任务呈现在学生面前。这里的情境创设指的是"为完成具体的学习任务,教师提供的能够让学生进行语文实践活动的一组背景化的信息"[1]。这样做一方面能够更好地触发学习动机，通过学习任务的驱动来为后面的学习活动的顺利展开奠定基础；另一方面让学生能够带着明确的目标进入学习过程，让后面的每个学习任务都具有更强的指向性。

在具体的教学过程中，教师自始至终都要有一个过程意识，即任何目标、任务的达成都不是一蹴而就的，都需要分阶段、按步骤有序地完成。同理，本

---

[1] 刘颖昇.中学语文大单元教学的内涵及其设计策略［J］.吉林教育，2022（12）：51.

单元主题学习任务的完成也应该分阶段、按步骤展开。

在任务一中,学生通过视频的欣赏了解中国的世界文化遗产,并从中选出自己最感兴趣的一处作为推荐对象。接下来围绕推荐对象进行资料的搜集和整理,这一学习活动的开展就为后期学习任务的顺利完成奠定了良好的材料基础。

在任务二中,学生通过对意大利威尼斯、荷兰、埃及金字塔等地美丽景观的欣赏,学习到几种不同的文化宣传推广方式。在对课文的学习过程中将这种文化宣传推广方式进行实践,这就为后期宣传推广"中国的世界文化遗产"奠定了良好的方法和能力基础。这种活学活用、边学边用的方式有助于学生更好地掌握这些知识和本领。

所有的过程最终都指向结果。因此,在任务三中就可以通过模拟"举办国际旅游文化展,向世界推荐中国的世界文化遗产"这一活动。当然,这一活动能够成功、顺利举办,都要建立在前面两个任务的完成基础之上。任务一的资料搜集与整理为任务三提供了材料,而任务二则提供了方法支持。所以说,这三个任务是层层递推、逐步发展的,它们彼此紧密联系、缺一不可,体现了任务完成的过程性。

此外,大单元教学多采取自主、合作与探究的学习方式,因此整个任务的完成都需要借助小组成员之间的合作力量。在本单元的学习活动中,从资料的搜集与整理开始,就需要围绕共同的目标来组建合作学习小组。组内成员能够进行分工协作,此后的每一项学习活动的有序推进都要依靠组内成员甚至组际之间的合作。

五、关注学生发展,建立持续性评价体系

教学评价标准的拟定既要结合教材相应单元的教学目标要求,同时也要对照新课标中对该学段所提出的能力要求,此外还要参考不同学校、不同班级中的学生实际情况。当然,也要思考以合适的方式来进行教学评价,以便于促进教学目标的落实。

崔允漷教授指出:"任务就是检测目标是否达成学习任务,目标指向哪里,评价任务就必须跟到哪里。不然教学就容易出现'开无轨电车'的现象。"[1]教

---

[1] 崔允漷.如何开展指向学科核心素养的大单元设计[J].北京教育(普教版),2019(2):13.

学评价向上链接教学目标，与教学目标相匹配；向下链接的是学习过程，把教学评价嵌入教学的整个过程之中，从"学什么""学的怎么样"两个方面进行评价，既有助于教师通过评价反馈及时调整教学内容和教学方式，同时又有助于学生借助测量来明了自身学习效果，及时调整学习状态。

比如本单元任务二"周游世界各国，学习文化推广"中的第三个学习活动，"撰写《金字塔》导游词，作景点文化宣讲"，针对这个学习活动的具体评价可以这样设置：

学习活动	具 体 要 求	星级评价
1. 梳理资料写讲解词	能够从课文中提取关键信息并进行分类整理，在此基础上撰写导游词	☆☆☆☆
2. 化身导游现场讲解	讲解的时候条理清楚，语气语速适当，能够恰当使用肢体语言进行辅助讲解，能够根据听众的反应及时调整讲解的内容	☆☆☆☆
3. 有效互动回游客问	能够回答游客的一个问题，令提问者比较满意	☆☆

在传统的教学设计当中，对学生学习情况的评价往往在课堂临结束时，虽有查漏补缺之效，但由于在学习活动之初缺乏目标导向，往往会导致课堂学习效果不佳。大单元教学设计以目标结果为导向，采用逆向思维进行教学活动设计，以促进教学目标的有效达成。因此，在本学习活动的开展过程中，教师不妨在教学前后分别呈现此学习评价。在课堂活动开展之初，即可让学生明确本次活动的学习目标以及对应的评价标准，让学生做到心中有数，带着目标任务进入学习活动当中，对于学习目标做到时时心中有数。如此一来，这样的持续性任务评价可以帮助教师追踪了解学生的学习效果，将学生的学习过程了然于心，实现对学生整个学习过程的可视化。同时，学生也可以依据这样明确而细致的评价标准一步步开展学习活动，化结果评价为学习目标，以促进学习目标的落实。建立持续性的评价体系，可以促进教、学相生共荣。

综上所述，依据统编版教材单元内容进行大单元教学设计，打破了传统教学中以单篇教学为主的教学模式，通过真实情境的模拟，创设单元大任务来吸引学生投入单元学习活动，让学生在真实的生活情境中学习语文，在开放、自主的语文实践活动中,开展合作探究。在综合性、活动性、自主性、开放性和创新性的学习活动中,让深度学习真实发生,从而促使学生的语文学科核心素养得到充分发展。

(作者系无锡市太湖实验小学语文教师)

统编版语文教材三年级下册第五单元整体教学设计

赵志宏

一、教材分析

本单元为三年级下册的习作单元,围绕人文主题"大胆想象"来编排学习内容,旨在让学生通过阅读两篇充满想象的文章及相关练习,鼓励、启发学生大胆想象,培养学生的思维能力和想象能力。通过"交流平台"和"初试身手",让学生之间相互交流阅读想象文章的感想,以及自己对于创作想象故事的看法。继而,通过阅读习作例文、结合例文中的批注,进一步熟悉想象的方法、训练想象的思维能力。最后,通过具体的习作练习掌握写作想象故事的能力。

本单元编排了两篇精读课文——《在宇宙的另一边》《我变成了一棵树》和两篇习作例文——《一支铅笔的梦想》《尾巴它有一只猫》。四篇文章从不同的角度用不一样的方式讲述了神奇有趣的想象故事,这些故事想象大胆、奇特,语言生动形象且容易理解,能充分激发三年级学生的阅读兴趣,让学生感受到想象的魅力与神奇。

这些教学内容的学习都指向单元语文要素"走进想象的世界,感受想象的神奇""发挥想象写故事,创造自己的想象世界"的落实。通过对教材的研读,各部分教材内容及教学要点安排如下:

分 类	内 容	教 学 要 点
阅读教学	《宇宙的另一边》	1. 阅读想象类的文章,走进奇妙有趣的想象世界,感受想象带来的乐趣。

续表

分 类	内 容	教 学 要 点
阅读教学	《我变成了一棵树》	2. 抓住出人意料的情节、人物特殊的本领、独特的场景描写等，把自己想象成童话中的角色，感受想象的神奇
语文园地	交流平台	1. 通过交流讨论读完故事的感受，说说想象的神奇与趣味；明白只有大胆的想象，才可能有各种新发明、新创造。鼓励学生大胆想象，想的奇特、想的巧妙。 2. 利用"手指变变变"的游戏进一步激发学生对想象的兴趣，打开想象的思路；通过"故事接龙"试着创造自己的想象世界
	初试身手：拇指画，续编故事1，续编故事2	
习作例文	《一支铅笔的梦想》	1. 通过阅读本单元课文及习作范文，让学生明白在想象的世界里，可以让我们实现各种美好的愿望，拥有奇异的经历，丰富自己的生活。 2. 借助习作例文进一步感知发挥想象的方法
	《尾巴它有一只猫》	
单元习作	《习作：奇妙的想象》	1. 能借助习作例文进一步体会丰富与神奇的想象。 2. 发挥想象写故事，写完与同学交流，相互点评

二、任务创设

教材每篇课文承载的任务不同，六个板块衔接紧密、环环相扣，构成一个以习作能力培养为核心的序列——"单元导语—精读课文—交流平台—初试身手—习作例文—习作练习"，各个板块既相对独立，又是一个整体。通过一系列相互联结的阅读和习作，让学生的习作表达能力拾级而上。

单元导语的语文要素中点明了本单元习作能力的训练目标；精读课文落实语文要素训练目标，教学重在文章赏析，兼顾习作方法总结指导；交流平台和初试身手中对习作方法和策略进行了梳理和总结；习作例文通过"范文引路"，明确多样化习作建构模式，形成自我习作框架建构思路；最后的习作就是对本单元能力训练的一个实践运用。

在大单元整体教学设计思路的统领下，结合创意写作、情境创设、合作学习等方法，将本单元的学习任务设计如下：

主 题	任 务	子任务群	课时安排	学 习 活 动
漫游奇幻世界 点燃想象能力	鼓励、启发学生大胆想象，培养学生的思维能力和想象能力	任务一：回顾"想象"积累，激发学习期待	1	活动一：回顾关于"想象"的诗歌、童话、寓言和神话，交流印象深刻的故事情节和"丰富想象"带来的愉快阅读体验
		任务二：漫游奇幻世界，以读促写展想象	4	活动一：看我"七十二变"，畅读《我变成了一棵书》，畅想《初试身手》之拇指画
				活动二：助力"梦想起航"，畅读《一支铅笔的梦想》，畅编《瞌睡虫寻友记》
		任务三：奇遇颠倒世界，发挥想象编故事	4	活动一：探秘"颠倒世界"，畅读《宇宙的另一边》
				活动二：结识"颠倒村民"，畅读《尾巴它有一只猫》，畅编《颠倒村纪实片》
		任务四：奇思妙想笔录，习得方法写故事	1—2	活动一：梳理漫游回忆录，畅聊交流平台
				活动二：制定奇思指南，创作《习作：奇妙的想象》

三、理念简述

本单元紧紧围绕如何"点燃学生想象能力"这个任务来统整单元学习内容。在学生进入单元学习之前，教师就要进行教学情境创设，将本单元的学习任务呈现在学生面前。这样做一方面能够更好地触发学习动机，通过学习任务的驱动来为后面的学习活动的顺利展开奠定基础；另一方面让学生能够带着明确的目标进入学习过程，让后面的每个学习任务都具有更强的指向性。

在创意写作教学中，"过程写作法"的使用让笔者认识到任何一篇文章都不是一蹴而就的，都是需要分阶段、按步骤有序地完成。同理，本单元主题学习任务的完成也应该分阶段、按步骤开展。在任务一中，学生联结已有的阅读经验，回顾学过的含有丰富想象的文章，主动交流自己印象深刻的故事情节和

"丰富想象"带来的愉快的阅读体验,这一学习活动的开展就为后期学习任务的顺利完成奠定了良好的兴趣基础。在任务二、三中,学生通过抓住事物特点合理想象和反方向想象等方式,以读促写,感受了想象的神奇。

创意写作注重"读写一体、学用融通",要求"尊重学生从独特生命体验出发,进行自我个性化表达,深入生活、观察生活,并作出独立思考和判断"。这种教学方法论以解放学生的创造力为目标,能深入发掘有关心灵层面的个体性及创造性。因此,在任务四梳理漫游回忆录这一活动也是对自我个性化表达的强化,制作奇思指南则体现为读写一体、学用融通。当然,这一活动能够成功、顺利进行,都要建立在前面三个任务完成的基础之上。任务一的回顾"想象"积累为之后的任务提供了兴趣基础,而任务二、三则提供了方法支持。所以说,这四个任务是层层推进、拾级而上的。

此外,创意写作活动的开展常常是在写作工坊内展开的,需要借助工作坊成员之间的合作力量。创意写作给我们的写作教学,包括学生的写作提供了一个非常有力的工具,而且这种工具是非常容易见效的。把这种工作坊制写作模式运用到中小学课堂里,将班级组建成一个大的写作工作坊,谓之"班级写作工作坊"。本单元的学习活动就需要围绕共同的目标来组建合作学习小组,进而形成大的班级写作工作坊。

四、教学设计

任务一:回顾"想象"积累,激发学习期待

[任务目标]

1. 通过交流"想象"积累,说说想象的神奇与趣味,鼓励学生大胆想象,想得奇特、想得巧妙。

2. 明确单元学习语文要素,带着明确的目标进入学习过程。

[学习活动]

活动一:回顾交流"想象"积累

1. 自主阅读单元导语页,发现单元主题,圈画关键词"想象"。

2. 围绕"想象",回顾学过的含有丰富想象的故事,与同学交流自己印象深刻的故事情节以及这些故事情节给自己留下深刻印象的理由,感受"丰富想象"所带来的阅读乐趣。

3. 关注单元导语页的学习任务（语文要素），结合选文内容，了解本单元阅读和习作的学习内容和学习目标。

设计说明：在单元学习之初，通过交流关于"想象"的诗歌、童话、寓言和神话，如古诗《古朗月行》《夜宿山寺》，现代诗《彩色的梦》《祖先的摇篮》，寓言故事《坐井观天》《寒号鸟》，童话故事《卖火柴的小女孩》《在牛肚子里旅行》，神话故事《羿射九日》等，三年级的学生已经储备了大量的阅读经验，因此，在引导学生关注本单元导语页中人文主题和学习目标时，要引导学生联结已有阅读经验，回顾学过的含有丰富想象的文章，主动交流自己印象深刻的故事情节和"丰富想象"带来的愉快的阅读体验，在此基础上关注单元导语页中爱因斯坦的名言以及本单元的语文要素，自然过渡到本单元的学习目标，激发学生学习热情，形成学习期待，为后面学习任务的顺利开展做好铺垫。

任务二：漫游奇幻世界，以读促写展想象

［任务目标］

1. 抓住出人意料的情节、人物特殊的本领、独特的场景描写等，把自己想象成童话中的角色，感受想象的神奇。

2. 通过阅读本单元课文及习作范文，让学生明白在想象的世界里可以实现各种美好的愿望，拥有奇异的经历，丰富自己的生活。

3. 利用"手指变变变"的绘画游戏进一步激发学生对想象的兴趣，打开想象的思路。

［学习活动］

活动一：看我"七十二变"，畅读《我变成了一棵树》

（一）"读"中学

1. 自读课文，读准字音，读通句子；标出自然段序号。认识"希、痒"等7个生字，会写"继续、秘密"等词语。

2. 整体感知课文内容，感受有意思的想象。

（1）英英为什么要变成一棵树？她是怎么变的？通过思维导图的方式梳理英英变成树以后发生了哪些奇妙的事情，感受作者大胆而神奇的想象。

（2）小组合作：聚焦5—23自然段，找找这四个神奇的变化中，哪些想象让你觉得特别有意思。画画句子，圈圈字词等，找出文中有意思的部分，与同学交流自己想象到的内容和想象方法。

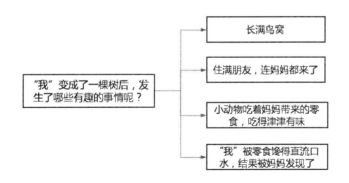

故事场景	具体内容	想象方法
树上长满鸟窝	三角形、正方形、长方形……	变一变
小动物住鸟窝	小白兔、小刺猬、小松鼠……	变一变
妈妈给动物分零食	巧克力、香肠、面包……	搬一搬
"我"流口水了	下雨、牛奶打翻、虫子撒尿、大树在哭	找"相似"

3. 教师小结：写想象故事的结构。

（1）为什么会有这样大胆的想象？

（2）大胆想象变成什么？

（3）大胆想象变化后会发生哪些事？

（二）"做"中学

1. 想象仿写：仿照课文第4自然段，仿写"我真希望变成____，____。我心里想着，____低头一看，____。呀，我真的变成了____！"

2. 故事续编：你认为英英还会继续做一棵树吗？英英又会发生什么奇妙的事？

3. 课堂益趣："手指变变变"绘画游戏。

（1）欣赏拇指画，发表感受：怎样才能画好一幅指印画？

（2）创作拇指画，提出要求：画得和别人不一样，越奇特越好。

（3）交流指印画，说出想法：挑选2—3幅画，请创作者介绍创作历程。

设计说明：本学习活动分为基础性知识的获得与高阶思维能力的培养与提升两个环节。在"读中学"这一环节将重点落在感受有意思的想象上，同时为学生提供了很多梳理思路的支架，比如表格、思维导图，将课文中的想象方法显性地梳理出来，便于学生学习。通过对文章内容的品读，让学生抓住出人意料的情节、人物特殊的本领、独特的场景描写等，把自己想象成童话中的角色，感受想象的神奇，让单元语文要素落到实处。在"做"中学这一环节，在想象仿写、故事续编、课堂益趣游戏任务的驱动下，激发了学生对本单元教材内容的学习热情，拆解学习难点。初试身手穿插在精读课文的训练中，阅读感受加上实践体验，学练相结合，从而习得想象的方法，发展学生的想象思维。

活动二：助力"梦想起航"，畅读《一支铅笔的梦想》

（一）"读"中学

1. 默读课文：根据学习单梳理铅笔有多少梦想、梦想是什么、怎样实现梦想的。

《一支铅笔的梦想》学习单：抓住事物特点大胆想象			
多少梦想？	怎样实现梦想？	梦想是什么？	心情如何？
第一个梦想	溜出教室	萌出嫩芽，开出花儿	好玩、开心
第二个梦想	跳进荷塘	为鱼儿撑伞	好玩、开心
第三个梦想	躲到菜园	长成豆角，伪装成丝瓜	好玩、开心
第四个梦想	来到小溪边	当船篙，当木筏	好玩、开心
第五个梦想	跑到运动场	当撑竿，当标枪	好玩、开心

2. 交流汇报：指导朗读，读出铅笔有了梦想后的开心心情。
3. 师生交流，总结如何展开想象写梦想。
（1）抓住事物的特征展开奇妙的想象。
（2）用词要生动准确。
4. 总结写法：作者为什么能把铅笔的梦想写得这么生动有趣呢？
（1）大胆想象、合理想象、充满正能量的想象。
（2）运用设问句。
（3）运用排比段。

（二）"做"中学

1. 想象仿写：铅笔还有哪些梦想呢？仿照课文说一说。

第六个梦想，是＿＿＿＿＿＿＿＿＿＿。知道我要做什么吗？我要

_____。哈，多么好玩！多么开心！

2. 故事续编：《瞌睡虫寻友记》。

（1）了解故事开头，趣说想象。

开头1：夏天到了，瞌睡虫王国一片沸腾。它们纷纷飞出洞口，去寻找自己的朋友……

（2）了解瞌睡虫的特点。

（3）如果你是瞌睡虫，你会去找哪个朋友？找到之后会干什么呢？（这里可以点到"从美好的愿望出发"，发生了什么这个说法在学生交流时随机追问）

3. 小组合作：充分交流后把自己觉得最有趣的想象故事写下来。

4. 佳作展示，师生共评。

设计说明：这一学习活动设计引导学生阅读习作例文《一支铅笔的梦想》，提炼方法：要根据事物的特点合理想象。课堂中穿插续编故事《瞌睡虫寻友记》，促使学生在讲述自己的想象故事后，进一步体会怎样抓住事物特点合理想象，怎样把故事讲清楚，讲生动。贴近学生生活实际的内容很容易就能引起学生之间的热烈讨论，激发学生表达的欲望。通过阅读本单元习作范文，让学生明白在想象的世界里可以实现各种美好的愿望，拥有奇异的经历，丰富自己的生活。与此同时，学生发现很多生活中实现不了的愿望可以借助想象去实现，文章中可以天马行空，让主人公拥有奇异有趣的经历，通过想象丰富自己的生活。阅读感受加上实践体验，学练相结合，从而习得想象的方法，发展学生的想象思维。这一学习活动不仅有助于学生对课文内容的进一步理解，同时也培养了学生的创意写作能力。这是对学生创意写作能力的进一步锤炼。

任务三：奇遇颠倒世界，发挥想象编故事

[任务目标]

1. 阅读想象类的文章，走进奇妙有趣的想象世界，感受想象带来的乐趣。

2. 通过阅读本单元课文及习作范文，让学生明白在想象的世界里可以实现各种美好的愿望，拥有奇异的经历，丰富自己的生活。

3. 借助习作例文进一步感知发挥想象的方法。

[学习活动]

活动一：探秘"颠倒世界"，畅读《宇宙的另一边》

（一）"读"中学

1. 自读课文，读准字音，读通句子；标出自然段序号。认识"淌、秘"

等6个生字,会写"宇、宙"等12个生字,会写"宇宙"等10个词语。

2. 整体感知课文内容,宇宙的另一边有什么"秘密",用自己的话说一说。同时,通过提取关键词的方式完成课堂作业本53页思维导图填空,学习"向相反的方向想"。

宇宙另一边的秘密	
宇宙的这一边	宇宙的另一边
从书包里拿出作业本	把作业本放回书包
"我"爬楼梯	"我"正下楼梯
雪在冬天下	雪在夏天下
太阳从东边升起	太阳从西边升起
石头没有生命	石头有生命
出门向左走	出门向右走
第一节课是语文课	第一节课是数学课

(二)"做"中学

1. 想象仿写:聚焦8—9自然段,划一划宇宙的另一边加法和乘法是怎样的,学习联系自己已有的知识展开想象并进行仿写,写一写宇宙的另一边减法或除法会是怎样的,完成课堂作业本相应作业。

2. 小组合作:聚焦课文10—12自然段,划一划在宇宙的另一边习作又是怎么样的。以学习角色代入的方式展开想象。小组内交流汇报。

3. 教师引导指名读、分角色读、分组读好"真实世界里,这一边的我,和想象世界里,另一边的我。"

设计说明:本堂课在既有的能力基础之上,让学生试着用学过的仿写句子的方法来写一写宇宙的另一边,由扶到放的教学安排巧妙地让学生在学以致用中实现了知识的巩固、技能的提升。同时在学习角色代入的方式展开想象时采用的是小组合作学习的方式,先让学生各抒己见,感受不同想象的神奇与有趣,碰撞出不同的火花,有利于发展学生的想象思维。"授之以鱼,不如授之以渔",回忆学习过程,学习大胆想象的方法,为之后的单元习作表达积蓄力量。这样的学习活动设计不仅实现了"阅读学习""语文园地""单元习作"三个板块学习的有效融合,同时这种化零为整的组块式学习方式有效避免了知识获得的琐碎化、片面化,有助于学生对所学知识的牢固掌握。

活动二:结识"颠倒村民",畅读《尾巴它有一只猫》

(一)"读"中学

1. 默读课文梳理:尾巴有一只猫会想什么?说什么?心情怎样?

2. 指导朗读读好尾巴的想法和尾巴说的话。

3. 梳理《一支铅笔的梦想》和《尾巴它有一只猫》,比较异同并完成表格。

习 作 例 文		
	《一支铅笔的梦想》	《尾巴它有一只猫》
相同之处		
不同之处(想象方法、表达方法)		
	……	……

4. 学习不同的想象方法及表达方法。

(1)《一支铅笔的梦想》抓住事物的特点合理想象。

(2)《尾巴它有一只猫》反方向想象。

(3)《一支铅笔的梦想》从篇到段都是围绕想象的一个意思,列出几个方面把意思表达清楚。

(4)《尾巴它有一只猫》反方向带你到想象,变化后的想法和经历(发生的事和说的话)。

(二)"做"中学

1. 想象仿说:"尾巴她有一只猫""喜欢睡觉的风"……你还想到了什么新鲜有趣的说法?展开想象说一说。

2. 续编故事:《颠倒村纪实片》。

(1)了解故事开头,趣说想象。

开头2:一阵大风过后,小牧童被吹到了颠倒村。他睁开眼睛,只见树枝和树叶长进土里,树根却张牙舞爪地伸向天空……

（2）抓住颠倒村的特点。

（3）颠倒了之后发生了什么奇特的经历呢？

3. 小组合作：充分交流后把自己觉得最有趣的想象故事写下来。

4. 佳作展示，师生共评。

设计说明：借助习作例文进一步感知发挥想象的方法是本单元需要达成的任务目标。课堂中先是让学生在两篇习作例文的对比阅读中感受文本的各自特点，并学习不同的想象方法及表达方法。接着，通过想象仿说、续编故事的方式培养学生的创意写作能力，发展学生的想象思维，让学生在思维的相互碰撞中激发出无限的创意。这一学习活动设计引导学生阅读习作例文《尾巴它有一只猫》，提炼方法：反方向想象。课堂中穿插续编故事《颠倒村纪实片》，促使学生在讲述自己的想象故事后进一步体会怎样反方向想象，怎样把故事讲清楚，讲生动。通过阅读本单元习作范文，让学生明白在想象的世界里可以实现各种美好的愿望，拥有奇异的经历，丰富自己的生活。与此同时，学生发现很多生活中实现不了的愿望可以借助想象去实现，文章中可以天马行空，让主人公拥有奇异有趣的经历，通过想象丰富自己的生活。阅读感受加上实践体验，学练相结合，从而习得想象的方法，为后续的单元习作提供方法支持。

任务四：奇思妙想笔录，习得方法写故事

［任务目标］

1. 能借助习作例文，进一步体会丰富与神奇的想象。

2. 发挥想象写故事，写完与同学交流，相互点评。

3. 激活学生的思维，丰富学生习作的素材，指导学生借鉴"习作例文"想象方法。

［学习活动］

活动一：梳理漫游回忆录，畅聊交流平台

1. 通过"课前想象积累""思维导图整理"等方法，梳理和回顾课文中的想象故事，积累和分享充满奇妙想象的语言，感受大胆想象的乐趣。

2. 畅聊交流平台，开辟学路。

设计说明：本单元导语揭示了单元语文要素：①走进想象的世界，感受想象的神奇；②发挥想象写故事，创造自己的想象世界。"交流平台"进一步提炼和总结了单元语文要素，为教师和学生指出了本次习作训练的想象方向：一是可以大胆想象现实中不存在的事物和景象；二是可以大胆想象奇异的经历；三是要敢想、大胆想，想得奇特。

把单元导语与"交流平台"的具体要求结合起来，可以得出想象习作单元要解决的两个问题：一是怎样培养学生的想象力，二是学生朝哪个方向去想象。对于问题一，学生首先应该通过阅读他人作品学习想象的方法，然后用学到的方法展开想象，生成本次习作要表达的内容；对于第二个问题，本单元"交流平台"提出了两个建议，一个是创造现实中不存在的事物和景象，另一个是让自己拥有奇异的经历。基于此，本单元应聚焦"大胆想象"，培养学生"想得奇特"的能力。

活动二：制定奇思指南，创作《习作：奇妙的想象》

1. 聚焦单元习作的题目，通过"一个问题，一串想法"，利用思维导图，将大胆新奇的想法进行梳理和展示。

2. 选择喜欢的题目或自己拟定题目，完成思维导图，制定奇思妙想指南。

3. 选择自己喜欢的内容，利用"抓住事物的特点""反方向思维""联系已有知识""角色代入"等方法展开想象，完成习作，能用学过的修改符号修改小组内同学的习作。

4. 举办"奇思妙想笔录"展示，以小组形式张贴到想象岛中，向其他组介绍本组的奇思妙想。

设计说明：这一想象习作单元的任务群共安排了三次表达学习活动。第一次是精读课文的课后习题，旨在引导学生借助课文情境模仿想象；第二次是初试身手的两个训练内容，旨在鼓励学生尝试想象并表达出来；第三次是单元习作，旨在引导学生综合运用习得的表达方法进行想象和表达。这一学习活动按照从口头到书面、从段落到整篇、从模仿到创造的顺序安排，再次体现了"从读到写、从学到用"。这样设计，表达练习的难度是逐渐加大的。同样，成果的展示与交流是必不可少的。在班级的想象岛展示现场，邀请各小组参加，并轮流将组内的成果进行介绍。这一做法让学生享受成功的愉悦和合作的快乐，明白语文学习是一项充满趣味性、挑战性的高阶思维学习活动，在激发学生语文学习兴趣的同时还能够提升学生的语文核心素养。

（作者系上海大学附属嘉善实验学校语文教师）

小学"实用性阅读与交流"任务群微探
——以五年级下册"寰宇纷呈，笔走天下"为例

魏嘉玲

"学习任务群"是在语文核心素养理念提出后的教学实践探索的新形式。《义务教育语文课程标准（2022年版）》（以下简称"新课标"）以学生核心素养的发展为本，设置了基础型学习任务群、发展型学习任务群和拓展型学习任务群三类共六个学习任务群。其中，"实用性阅读与交流"任务群实践性最强，最贴合生活，旨在引导学生在语文实践中，通过倾听、阅读、观察，获取、整合有价值的信息，根据具体交际情境和交流对象，清楚得体地表达，有效传递信息，满足家庭生活、学生生活、社会生活交流沟通需要。

在2022年线上教学期间，笔者充分利用信息技术和网络资源，整合统编版教材五年级下册第六单元内容，设计了主题为"寰宇纷呈，笔走天下"实用性阅读与交流任务群，通过精心创设任务情境，引导学生设计有特点的解说词，制作景观介绍明信片和景区宣传册，撰写世界文化遗产介绍等实用性文本，实现沟通与交流，对于促进学生认识自我、他人与世界，形成语文学习的必备品格和关键能力，塑造正确价值观有着重要的作用和意义。

一、分析要素，厘清目标

新课标对"实用性阅读与交流"任务群的学习内容和文本类型有着较为具体的规定。第三学段要求学生"走进大自然，走进科学世界，走进社会，阅读参观访问记、考察报告、科技说明文、科学家小传等文本；学习记笔记、列大纲、写脚本、画思维导图等整理和呈现信息的方法；学习通过口头表述和多种形式的书面表达，分享观察自然、探索科学世界的所见所闻、所思所感"。

五年级下册第六单元的人文主题是"世界各地",单元导语页呈现的单元导语"足下万里,移步换景,寰宇纷呈万花筒",意在让学生欣赏世界不同地域的不同美景,体会世界各地的人文风情和自然景观,从文字中研读感知大千世界之特点。教材编排了两篇精读课文《威尼斯的小艇》和《牧场之国》,一篇略读课文《金字塔》,三篇文章给我们呈现了一幅幅动人的画卷,口语交际"我是小小解说员"要求能把一处景点说清楚,习作进一步要求学生把一处中国的文化遗产完整地写清楚,旨在激发学生探究世界多元文化的兴趣。课文侧重于中外风景的讲解,单元习作是"搜集资料,介绍一个地方",均属于参观游览解说类的实用性文本。

　　本单元的语文要素是"体会静态描写和动态描写的表达效果","静态美与动态美"这一语文要素在五年级上册出现,上册与下册仅相差"初步"二字。五年级上册学生经过初步学习,掌握了景物的静态与动态这一概念,并能通过关键语句,体会景物的静态美与动态美。在本单元的学习中,阅读训练要素省去"初步"二字,说明随着学生年龄的增长,对学生的理解和审美能力有了更高的要求。本单元的课文不仅描写了不同景物的静态和动态之美,还将人的活动同景物、当地风情结合起来进行描写,结合"语文园地"的"交流平台"就能很清楚地领会,学生能够根据已积累的经验和方法,理解不同的人文风情和更加丰富的文本内容。

　　基于以上对本单元各个模块及语文要素的分析,围绕"寰宇纷呈,笔走天下"主题,确定任务群的目标为:通过创设情境内的多样的实用性文本阅读与交流任务,运用动态描写和静态描写的方法,搜集资料,运用解说词、明信片、景区宣传册、世界文化遗产解说稿等,介绍世界各地文化景观,感受多样文化,吸收世界文化的精华,同时树立民族自信。

二、创设情境,构建任务

　　新课标在"实用性阅读与交流"任务群教学提示中要求:应紧扣"实用性"特点,结合日常生活的真实情境进行教学。将知识学习、能力培养包裹在真实性或拟真性的任务情境之中,形成更具激励性、挑战性和真实性的言语实践活动,能让儿童深度卷入,集聚心力投入其中,付出汗水、心血,也收获成功、兴奋,从而在心灵深处建立与语言的血肉联系,建构对自身与世界的认识与判断。学生带着任务倾听、阅读、观察、写作,就不再是为读而读、为写而写,而是有了基于问题解决的需要,学生的学习兴趣高涨,有利于学生在实践中形成正确的价值观。

围绕五年级主题"寰宇纷呈,笔走天下",创设情境:"全球每年都会召开世界遗产大会,20××年,这场年度盛会将在上海召开。让我们当好东道主,做好讲解员,让更多人了解世界文化遗产,感受世界文化遗产的魅力。"整个单元的实用性文本阅读与交流任务都是围绕这一情境展开的,让学生在丰富的语言实践中,不断积累、梳理和整合,逐步培养宣传世界文化的意识,肩负起保护世界文化遗产的责任。

围绕主题,本任务群共设计七个任务,学习活动内容丰富,学习空间从书本延伸至网络资源,学习形式多样。

课时安排	活动内容	任务	学习形式
1课时 课外1天	了解世界文化遗产	1. 聊聊知道的世界文化遗产。 2. 绘制自己的世界文化遗产图谱,在地图上进行标注	朗读体会 提炼信息 用计算机绘图
2课时 课外1天	威尼斯小艇	1. 了解威尼斯小艇的特点,体会情感。 2. 为《威尼斯城市宣传片》配解说词	信息梳理、归纳 利用多媒体进行表达
2课时 课外1天	牧场之国	1. 了解作者用动静结合的方法写出荷兰景物的特点,体会好处。 2. 给荷兰的文化遗产制作明信片	读中感悟 想象情境 书面表达
1课时 课外1天	金字塔	1. 了解作者用恰当的说明方法说明金字塔的特点。 2. 知道非连续性文本的特点,并从中获取所需的信息。 3. 通过搜集资料,为金字塔制作景区导览图	小组合作 信息搜集、整理 用电子小报设计表达交流
1课时 课外1天	口语交际:我是小小讲解员	1. 列提纲按照一定的顺序介绍景物。 2. 为讲解目标制作图文并茂的演示文稿	撰写讲解词 设计制作 演示文稿
2课时 课外2天	习作:中国的世界文化遗产	1. 了解中国的世界文化遗产。 2. 选择一处感兴趣的介绍给别人	书面表达

续 表

课时安排	活动内容	任　　务	学 习 形 式
1课时 课外2天	成果展示	1. 将自己的习作配上相应的图片，制作成电子小报，为大家展示并讲解 2. 展示以往任务的优秀作品。 3. 小组合作评价	电子小报制作 交流展示 合作、评价

三、多种形式，精准实施

本任务群的学习活动通过多种形式开展，且正好处于线上教学期间，充分利用数字资源和信息化平台，所有的教学活动均在线上进行，加强了教师与学生、学生之间的交流和分享，每一名学生拥有独立、自由的表达空间，也获得了小组合作、探究的契机，创设了以学生为中心的学习环境。

（一）巧用地图，初识世界文化遗产

创设情境，发布驱动任务，通过与学生的谈话，意识到学生对于世界文化遗产的了解并不多，引导学生充分利用网络资源，查找资料绘制世界文化遗产图谱，这样一来原本陌生的探究对象就由名词变成了世界地图上的一个个红点，有利于学生形成对世界文化遗产的整体感知。

（二）整合信息，音画融合

学习了《威尼斯小艇》和课后链接的两篇文章后，设计"为威尼斯宣传片配解说词"任务，让学生合理利用这些语言材料，进行删减，合理调整次序，这一音、画融合的活动、这样有趣的任务既有利于学生对单元文本的阅读与鉴赏，也受到学生的欢迎，提高了学生学习的主动性和积极性。

（三）仿写片段，设计明信片

《牧场之国》一课中大量运用了静态描写、以动衬静的方法体现荷兰的宁静之美，让学生仿照课文写一写荷兰的世界文化遗产，要求选择恰当的图片，撰写简短的文字，设计成一张明信片。从"读中品味"到"写中构段"，聚焦于文本的精彩构建方式，明信片设计具有实用性，为学生进行图文编辑提供实践机会，同时成为学生语言能力拔节的起点。

（四）分工合作，设计宣传册

学习了课文《金字塔》，引导学生小组合作完成《景区宣传册》，要求合理分工，每名成员完成其中的一页，整个小组进行成果展示。这样从有目的地搜集、整理资料，再到加工、展示，帮助学生深度整合已知的零星信息，以图文结合的演示文稿形式展示，为让学生体验按照一定的顺序介绍一处世界文化遗产做铺垫。

（五）借助提纲，做讲解员

口语交际《我是小小讲解员》引导学生将视野扩大到整个世界，运用本单元学到的方法，选择一处自己感兴趣的世界文化遗产，先搜集相关的资料，按照一定的介绍顺序整理资料，列提纲并制作卡片，配上合适的演示文稿，借助卡片对世界文化遗产进行介绍，通过交流感受多样文化，吸收人类文化精华。

（六）我为祖国的世界文化遗产代言

习作《中国的世界文化遗产》中，通过"为祖国的世界文化遗产"代言活动，引导学生搜集资料、整理资料，运用静态描写和动态描写，撰写成文，再根据老师、同学的点评不断修改自己的习作，形成一篇质量较高的解说词。充分利用多媒体平台，多种形式来做好对中国的世界文化遗产的宣传与推介，将自己的习作配上相应的图片，制作成电子小报，为大家展示并讲解。同时展示以往任务的优秀作品，以此激励学生自觉肩负起保护祖国文化遗产的责任与使命，树立起民族文化自信。

整个任务群中包含多种实用性文本的撰写，且都是学生喜闻乐见的形式，由借助课文进行信息整理，到借助视频、图片仿写，最后收集资料自主撰写，反复输入——内化——输出，将学生置于情境任务中，通过不断交流、评价、创造，学生语言理解和运用能力得以提升，语言表达的准确性和规范性逐步增强。

四、关注过程，多元评价

落实"实用性阅读与交流"任务群需构建系统、完整的评价机制。教师指导学生每个人以自己的名字建立一个文件夹,以收集课堂关键表现、典型作业和终结成果,保存学习过程性资料。在评价中明确重难点,既评价别人又反思自己,达成了"评价即学习"的效果。

(一)采用标准化评价与个性化评价相结合的策略

师生共同设定评价细则,通过自评、互评、师评等方式,提升学生的语言表达能力和社会交往能力。如在描写荷兰乡村的静寂之美的明信片活动中,设计了这样的评价标准,根据评价表进行标准化评价。

> **荷兰的乡村**
> 评价标准:
> 能写出景物的特点☺;能用上静态描写☺;
> 能用上动态描写☺;能用上恰当的修辞手法☺。

再如,利用"晓黑板"平台上传活动作业"我最喜欢的世界文化遗产"讲解员,让学生互相打分,并且通过留言给出建议。

(二)采用过程性评价与结果性评价相结合的策略

利用线上教学的契机,记录学生每次的活动成果,展示其成长过程,既评价学生在学习中的真实表现,关注学生参与学习的兴趣与态度、责任担当与团队合作精神,鼓励学生提出问题,又检测学生的学习结果。

如在小组合作完成《景区宣传手册》的活动中,让组长和组员之间对完成小组任务过程中的参与兴趣、参与态度、合作精神等进行过程性评价,对小组呈现出的作品进行结果性评价。整个单元学完后,评选出最优小组、优秀组员和进步最大奖。

(三)采用情景性评价与表现性评价相结合的策略

创设情景,选择汇报、分享等多种成果展示方式,评价综合运用语文知识解决问题的能力。在最后展示评价活动中,互动课堂上给予学生充分展示的机会,每个小组派代表展示成果,可以将自己的习作制作成宣传册、小报等,课后利用多媒体平台做成美篇发布,让学生自由评选最佳修辞、最美文字、最巧

创意等。

在本次"实用性阅读与交流"任务群学习活动中,学生经历了一个连续的、螺旋上升式的学习过程,通过创设真实的任务情境,改变了教与学的传统课堂结构,激发了学生的学习兴趣;通过组织多元化、系统化的阅读、交流、写作活动,推动学生关键能力的逐步提高;通过建构系统的、完整的评价机制,形成必备品格。这样,让学生在循序渐进地完成实用性阅读与交流任务的过程中,感受多样文化,吸收世界文化的精华,树立文化自信,促进语文核心素养的发展。

(作者系上海市松江区民乐学校语文教师)

言语实践：让"老生常谈"的舐犊深情绽放温暖光芒
——统编版教材《慈母情深》一文的教学设计

张 芹

每当学到亲情类文章，学生总提不起兴趣："这些课文讲的就是生活中的平常事，就是老生常谈，我感受不到里面的爱！"询问什么课文能让他们感受到爱，学生回答："国外的父母直接对孩子说'我爱你'，每天都说，每天多说。"是的，中国人的情感往往不会显露在这样直接的言语中，而是蕴含于一个寻常的举动、一个深情的眼神、一句朴素的话语……而这，却被学生视为"平常事""老生常谈"。这不能不引起笔者的深思：我们为谁培养人？培养什么样的人？怎样培养人？习近平总书记多次强调，课程教材要发挥培根铸魂、启智增慧的作用。而语文教材中蕴含着深厚的传统文化、家国情怀，语文课程承担着立德树人的重要任务。

其中的亲情类课文更是育人的良好载体。统编版语文教材（以五四学制为例）共编排亲情类课文5篇，二年级上册、下册各1篇，其余3篇以组织单元的形式出现在五年级上册第六单元，梁晓声先生的《慈母情深》是其中的第一篇。这一单元的人文主题是"舐犊之情，流淌在血液里的爱和温暖"。语文要素是"体会作者描写的场景、细节中蕴含的情感。用恰当的语言表达自己的看法和感受"。基于这样的人文主题与语文要素，鉴于学生对藏于平常生活中亲情的疏离，有必要通过言语实践，引导学生感受平常事件中的温暖，感知深厚情感的温暖，感悟中国文字的温暖，让"老生常谈"的舐犊深情绽放温暖光芒。

一、在概括梳理中感受事件的温暖

教材中的亲情类课文，无一例外都是运用质朴的语言讲述生活中的寻常点滴。需借助具体的言语实践,引领学生走进事件,感受这平常小事中蕴含的深情、包含的温暖。

(一)概括:把握文本内容,初步体会寻常而情深

读懂课文内容是感受事件温暖的前提。学习《慈母情深》一文,首先请学生阅读课文,按照起因、经过、结果的顺序概括主要内容。学生通读全篇后,借助"顺序"这一支架大多能概括出:"我"非常渴望买《青年近卫军》,便去母亲工作的地方要钱,看到母亲工作环境恶劣,工作十分辛苦,于心不忍。母亲却毫不犹豫地把钱给了"我","我"买到了书。

通过概括将长文读短,将镜头聚焦,对事件的来龙去脉一目了然。在"环境恶劣""工作辛苦"与"毫不犹豫"的强烈对比中,学生初步感受"这件事很普通,就是生活中的小事,可能发生在当时很多人身上。但从这样的小事中可以看到一个慈爱的母亲。"

如此,在阅读、概括、表达中,学生不仅初步体会到事件本身的厚重与温暖,还有了懵懂的体会:这不是一位母亲身上的小事,这是很多母亲身上的小事。而作者梁晓声的确是要为一代母亲画像,为中国母亲画像。

(二)梳理:串联具体场景,加深体会寻常而情深

《慈母情深》采用镜头式的语言,通过一个个场景讲述平常小事,刻画母亲伟大形象。而体会场景中的情感是本单元语文要素之一。因此在概括课文内容之后,如此设计:文中写了几个和母亲有关的场景,用简洁的语言写在空格里。填好后,比较格子里的内容有什么共同点。

| "我"看到母亲工作的地方,条件艰苦 | "我"看到母亲工作的时候非常辛苦 | "我"跟母亲要钱买书,母亲给了"我" | "我"看到母亲又迅速投入到辛苦的工作 |

借助电影胶片的形式将镜头式场景串联起来,这样既降低难度,增加学习兴趣,又将一个个碎片化的信息连成整体。学生通过横向对比,发现每个场景里都有母亲,都有一个辛苦的母亲,而"我"是一个旁观者,这些镜头、场景

就是通过"我"的眼睛拍摄、记录的。在不断交流对话中，学生对这件平常小事越来越清晰：母亲挣钱十分不易，却十分支持"我"读书。教师顺势抛出："'我'仅仅是一个旁观者吗？"为进一步感悟事件的温暖进行铺垫。

如此，通过梳理、串联文本中的每个场景，学生逐渐发现不经意的小事中暗含的亲情，这情感如静水深流，含蓄而厚重；逐步体会平常小事中蕴含的力量，这力量如同阳光普照，寻常而温暖。

（三）了解：补充时代背景，深入体会寻常而情深

《慈母情深》讲述的是20世纪60年代的事，年代较远，学生较难理解买一本书怎么会如此困难，需要适时补充背景材料，拉近学生与文本的距离。

出示梁晓声《母亲》中的片段："母亲加班，我们就一连几天，甚至十天半月见不着母亲的面孔，就为了那每月27元的工资。一元五毛钱，相当于有的家庭几天的生活费。"并补充："那个时代，一元五毛钱可以买两斤猪肉，4只鸡，75斤西瓜……"学生朗读后交流：母亲一天挣不到一元钱；一元五毛钱在当时算是"巨款"；一元五毛钱能维持一家人几天的生活……

适切的背景资料打破时代隔阂，将学生进一步引领到事件之中，真切了解事件本身很平常，但20世纪60年代正值困难时期，用一元五毛钱买书的事便不再寻常，这钱是母亲在极其艰难的条件下辛苦工作、省吃俭用换来的，从而拨动学生情感心弦，深入感受寻常小事中包含着温暖力量，绽放着温暖光芒。

二、在联系想象中感知情感的温暖

一件事能打动人、震撼人，往往是因为事件中蕴藏着深厚的情感。引导学生在诵读、联系、想象中体会文中人物的情感、作者表达的情感，不仅可以更为深入地理解文本内容，更能实现情感的升华。

（一）想象：明白慈母情温暖于弯曲的脊背

场景描写中有事情发生，还有细节描写。而细节描写往往有助于表现人物特点，体现人物情感，深化文章主旨。因此在串联场景，对场景有了整体感知后，设计这一环节：文中三次出现母亲的脊背，画出相关语句，读一读，你似乎看到了怎样的画面。

> ⑭我穿过一排排缝纫机,走到那个角落,看见一个极其瘦弱的脊背弯曲着,头凑到缝纫机上。
> ㉑背直起来了,我的母亲。
> ㉜母亲说完,立刻又坐了下去,立刻又弯曲了背……

生1:我仿佛看见母亲的脊背佝偻着,弯成了一张弓,整个人趴在缝纫机上。

生2:有一次我清理地上的碎纸屑,弯着腰蹲在地上,只一会工夫就感觉后背又酸又痛。母亲弯曲着脊背工作时间更长,肯定更痛。

生3:作者喊母亲时,我仿佛看到母亲直起腰来那么缓慢,像过了一个世纪。

生4:可母亲把钱塞到作者手里后,立刻又弯曲了背,迅速投入工作。又是那么快,一分一秒都舍不得浪费。

……

师:读着想着,我们看到了弯曲着背辛苦工作的母亲,看到了直起背来异常困难的母亲,看到了争分夺秒工作的母亲。带着你的想象读好这几句话。

(学生深情朗读)

师:母亲的背原来就这么弯曲吗?这是作者记忆中母亲的背吗?

生5:不是的,作者记忆中母亲的背是挺拔的。

生6:作者记忆中母亲的背是笔直的。

师:那什么时候母亲的背开始弯曲了?是什么让母亲的背弯曲了?

生7:是生活的重担把母亲的背压弯了。

师:昨天母亲弯曲着背工作,今天母亲弯曲着背工作,明天母亲依旧弯曲着背工作。所以作者看见——

(学生读三句写母亲脊背的话)

师:去年母亲弯曲着背工作,今年母亲弯曲着背工作,明年母亲依旧弯曲着背工作,所以作者发现——

(学生读三句写母亲脊背的话)

师:母亲的脊背是瘦弱的,是弯曲的。联系上下文思考,你仅仅看到一个瘦弱的背，一个弯曲的背吗？

生8：我还看到了一个挺拔的脊背，一个高大的脊背。因为尽管母亲被生活压弯了脊背，依旧毫不犹豫地把钱给作者去买书。这样的母亲是伟大的。这样的母爱是伟大的。

师：你读懂了这三处细节描写背后蕴含的慈母深情。请你读这三句话。

就这样，教师引导学生将目光聚焦于细节描写，通过反复朗读，进入语言的形象中去思考、想象、联系，产生丰富的心理视像，形成可见可触的画面，进而体会瘦弱弯曲的脊背之后高大挺拔的母亲形象，感悟细节中折射出的母性光辉，使母爱朴实伟大而又异常温暖。

（二）诵读：懂得慈母情温暖于为子计深远

语文学习，"读"树一帜，"读"领风骚！学生须通过各种形式的朗读把握文章内容，形成相应画面，体会人物情感，并通过恰当的朗读把阅读体验表达出来。朗读贯穿于语文学习的始终。学习文中对话部分时，重点设计诵读训练：

出示课文第20—28自然段，学生自由朗读，说说自己的发现。

> 母亲大声问："你来干什么？"
> "我……"
> "有事快说，别耽误妈干活！"
> "我……要钱……"
> 我本已不想说出"要钱"两字，可是竟说出来了！
> "要钱干什么？"
> "买书……"
> "多少钱？"
> "一元五角就行……"

生1：母亲的话非常简短。她应该是不想浪费时间，而且她也说了"有事快说，别耽误妈干活！"

师：带着你的感受读这句话。

（学生快速地读）

生2：母亲每句话都目的明确，问清作者来的目的，要钱的原因，要多少钱。

师：简短的话语，丰富的内容。

生3：作者说的话里都有省略号，说明他说话时吞吞吐吐，看到母亲这么辛苦挣钱，有点开不了口；可是想这本书又想得失魂落魄，所以说得很犹豫。

师：你的发现很重要，假如你就是作者、我是母亲，我们来读读这段对话。

（师生配合读，学生读得吞吞吐吐，犹犹豫豫）

生4：我发现只有第1句有提示语，其他7句都没有提示语。我感觉是因为母亲要抓紧这分分秒秒干活挣钱，没时间和"我"闲聊。

师：家庭的重担压得母亲必须抓紧这分分秒秒。请你扮演母亲，刚才那位同学继续扮演作者，读这段对话。

（两名学生分角色朗读，母亲的话干脆利落，儿子的话吞吞吐吐）

师：第一处的提示语能不能也省略？

生：不能！前文说七八十台破缝纫机发出的噪声震耳欲聋。母亲必须大声喊，作者才能听见。

师：是呀！母亲是在极其嘈杂的环境中说话的，她每说一句话都要大声喊。大家和同桌分角色读这段对话。

（男生扮演作者，女生扮演母亲，读这段对话）

师：母亲快言快语地问清缘由，把一卷毛票塞给我，却受到同事阻止。大声读这两自然段中的对话，说说自己的体会。

> 旁边一个女人停止踏缝纫机，向母亲探过身，喊："大姐，别给！没你这么当妈的！供他们吃，供他们穿，供他们上学，还供他们看闲书哇！"接着又对我喊："你看你妈这是怎么挣钱？你忍心朝你妈要钱买书哇？"
>
> 母亲却已将钱塞在我手里了，大声回答那个女人："谁叫我们是当妈的呀！我挺高兴他爱看书的！"

生5：母亲已付出很多，靠艰辛的劳动供作者他们吃、穿、上学，不能再供他们读闲书了！连母亲的同事看了都不忍心。

师：请你读同事的话。

生6：可是母亲却不赞成同事，她觉得这样做是自己的责任。

师：你是从哪里感受到母亲这个想法的？

生6："谁叫我们是当妈的呀！"就是说她认为当妈就应供孩子吃、穿、上学、看闲书。

师：母亲没有什么豪言壮语，也说不出什么人生哲理，就是这样一句朴素得不能再朴素的话，却包含着对子女深深的爱。带着你的理解读一读。

生7：母亲还说"我挺高兴他爱看书的！"，说明母亲非常支持作者读书，希望作者能在书中获取知识和本领。

师：你真正读懂了母亲的心。梁晓声曾说他母亲是文盲，却是崇尚文化的文盲，她希望孩子将来能靠文化立足。请读：

> 只要是为了买书，母亲给孩子们钱时从未犹豫过。母亲没有钱就向邻居借。

师：你又看到了一位怎样的母亲？

生7：我看到了一位为孩子未来考虑的母亲，一位眼光长远的母亲。

师：带着你的感受读母亲说的话。

这样，学生通过朗读发现对话的妙处，借助妙处再有感情地诵读对话，更进一步感悟母亲对子女深沉的爱；并借助补充资料感知中国父母之爱子，则为之计深远；再次借助诵读表达自己的阅读体会。学生就这样以读悟情，以情促读，走进文本，进入情境，走近母亲，与母亲产生心灵共振和情感共鸣，真切体会母亲朴实的话语中真挚的温暖。

（三）体验：知晓反哺情温暖于成长的拔节

亲情类文章，情感往往是双向的。《慈母情深》中作者对母亲的情感集中于"鼻子一酸"四字。

师面向学生：梁晓声，母亲把买书的钱给你了，你理应高兴，为什么会"鼻子一酸"？

生1：看到母亲工作的地方噪声震耳欲聋，光线很暗，温度很高，"我"才知道母亲工作这样辛苦。可"我"还跟她要钱看闲书，"我"很自责。

生2：今天"我"才发现母亲这么瘦弱这么苍老，"我"以前居然从来没有关注过母亲。"我"太不应该了。

生3：听了母亲同事的话，"我"才知道母亲为这个家付出了很多。"我"作为家里最大的孩子，却还等着母亲供吃供喝供看闲书。"我"应该帮母亲分担一点了。

……

就这样，教师运用巧妙的问题设计，把学生带入"我"的世界，让学生真切地真实地去体验"我"的内心，感知这"鼻子一酸"是对母亲的心疼、是对母亲的愧疚、是对自己的责备，这"鼻子一酸"更是一种责任的觉醒——自己"应该是个大人了"，一种反哺的温暖——自己应该关心母亲，帮助母亲。

三、在赏析运用中感悟文字的温暖

汉字不是冰冷的符号，而是表情达意的载体。叶圣陶先生曾说："一字未宜忽，语语悟其神。"当有温度的汉字组成词语，连成句子，形成段落，串成文章，其中蕴含的情感更为丰富，理应"一字未宜忽，语语感其情"。

（一）品读：咀嚼复沓中的滋味

《慈母情深》大量运用反复手法，如文章开头两个"从来没有一次"；作者刚走进厂房时看到"七八十台破缝纫机""七八十个女人""七八十只灯泡"，不长的一段话5个"七八十"；呼唤母亲后3个"我的母亲"……这样的反复增加节奏感，增强语势，丰满人物形象，抒发强烈情感。应引导学生反复品读，品味字里行间洋溢着的母爱、一字一句中深藏着的温暖。

师：读读第32自然段，你有什么发现？

> 母亲说完，立刻又坐了下去，立刻又弯曲了背，立刻又将头俯在缝纫机上，立刻又陷入手脚并用的机械忙碌状态……

生1：一句话用了四个"立刻"，运用了反复手法。

师：再读读，想想作者为什么要连用四次？

生2："立刻"就是"立即、迅速"，说明母亲要抓紧时间坐下去、弯曲背、俯下头工作。

师：是呀，虽然很劳累，但孩子们需要吃、穿、上学、读书，母亲一刻也不敢停歇！你会怎么读这句话？

（学生语速很快地读）

生2：我发现不是四个"立刻"，而是四个"立刻又"，多了"又"字，我读出了母亲一直弯曲着背一直俯着头一直手脚并用地忙碌着。（学生眼圈红了。笔者也喉咙一紧）

师：你从四个"又"读到了母亲如此忙碌不是一时一刻，而是一天又一天，一月又一月，一年又一年。请你也读一读。

（学生前面读得很快，"忙碌状态"读得很缓慢很低沉）

教师引导学生静心品读，用心品味，从一个字一个词中感受母亲的形象，体味母亲的艰辛，体会母爱的伟大，丰富学生的情感体验，这丰富的情感体验帮助学生进一步感受"字字含情，句句有意"的艺术魅力与无限温暖。如此，在以情动情以心契心的语言实践中，学生增强了阅读感受力，升华了情感，提升了审美能力。

（二）比较：体味陌生化的妙用

为更好地抒发情感，作者会通过遣词造句，改变句子形式或修辞手法，将寻常语句变得陌生，从而震撼读者心灵。帮助学生体会陌生化表达中蕴藏的情感，效果较好的策略就是比较。

师：原文中的句子有点啰嗦，这样改是不是和我们平时的表达更接近？

> 原文：背直起来了，我的母亲。转过身来了，我的母亲。褐色的口罩上方，一对眼神疲惫的眼睛吃惊地望着我，我的母亲的眼睛……
>
> 改为：我的母亲直起背，转过身来，褐色的口罩上方，一对眼神疲惫的眼睛吃惊地望着我。

生1：不能改。读着原文我感觉母亲的背是慢慢直起来的，也是慢慢转过身来的，很慢很慢。

师：那实际上直起背、转过身、看着"我"是这么慢吗？

生2：不是，应该是一连串的动作。

师：作者为什么不用我们修改的文字，那样就把一连串的动作写清楚了？

生3：作者这样写，就把"直""转""看"的动作放慢了，让我们清楚地看到母亲当时是怎么直、怎么转、怎么看的。

师：大家都看过电影吧，你觉得这一段描写是电影里的快镜头还是慢镜头？

生4：慢镜头。这样不仅让我们看清了母亲的每一个动作，更让作者看清了母亲的每一个动作，他看到母亲每一个动作都是那么艰难，看到母亲的脸不再年轻，看到母亲的眼神是那样疲惫。

生5：放慢这样的动作，更让我感受到作者看到这一切时，他很吃惊，没想到母亲这么苍老瘦弱；他很心酸，没想到母亲这么辛苦疲惫。我觉得，这是一眼几十年。

文本是唤醒学生情感的有效载体，是作家表达情感的温暖符号。教师立足语言文字，通过调整语序，替换对照，引导学生比较阅读，纵深拓展思维能力，体味文字背后的深意，不仅看到一个伟大的慈母，还看到一个成长的孩子，体会到文中的情感是母亲与孩子的双向奔赴，从而感知文字的温暖、表达的温暖，同时初步体会陌生化表达放慢镜头、聚焦细节的妙用。

（三）迁移：抒发寻常中的深情

适切地诵读、品读、想象、比较，有效引导学生"入乎其内"，与文中人物同呼吸共命运，真切体会人物情感、作者情感；当学生的情感有了一定积淀，还要引导学生"出乎其外"，尝试仿照文中的表达方式抒发自己的情感。《慈母情深》所在单元语文要素之一就是"用恰当的语言表达自己的看法和感受"。反复、陌生化表达是本文表达的两大特色，引导学生感悟表达之妙后，安排仿写："我"用母亲给的钱为母亲买水果罐头，母亲知道后数落"我"，又给"我"凑足钱，借助课文第29、37自然段的内容，模仿第19或32自然段写一写。

生1：掏出一卷揉得皱皱的毛票，我的母亲；用龟裂的手指数着，我的母亲；将钱塞到了我的手里，我的母亲……

生2：母亲数落完，立刻掏出一卷揉得皱皱的毛票，立刻用龟裂的手指数着，立刻将钱塞到我的手里，立刻催促我去买书……

接着引导学生发散思维，联系生活，静心思考，自己的父母有没有这样看似平常却饱含深情的举动，试着用这样的方式写一写。学生写的内容不同，但都精彩感人：

生3：轻轻推开了门，我的母亲；轻轻掖了掖我的被角，我的母亲；轻轻带上了门，我的母亲……

生4：我刚把第一次做的菜端到桌上，母亲立刻拿起筷子，立刻伸向一块鸡蛋，立刻送往嘴里，立刻点头称赞……

……

教师先借助文本内容引导学生仿写，一则降低表达难度，二则填补文本空白，三则进一步帮助学生感悟文本、体会情感，四则内化语言以及形式；接着创设情境，拓宽思路，让学生迁移运用，写写自己生活中寻常小事，体会父母温暖厚重的关爱，抒发自己对父母的情感，实现我手写我心。这样学生从文字中来，最终到文字中去，在迁移运用中习得技能，润泽情感。

四、结语

一篇课文往往包含"写了什么""怎么写的""为什么这么写"，若是亲情类叙事文章,则对应着事件、表达、情感。教师应借助诵读、想象、比较、体验、唤醒、迁移等具体言语实践,引导学生感受寻常事件的不平凡,瞬间的画面可定格为永恒的记忆;感知寻常事件之中蕴藏着深厚的情感,这份情感温暖着生命,呵护着灵魂;感悟中国文字蕴含着贴心的温度,这温度厚实着每个中国人的底蕴,厚植着每个中国人的情怀。学生发现、体悟汉字运用规律的同时感悟语言之暖、情感之暖、形象之暖,进而心灵里都流淌起充满爱的暖流。

  这些言语实践不可割裂,应融合共生。如此,学生在提升语言建构和运用能力的同时,发展了思维,提升了鉴赏能力,润泽了情感。如此,也让"老生常谈"的舐犊深情绽放出独属于她的温暖光芒。

(作者系上海工程技术大学附属松江泗泾实验学校语文教师)

《雪地里的小画家》教学设计说明

刘海星

《雪地里的小画家》是九年义务教育五四学制小学语文第一册第八单元的一篇课文。这是一篇富有儿童情趣的诗歌,诗歌采用简洁、生动而充满童真的语言和拟人的手法,通过描述小动物们在雪地里走过,踩下的脚印就是一幅美丽的图画,使学生了解了小鸡、小狗、小鸭和小马四种动物脚趾的不同及青蛙冬眠的习性。

一、教材分析

(一)单元"人文主题"

本单元围绕"观察"主题编排了《雪地里的小画家》《乌鸦喝水》《小蜗牛》三篇精读课文,意在让学生通过学习感知童话世界的美好、生动,既能展开丰富的想象,体会童话的魅力,又能受到真、善、美的熏陶,从而认识并喜欢上童话这种文学体裁。

(二)单元的"语文要素"

本单元的语文要素:一是初步培养学生寻找明显信息的能力,通过第六单元《青蛙写诗》的学习,学生了解了根据问题从文中提取明显信息的学习方法,第七单元初步尝试找出课文中一些明显的信息,本单元继续培养这一能力。二是引导学生借助图画阅读课文。本单元首次出现了没有全文注音的连环画课文《小蜗牛》,要引导学生利用连环画课文图文对应的特点,借助图画猜读不认识的生字,理解课文内容。教学中要关注学生能力培养的梯度发展,引导学生观察课文图画,结合生活中现象,多读多体会,以读代讲,帮助学生理解内容，获得体验。

随着识字量的增加，本单元中将出现首篇没有拼音的课文《小蜗牛》，增加了学生识记的难度，因此教师应利用更加多样的识字方法，帮助学生建立字音、字形与字义之间的联系。与此同时，要充分借助学生已有的识字经验，运用学过的识字方法，提高识字效率，将识字寓于充满童趣的课文中，激发学生学习汉字的热情，了解汉字的文化内涵，巩固识字成果的同时完成朗读训练的落实。

（三）本单元的功能与地位

1. 本单元功能

本单元是一年级上册的最后一个单元，延续了本册课文单元的特色，编排了《雪地里的小画家》《乌鸦喝水》《小蜗牛》三篇识字课文，将识字寓于生动形象、充满童趣的情境之中，内容浅显，内涵丰富，形式多样。这三篇课文体裁多样，有儿歌、寓言和童话，课文内容充满了童真和童趣。《雪地里的小画家》描写了雪地里一群"小画家"画画的场景，是一首富有儿童情趣、融会了科普知识的儿歌；《乌鸦喝水》是一则经典的寓言故事，以"乌鸦喝水"为线索，描写了一只遇到困难能仔细观察、认真思考的乌鸦；《小蜗牛》以一只可爱的小蜗牛和它慈爱的妈妈之间有趣的对话呈现故事情节，生动鲜活地展现了一年四季的自然变化。

在前几个单元的基础上，学生掌握了一定的识字方法，认识了象形字，初步感受了汉语的音韵特点。本单元中，学生将借助图画理解课文内容，并借助图画猜猜不认识的字。教材通过丰富多样的编排形式，让学生在识字的同时，了解汉字的文化内涵，使学生体会到汉字不仅有用，还很有意思。本单元会继续利用多种识字方式和学生已有的生活经验，创设丰富多彩的教学情境，采用具体形象的手段，激发学生对语文学习的热情。

2. 本单元地位

在本单元的教学中，要把重点放在识字和朗读课文上。识字，先由学生自主识字，自己想办法识字，再根据学生的实际情况进行指导，让学生有学习主人的意识，在读中感知，在读中感悟，从而感受成功的快乐。《义务教育语文课程标准（2022年版）》明确指出：小学各年级的阅读教学要重视朗读，要让学生充分地读，在读中整体感知，在读中有所感悟，在读中培养语感，在读中受到情感的熏陶。可见，朗读能提高学生感悟语言的能力，把学生带入教学所需要的情境中去。

(四) 本单元教材内容

1. 解读单篇课文

《雪地里小画家》是一首富有儿童情趣又融会了科普知识的儿歌，描述了雪地里一群"小画家"画画的场景。全文语言浅显易懂，排列整齐又错落有致，气韵生动，充满儿童情趣。

《乌鸦喝水》是一则经典的寓言故事。课文以"乌鸦喝水"为线索，围绕"乌鸦急着喝水——喝不着水——想办法喝水——喝着水了"这一系列变化过程，描写了一只遇到困难能仔细观察、认真思考的乌鸦。通过学习这篇课文，学生可以体会到做任何事情，都要开动脑筋想办法，才能获得成功。

《小蜗牛》是一篇童话，以一只可爱的小蜗牛和它慈爱的妈妈之间有趣的对话呈现故事情节。小蜗牛在妈妈的提示下去树林玩，由于爬得慢，总是错过原来的季节，看到下一个季节的风景。课文通过小蜗牛三次去树林里的故事，引导学生了解四季的不同特点以及蜗牛爬得慢的特点。

2. 提炼重点内容

（1）随文识字，趣味识记。识字是本单元的重点之一，通过之前的学习，学生已掌握多种识字方法，充分借助学生已有的识字经验，运用学过的识字方法，让学生建立起字音、字形与字义之间的联系。

《雪地里的小画家》教学中引导学生利用加一加、图示记字法、图片对照等多种识字方法帮助学生识字，还可以利用熟字组成新词的方法，引导学生巩固识字，同时关注多音字"着"。教师示范时重点指导注意观察起笔位置和行笔的方向。学生书写练习生字书写，低年级书写时注意握笔姿势和坐姿。

《乌鸦喝水》教学中引导学生利用形近字对比记忆、根据形声字特点借助偏旁识字、组词等多种识字方法帮助学生识字。本课需要书写的生字在书写时注意在田字格中的位置，要写得端正，不要偏斜。合体字在书写时要注意两个部件的互相配合。教师示范时重点指导注意观察起笔位置和行笔的方向。

《小蜗牛》没有全文注音，教学中要凸显教材编排意图，充分发挥连环画的作用，结合课后题引导学生借助图画大胆猜读。运用多种方法，引导学生识记字形，了解字义。本课要写的字都是合体字，要适当提示合体字部件之间的关系，引导学生初步认识写合体字要左右、上下、里外相互协调。

（2）借助情境，充分诵读。低年段的语文教学要将指导学生正确、流利地朗读课文作为重要任务，从第一个识字单元中，就提出"朗读课文，要努力做到读正确、读通顺"这一阅读目标，这是学生朗读必须具备的能力。

《雪地里的小画家》：根据情境，在充分的想象中关注语气和停顿的变化，感受和体会课文轻快、活泼的基调。在读"下雪啦"时，启发学生回忆与联想自己见到大雪时的心情，借助情景想象，读出"小画家"生动作画的场面。最后一句"睡着啦"读得轻柔。通过范读、引读、带读等方式，强化不同语气和语句节奏。

《乌鸦喝水》：加强朗读的指导，学生通过朗读第1自然段"到处""喝不着水"体会乌鸦想喝水喝不着水的焦急心情。问句的朗读是重点，"怎么办呢？"是乌鸦的自问，朗读时读出曲折调，将一只急于解渴而又不知所措的乌鸦活灵活现地呈现。教学中通过范读、引读、带读、表演朗读等方式，强化不同的语气和语句节奏，体会乌鸦遇到困难，靠自己想办法战胜困难的过程。

《小蜗牛》：课文主要由蜗牛妈妈和小蜗牛的对话组成，可以引导学生根据人物身份的不同读出不同的语气。如蜗牛妈妈的话要读出亲切、温和的语气，小蜗牛的话要读出天真、可爱的感觉。教学中，教师可以让学生想象自己是蜗牛妈妈或小蜗牛，分角色来进行对话。

（3）借助插图，提取信息。本单元重点是培养学生寻找明显信息的能力。本单元要继续引导学生借助圈一圈、画一画的方法，从课文中提取相关的信息，再和大家交流。

《雪地里的小画家》：通过学习第六单元《青蛙写诗》一课，学生尝试学习根据问题圈圈画画找出相关信息的学习方法，在第七单元的学习中初步尝试在找出课文中一些明显的信息基础上，结合课后第2题在朗读中继续引导学生借助圈一圈、画一画的方法，从课文中提取相关的信息，在交流中进一步培养学生寻找明显信息的能力。

《乌鸦喝水》：学生在上一课已经练习根据问题，圈圈画画找出相关信息的学习方法，本课可结合课后第2题在朗读的基础上继续引导学生借助圈一圈、画一画的方法，从课文中提取"乌鸦是用什么办法喝着水的？"，在交流中进一步培养学生寻找明显信息的能力。

《小蜗牛》：本课是小学阶段第一篇连环画课文，四幅插图对应课文中春夏秋冬文字，形成时间推演的连环内容。教学中结合课后题，鼓励学生借助图画信息进行猜读，同时运用以前学习的形声字识字、在语境中识字、利用课文反复结构进行猜读等方法，培养学生看图学文、自主识字的能力。

3. 明确单元结构

（1）课文之间的联系。本单元围绕"观察"这个主题，编排了《雪地里的小画家》《乌鸦喝水》《小蜗牛》三篇课文。这三篇课文体裁多样，有儿歌、寓言和童话，课文内容充满了童真和童趣。

内　容	教　学　要　点	与课文的联系
12　雪地里的小画家	课文描写了雪地里一群"小画家"画画的场景。重点是正确朗读课文，背诵课文，感受"小画家"雪地作画的快乐之情	1. 运用多种方法识记生字。 2. 联系生活实际，结合插图，感受"小画家"雪地作画的快乐之情
13　乌鸦喝水	课文介绍了乌鸦喝水的故事。重点是正确、流利地朗读课文，了解乌鸦喝水的过程；认识自然段	1. 多元识字。 2. 正确、流利地朗读课文，了解乌鸦喝水的过程。 3. 结合生活体验，体会乌鸦遇到困难，靠自己动脑筋想办法战胜困难的过程
14　小蜗牛	本文写了小蜗牛和蜗牛妈妈的三次对话，重点是读懂课文，了解一年四季的不同特点	1. 借助图画、生活经验，读懂课文。 2. 正确、流利地朗读课文，多种方法自主识字

（2）单元之间的联系。在第六单元《青蛙写诗》的学习中，学生了解了根据问题从文中提取明显信息的学习方法，在第七单元中初步尝试找出课文中一些明显的信息，第八单元继续培养这一能力。这一训练要素是一个螺旋上升、层层递进的学习过程。

教材	学习内容	要　素　内　容	学　习　策　略
一年级上册	第六单元	利用课文插图或其他图片、视频资料等帮助学生，丰富学生对生活经验的积累	1. 抓住课文主要内容进行圈画 2. 借助插图帮助学生理解

续表

教　材	学习内容	要　素　内　容	学　习　策　略
一年级上册	第七单元	引导学生联系生活实际，理解课文内容	1. 通过朗读的方式帮助理解课文内容 2. 从学生的实际出发，唤醒学生内心的体验，切入对课文的理解
	第八单元	初步培养学生寻找明显信息的能力，引导学生借助插图阅读课文	1. 引导学生圈画关键信息 2. 借助插图或图片，再启发学生与生活实际结合 3. 熟读课文内容

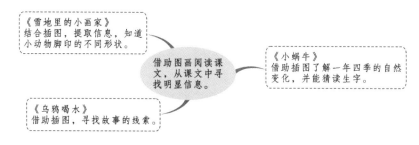

（五）本课教材分析

《雪地里的小画家》是一首融儿童情趣与科普知识为一体的儿歌，共有八行诗句，描写了雪地里的一群"小画家"画画的故事。诗歌开头"下雪啦，下雪啦！"将读者快速带入情境，小鸡、小狗、小鸭、小马在雪地里留下了不同的脚印被作者称为作画，同时还写到青蛙要冬眠的特性。整首诗歌语言生动活泼，朗朗上口，字里行间流露着对小动物的喜爱之情。

二、学情分析

（一）学习基础分析

一年级的学生刚进入小学，认知水平处于启蒙阶段，尚未形成完整的知识结构体系，由于学生所特有的年龄特点，学生有意注意力占主要地位，以形象思维为主，因此在教学设计时主要考虑吸引孩子的注意力、激发他们学习的积极性，通过创设雪天的情境，促使孩子在玩中读，在乐中学，在轻松有趣的教学情境中了解感叹句的语气。

（二）学习难点分析

雪地里的小鸡、小狗、小鸭和小马四位小画家对学生来说都是很熟悉的小动物，但学生可能对它们的脚印无法区分，通过在雪地里作画，学生知道了不同的动物原来有不同的脚印，可以借助脚印辨认不同的动物，也知道了青蛙冬眠的特性，这些都是下雪天才能带来的惊喜，更加激发了学生对冬天的喜爱之情。

三、课时目标

（一）教学目标

（1）认识"群、竹"等十个生字，读准多音字"着"的字音，会写"竹、牙"等五个字和横折弯钩一个笔画。

（2）正确、流利、有感情地朗读课文，背诵课文。读准轻声，读出感叹句的语气，读出儿歌的节奏，感受"小画家"雪地作画的快乐。

（3）提取信息，结合插图，知道小动物脚印的不同形状，了解青蛙冬眠的特点。

（二）教学重、难点

读准轻声，读出感叹句的语气，感受"小画家"雪地作画的快乐之情。

四、教学活动设计思考

《义务教育语文课程标准（2022年版）》把"喜欢阅读"放在第一学段（1—2年级）阅读教学阶段目标的第一条。一年级的阅读教学应把让学生有感情地朗读课文并感受阅读的乐趣作为起步阶段阅读教学的第一要求，采取多种手段让每一个学生都喜欢读书，主动地读书，进而视读书为一种乐趣、一种享受。让学生通过读书实践，"向往美好的情境"，"感受语言的优美"和"阅读的乐趣"。基于以上要求和教学目标，将本课划分为两课时进行教学，第一课时学习本课前三句话，完成课后第2题。教学重点是有感情地朗读课文，读

准轻声,读出感叹句的语气。针对第一课时的教学内容设计了以下教学指导策略:

第一,情境导入,指导读好第一句话。讲好一堂课,导言是十分重要的,不仅要揭示课文的主要内容,而且要激发学生的学习兴趣。对于南方的孩子来说,下雪是很罕见的,在课堂伊始,通过展示冬天的景色,激发学生对雪地的向往,并且指导学生有感情地朗读"下雪啦,下雪啦!",让学生身临其境,这么美丽的下雪天把雪地里的小画家都吸引过来了,然后出示课题,顺利引入《雪地里的小画家》。

第二,整体感知,了解"谁画了什么"。朗读是理解课文的重要方法,加强朗读训练,应遵循"读通、读熟、读懂、会读"的教学思路,以读代讲,以读促讲,让学生在朗读中体会情感,加深理解。初读阶段,读通课文整体感知。让学生借助拼音尝试出声自由朗读课文,要求读准字音,不破词,不丢字,不添字,知道课文中有几句话。要求通过几次自由朗读,读通全文,动手圈出本课生字。及时检查,反馈学生对生字读音的掌握。这样做遵循了"通读、熟读、读懂、会读"的读书思路,先让学生自己读通课文,整体感知全文,符合低年级认读思路。细读阶段,突出重点,理解词句。利用图片,让学生认识竹叶、枫叶、梅花和月牙的形状,再出示小鸡、小狗、小鸭、小马的脚印图作比较,直接切入课文的重点句。通过自由朗读,引导学生汇报:你读懂了什么?还有什么不懂的?在教师指导下读懂重点句:"小鸡画竹叶,小狗画梅花,小鸭画枫叶,小马画月牙。"在细读阶段,要加强对学生的朗读指导,运用多种朗读方式,指导学生正确停顿,读出感情,在读中加强语言文字训练,并通过有感情地朗读,使学生不仅了解小动物脚趾的不同形状和脚印的美丽可爱,而且深切感受到生活中的无限情趣。这一环节,通过读书和图文结合直观感知理解课文,充分发挥学生的主体作用,让学生自己感悟,自己读懂,充分尊重学生,发挥学生自由读书感悟的主动性,教师通过学生的信息反馈,及时进行朗读指导评价,使学生受到教育。

第三,提高对汉字内涵的理解。汉字是语文教学的基础,汉字的演变是从象形的图画过渡到现在的印刷字体,其演变历史悠久而生动,每一个汉字都是一幅优美的图画,都有一个故事。在语文识字教学过程中,教师应多研究汉字的形态及演变过程,充分发挥汉字各种字体的特点及风采,运用巧妙,构思独到,定能让学生更好地感受汉字的魅力。在学习"牙"字时,出示大象图片,看看和"牙"字有什么相似之处,学生恍然大悟,原来"牙"字的一撇就像大象的牙,这样设计是因为一年级生字教学十分重要,要根据儿童特点,指导生字音、形、识字并渗透汉字规律。

第四,注重说话,培养说话能力。课上笔者注重说话训练。初读课文环节的最后,笔者让学生与课文中的四个"小画家"打招呼,并练习用"雪地里的小画家有_____、_____、_____和_____。"的句式说说。精读课文环节,当通过交流讨论小动物们画的画与它们各自脚印的形状有关后,引导学生用"因为……所以……"的句式练习说话,因为小鸡的脚印像竹叶,所以小鸡画竹叶。在这个过程中体现由"扶"到"放"的过程。

(作者系上海大学附属小学语文教师)

《记金华的双龙洞》教学设计说明

梁 玉

《记金华的双龙洞》是九年义务教育五四学制小学语文第八册第五单元的一篇课文。这是一篇游记，记叙了作者游览金华双龙洞时的所见所闻所感。全文是按游览顺序记叙的。先写沿途所见的美景；继而写外洞洞口、外洞；再写孔隙；最后写内洞。在描写游览的过程中表达了作者热爱祖国秀丽山河的思想感情，也激发了学生对祖国锦绣河山的热爱。

一、教材分析

（一）单元"人文主题"

本单元是习作单元，围绕着"游记"编排了《海上日出》《记金华的双龙洞》两篇精读课文。选编本课的意图一是让学生通过阅读领略金华的双龙洞的神奇之美，培养学生热爱大自然的感情；二是通过感悟，让学生了解作者按游览顺序记叙的表达方式，并体会、运用作者所见、所闻与感受相结合，把事物写得生动形象的写作手法。

（二）单元的"语文要素"

本文是一篇游记课文，记叙了作者游览金华双龙洞的经过，情融于景，表达了作者热爱祖国秀丽山河的思想感情和品赏大自然的情趣。

课文按游览的顺序，依次写了去金华双龙洞时的路上见闻、游外洞、进入内洞、游内洞的所见所闻所感及乘船出洞的情况。通过描写路上的景色明艳，溪流欢唱；外洞的宽敞，内外洞连接处孔隙的"窄、小、险"；内洞的"黑、奇、大"；在读者眼前展现了大自然的鬼斧神工、美轮美奂，令人感觉身临其境。

全文思路清晰，结构严谨。以两条线索贯穿来写：一条是作者的游览顺序，是"顺"的线索，抓住了景物特点来写的；另一条是泉水的流经路线，是"逆"的线索。两条线索有机交融，使景点的方位和作者观察的移动有机结合。其中叙述有详有略，详写孔隙、内洞风貌，突出了双龙洞的特色。同时将游程、见闻和感受有机结合，是小学中高年级学写游记的优秀范本。

（三）本单元的功能与地位

本单元是四年级下册的习作单元，旨在培养学生学会按照一定的顺序写游记，围绕着"自然之景"编排了《海上日出》《记金华的双龙洞》两篇精读课文，一篇按照时间的顺序进行景色描写；另一篇则根据作者的游览顺序进行描写。让学生形象理解如何按照一定的顺序写景。《海上日出》按照日出前、日出时、日出后的顺序，描绘了晴朗天气和有云时海上日出的不同景象，展示了海上日出这一伟大奇观，表达了作者热爱大自然和追求光明的思想感情。《记金华的双龙洞》是一篇游记课文，记叙了作者游览金华双龙洞的经过，情融于景，表达了作者热爱祖国秀丽山河的思想感情和品赏大自然的情趣。

在前几个单元的基础上，学生掌握了一定的写作方法，知道了按照一定顺序写作的方法。本单元着重带领学生学习运用多种顺序写景的方法，将情感融于写作之中。

二、教学对象分析

本课的授课对象为四年级的学生，学生思维活跃、好奇心强、表达欲强，班级里大部分学生已经具有独立识字的能力，课前也进行了预习，大部分学生已经养成良好的学习习惯，掌握了初步的学习语文的方法。随着课文的难度增加以及平时的训练增多，大部分学生也已初步掌握了分析问题和解决问题的能力。对于已经具备初步阅读能力的他们来说，重点需要学习和掌握的是进一步体会和感悟语言表达技巧，学习游记的写作方法。

三、课时目标

（一）教学目标

（1）认识"浙、簇"等6个生字，会写"浙、罗"等17个生字，会写"杜鹃、气势"等词语。

（2）根据游览线路示意图，理清作者的游览顺序，了解按游览先后顺序写景的方法。

（3）体会揭示作者游览行踪句子的作用。

（4）感受双龙洞各处景物的特点，了解课文是如何把景物写清楚的。

（二）教学重难点

教学重点：能理清作者的游览顺序，了解按游览先后顺序写景的方法。

教学难点：体会揭示作者游览行踪句子的作用，了解课文是如何把孔隙的特点写清楚的。

四、教案设计与思考

（一）教学设计思路

本课教学过程主要分为五个环节：第一环节揭题导入，明确文章类型；第二环节通过路线图，理清写作顺序；第三环节是借助作者游览行踪的语句理清作者的游览顺序；第四环节体会感悟揭示作者游览顺序句子的作用；第五环节小组交流这类句子的写法。

第一，揭题导入，明确文章类型。上课伊始，笔者以一组金华双龙洞的图片和古诗导入，简介双龙洞和作者叶圣陶。由古诗引入，易于激发学习兴趣。习作单元的精读课文，始终指向学生的习作。揭题质疑，引导学生在朗读的基础上提出有价值的问题，从课题入手，引导学生明确课文类型，帮助学生发现游记类文章的共同点，为学生在单元习作取题目时搭建一定的支架。

第二，初读课文，画出游览路线图。通过初读，初步感知作者的游览顺序，再借助课后习题，完成作者游览双龙洞的路线图，准确地理清作者的游览顺序。

第三，再读课文，理清游览顺序。引导学生再次回归文本，对照作者游览双龙洞的路线图，在文中画出相应的揭示作者行踪的语句，其实意在学法指导，让学生在实践中明白借助文本才能理清作者的游览顺序。

第四，对比阅读，体会写法。通过删除这些作者行踪的句子，进行对比阅读，让学生感受到这些句子串联起了作者的游览顺序，使游览经过清晰明了，并体会这些句子在文章中的作用。此处引导学生再次回归文本，对照作者游览双龙洞的路线图，在文中画出相应的揭示作者行踪的语句，同时通过找完整揭示作者行踪的语句，也为下文对比阅读，体会这些句子的作用埋下伏笔。通过删除这些作者行踪的句子，进行对比阅读，让学生感受到这些句子串联起了作者的游览顺序，使游览经过清晰明了，进而在习作中自觉地运用这样的句子。

第五，总结方法，尝试运用。读是为了写，习作单元的精读课文，更是应以指向习作应用的目标来进行阅读教学，引导学生发现揭示作者行踪的句子的表达方式，进而在单元习作中能够灵活运用。

（二）教学反思

在本节课堂教学中笔者着重从习作单元的习作目标着手，旨在引导学生通过课文的学习掌握游记类作文的写作方法，例如按照游览的顺序写景物、学会过渡句的写法。

课文的游览顺序的线索，我采用了小组学习的方法：结合课后第一题完成旅游线路图，使得学生一开始就进入角色，积极地寻找课文中作者的旅游路线，一步一步了解文章的明线，并且结合路线图和景点的特点，完成板书的路线图，让学生脑中形成直观的印象，真正理解作者的游览路线。这一部分需要教师引导，于是笔者采用学生协助完成板书绘制双龙洞地形图任务，调动了学生的学习积极性；打破了学生与老师之间的界限。学生帮助老师，大家一边看，一边找，一边讨论，一边画，师生融洽，不知不觉地了解了双龙洞的各部分的主要特点，完成了教学目标。在后面的过渡句教学中，笔者采用了对比教学的方法，让学生在对比朗读中体会写法。

但这节课也有很多不足之处。对于体会作者的游览顺序来说，笔者为学生做了一些铺垫他们才能准确地找出作者游览的地方，但是，过程中发现很多学生找的地点都是错误的。并且与之后的找作者游览行踪的句子略有重复，这部分处理还是不恰当的。学生体会过渡句的写法还是有点困难的，所以笔者设置了三个小提示引导学生来找到过渡句的共同点，但设置过于细致，增加了学生的负担。

（作者系上海市松江区实验小学语文教师）

《白鹅》教学设计说明

高诗棋

《白鹅》是统编版小学语文四年级下册第四单元第15课。《白鹅》一文重点刻画白鹅的性格高傲,文章采用简洁、生动的语言,运用反语的修辞手法,通过描述白鹅的叫声、步态、吃相的高傲,刻画出凌厉高傲的白鹅形象。

一、教材分析

(一)单元"人文主题"

本单元的人文主题是"动物朋友"。统编版四年级下册第四单元以"奔跑,飞舞;驻足,凝望。可爱的动物,我们的好朋友"为人文主题,编排了老舍的《猫》《母鸡》和丰子恺的《白鹅》三篇作品,分别描写了三种性格鲜明、可亲可爱的动物。此外,《猫》和《白鹅》课后的"阅读链接",还安排了其他中外名家写动物的文章或片段,意在让学生进行比较阅读,体会不同作家对动物的喜爱之情。

(二)单元的"语文要素"

本单元的语文要素是"体会作家是如何表达对动物的感情的"。这一要素在第一单元"初步体会课文表达的思想感情"的基础上,又提高了要求,强调不仅要体会文章所表达的情感,还要关注作家是如何表达的。教材中课后练习、语文园地都巧妙地渗透了对表达方法的指导。习作要求则是"写自己喜欢的动物,试着写出特点"。与以往描写动物的习作不同的是,本次习作创设了三种不同的情境,并鼓励学生自己创设情境,根据需要进行表达。

(三)《白鹅》教材分析

《白鹅》是一篇极富情趣的文章，在作者丰子恺眼里这白鹅俨然就是一位高傲而固执、忠诚而可爱的朋友，所以文本的字里行间渗透着那份欣赏和爱怜。《白鹅》一文，重点刻画白鹅的性格高傲，从一开始抱回家的印象"左顾右盼，好一个高傲的动物"到"鹅的高傲更表现在它的叫声、步态、吃相中"过渡句统领全文，接着分别从"严肃郑重"的叫声、"大模大样"的步态、"从容不迫"的吃相细致刻画了鹅的高傲。

二、学情分析

(一)学习基础分析

四年级的学生经过前三年的语文学习，已经具备初步的阅读思考能力。在四年级上册，学生通过学习已经能够体会文章生动准确地表达，感受作者连续细致的观察。在四年级下册的第一单元中，也学习了如何抓住关键语句，初步体会文章表达的思想感情。通过以上内容可知，这一时期的学生了解和掌握部分阅读技巧，但对于如何运用反语来表达动物的喜爱尚存在一定困难。

(二)学习难点分析

学生了解如何直白明了地表达对动物的喜爱，但分不清反语手法的运用，是否真实地表达对动物的喜爱还是厌恶之情，因此在针对这一教学难点时，需要创设生活情境帮助学生理解包含在反语背后的作者情感的变化。

三、教学目标分析

(一)单元目标分析

整合"单元整体"的目标，既要深入研究语义核心素养，又要从新课标的学段要求出发，凸显单元教学的核心价值，同时关注单篇的个性目标。这样依据学情，点面结合，统整好单元教学目标后，才可以归纳课文的共性，将其分解为不同的学习任务。

新课标在第二学段的阅读目标中要求学生能"初读把握文章的主要内容，

体会文章表达的思想感情。""初步感受作品中生动的形象和优美的语言……与他人交流自己的阅读感受",写作目标则是"观察周围世界……把自己觉得新奇有趣或印象最深、最受感动的内容写清楚"。这些要求都应该成为制定单元目标的依据。再结合语文要素和学情,可以从"语言文字积累与梳理""文学阅读与创意表达"的角度将该单元的单元目标提炼为:

学生将知道:

(1)认识28个生字,读准5个多音字,会写45个字,会写36个词语。

(2)作家通过描写动物的生活细节,倾注了对动物的喜爱之情。

(3)如何运用反衬和对比以及反语表达对动物的感情。

(4)语气词能够加强作者语气,表达作者情感。

学生将理解:

(1)明贬实褒、先抑后扬、反语等写作方法能够迂回地表达对事物的感情。

(2)文本细读和写作手法对比能够帮助阅读过程中抓住文章主旨,深刻领会作者写作意图。

学生将能够:

(1)抓住文章中心句,体会不同作家抓住动物的不同生活习性进行描写的用意。

(2)通过对比阅读和文本细读深入分析多篇同一题材、同一主题、同一作者的文章,有自己的看法和体会。

(3)运用明贬实褒、欲扬先抑、对比、反语、拟人化等手法和恰当的语言突出要描写的动物特点,用生活化的语言和美词美句有条理地写出自己喜欢的动物的外形、生活习性等,有侧重地表达自己对动物的喜爱之情。

(4)对比鉴赏评价同伴的动物朋友文章,并陈述理由。

(二)《白鹅》教学目标分析

(1)感受作者对白鹅的喜爱,体会作者是如何运用反语、对比的方法把白鹅高傲的特点写清楚的。

(2)朗读课文,感受作者用词的准确生动和幽默风趣,体会语言的趣味性。

(3)深入了解白鹅高傲的特点,体会语言的趣味及作者对白鹅的喜爱之情。

四、教学重难点

教学重点：让学生尝试运用反语的方法进行表达练习。
教学难点：学生体会作者是如何抓住动物的特点进行描写和说明的。

五、教学过程设计

通过阅读文学作品，学生可以接触到各种各样的人物形象、情节和背景，从而激发学生的创意表达。创意表达是指通过各种方式将自己的想法、情感和观点表达出来。为突出教学重点，攻破教学难点，拟定本次《白鹅》第二课时的教学设计过程如下：

第一，回顾知识，导入新课。首先，回顾上节课学习的反语和对比手法在白鹅叫声和步态中的应用，理清文章结构，然后引导学生学习，可以通过老师提问："作者是如何运用这两种手法对白鹅的吃相进行描写的？"引发学生思考。而后出示表格，请学生从反语和对比的手法切入，填写表格。

第二，运用反语，体会情感。这部分教学可以围绕两方面展开。其一是品读关键词语，感受特点。首先是请学生品读"三眼一板""一丝不苟"，体会鹅独特的吃相。在这部分教学展开前，请学生思考"三眼一板、一丝不苟"是怎样的吃法，联系上下文读一读。学生默读，交流体会。而后教师指出鹅吃饭时需要三样东西下饭：水、泥、草。再引导学生关注鹅吃饭的顺序，引导学生意识到鹅吃食是有条理的，作者写文章也是有顺序的，之后提问学生："你注意到表示先后顺序的词了吗？"引导学生在文中勾画出来。教师再提问："作者又举了一个例子。自己读读，哪个词让你感受到白鹅的高傲？"引导学生想象画面，指导朗读，最后进行小结。

其二是品读"鹅老爷"，让学生体会作者对动物的喜爱之情。在这部分教学时，要邀请学生朗读句子，引出"鹅老爷"，提问："老爷是什么？为什么用老爷来形容白鹅？"引发学生思考，而后归纳总结："老爷是对旧时代有身份地位的人的尊称，用鹅老爷形容白鹅，是为了突出白鹅进食的高贵姿态。"再借由"鹅老爷"，引出堂倌，提问"堂倌是什么？把谁比作堂倌？"，引导学生去文中寻找答案。最后，让学生练习有感情地朗读句子，读出鹅高傲的样子、十足的架子。

第三,聚焦表达,品读对比写法。在这个环节,聚焦描写狗的语句,提问:"在这里把狗和什么动物作比较?他们又用了什么手法?"引出对比手法。首先请同桌合作朗读描写鹅和狗的语句,交流体会,然后教师指导朗读。总结:在吃相这一部分,我们发现了作者巧妙地运用了反语和对比的手法表达了他对鹅的喜爱。

第四,迁移运用,合作学习。自学书本,对比阅读《白公鹅》和《白鹅》,思考他们的相同点,并完成下表,总结鹅的叫声和步态特点。而后学生交流展示评价,最后通过对比朗读,感悟鹅的高傲。

表1 《白公鹅》和《白鹅》的对比

	相 同 点
文章结构	
写作手法	

第五,联系生活,表达应用。课堂的结尾,教师总结:本节课我们通过学习反语和对比在描写白鹅吃相上的运用,感悟白鹅的高傲。

六、板书设计

$$
高傲\begin{cases}吃相\\叫声\\步态\end{cases}喜爱
$$

反语   对比

七、教学反思与总结

本文的教学设计以反语和对比的写作手法为教学重点展开,以白鹅高傲的性格特点为核心,梳理了它的吃相、叫声、步态,最后总结作者对白鹅的喜爱之情。在教学设计和实践过程中,仍有以下两点具有改进空间:一是在课堂生成过程中,需要注意"老爷""堂倌"这类词语由于远离学生生活实际,需要用生活用语对其进行解释,帮助学生理解。二是面对文中的反语表达时,学生对作者的情感态度把捉不清晰,可以借助日常情境中的对话中的语气模仿,让学生体会反语中隐藏的情感。总体而言,课堂实施过程需要把握住白鹅高傲的性格特点的核心,综合解释反语和对比在文中的应用,帮助学生理解和体会这一手法的效果。

(作者系广东省佛山市顺德区环城小学语文教师)

《小壁虎借尾巴》第一课时的教学设计

耿 晨

统编版语文教材具有"人文主题"和"语文要素"双线组合的编排特点,《义务教育语文课程标准(2022年版)》中也指出"教学要围绕单元语文要素展开",可见"语文要素"是统编版语文教材的核心概念,也是语文教师组织教学与训练的基本抓手。然而,如何将高度凝练的单元语文要素转化为每节课的具体教学目标,指导并体现在课堂中的教学行为,进而提升学生的语文素养,是一线教师需要思考并实践的问题。针对这一问题,笔者以统编版教材一年级下册第八单元的《小壁虎借尾巴》一课为例,通过"字词分类,巧用插图,创设情境,搭建支架"的手段,结合课文文本特点以及学生学情特点,将单元语文要素"借助图画阅读课文","根据信息做简单推断"以及"读出祈使句的语气,读好多个角色之间的对话"转化为"借图说话""用不同方法识字"以及"读好人物不同语气"等具体环节。

一、梳理语文要素,确立教学目标

(一)梳理语文要素

统编版小学语文一年级下册第八单元围绕"问号"这个人文主题编排了三篇课文。在《小壁虎借尾巴》一课中,作者用活泼可爱的语言,讲述了小壁虎借尾巴的故事。全文按照小壁虎挣断尾巴、借尾巴、长出新尾巴的顺序来写,让读者知道了小壁虎借尾巴的起因、经过和结果,同时也科普了各种动物尾巴的作用。

将本单元的语文要素放在整个小学阶段的语文学习中看,"借助图画阅读课文""根据信息做简单推断"这两个要素是在一年级上册"借助图画猜字、认字、读懂课文"的基础上的进阶，旨在继续发展学生独立识字和阅读的能力。

从识字能力的培养来看，《小壁虎借尾巴》是继《小蜗牛》《咕咚》后的第三篇没有全文注音的课文。作为即将进入二年级的学生，虽然已经拥有了一定的识字量，可以在拼音的帮助下自主阅读课文，但是不同学生的识字量参差不齐，课文中也不乏一些难认、难懂的生字。因此，《小壁虎借尾巴》一课的识字教学，需要在前两课"学习如何运用形声字特点、联系上下文猜字、识字"的基础上，对学生"借助形声字偏旁表义特点了解字义、自行提炼猜读字义能力"做进一步提升与落实。

而从阅读能力的培养来说，在前一阶段的学习中，学生对于插图与文本的对应关系已经有了初步的认识，具备一定"借助图画阅读"的意识。因此在本课中，对于"借助图画阅读课文"这一要素的落实，教师需要进一步培养学生"借助连环画课文的特点，说说故事主要情节"的能力，为学生搭建表达支架，并最终引导他们"借图说话"。

除此以外，"朗读"是学生对课文理解认识的外化表现，且始终是低学段语文教学的重点，因此，对于"读出祈使句的语气，读好多个角色之间的对话"这一语文要素的落实，应该结合课文多"对话"的特点，在揣摩不同人物的语气和性格的基础上，通过"创设情境"的手段引导学生在自己对课文有所感悟与理解的基础上对作者表达的思想感情进行抒发，将"情"外化为"读"。

（二）确立教学目标和教学重难点

根据以上对教材的认识和分析，结合低学段"运用多种方法猜字"的识字要求、"揣摩人物心理，分角色朗读课文"的朗读要求、"借助课文插图阅读课文"的阅读要求，再针对低年级学生的年龄特征，确定本篇课文的教学目标和重难点。

教学目标：

（1）在语境中识记"壁、墙、蚊、咬、断、您、拨"；在田字格中正确书写"爬"。

（2）借助图画、形声字构字特点、联系上下文等多种方法猜读字音、字义。

（3）正确、流利地朗读课文1—3自然段，尝试读好人物对话的不同语气。

（4）在阅读中了解小壁虎借尾巴的原因和第一次借尾巴经过。借助插图说说第一次借尾巴经过。

教学重点：

（1）运用多种方法猜读字音和字义。

（2）能正确、流利地朗读课文，尝试读好人物对话的不同语气。

教学难点：

（1）尝试读好人物对话的不同语气。

（2）能借助连环画课文的特点，说说故事主要情节。

二、根据教学目标，编排教学设计

（一）游戏激趣，揭示课题

1. 脑筋急转弯：猜猜它是谁。

2. 引出小壁虎，听听它的自我介绍。

3. 识记生字："墙""壁"

（1）指名读准字音。

（2）理解字义。引导学生借助字形，猜猜这两个字和什么有关。

师：最早的时候，墙壁是用泥土垒起来的，所以这两个字都包含土，这两个字和土有关。

（3）再读词语：墙壁、小壁虎。

小结：联系插图、观察字形都是识字的好方法。

4. 揭示课题并质疑。

（1）出示并指名读题，齐读。

（2）根据课题质疑。

小壁虎为什么要借尾巴？

小壁虎向谁借尾巴？

小壁虎是怎么样借尾巴的？

小壁虎借到尾巴了吗？……

（二）初读课文，整体感知

1. 自读课文，整体感知。

出示学习任务单，学生根据要求自读，教师浏览学生学习情况，及时表扬。

> 读一读：轻声读课文，读准带拼音的字，遇到不认识的字，用你学过的方法猜一猜它们的读音和意思。
>
> 标一标：给课文标上自然段号。
>
> 找一找：课文插图分别对应了哪几个自然段？

2. 检查反馈：

（1）课文共有几个自然段？

（2）课文插图分别对应了哪几个自然段？

师：课文第1、2自然段告诉我们小壁虎为什么借尾巴，第2—5自然段则是它借尾巴的经过，第6、7自然段告诉我们它有没有借到尾巴。原来课文插图还可以帮我们理解故事呢！

（三）学习第1、2自然段，了解起因

1. 学习第一自然段。

（1）指名读。

（2）学习生字、总结猜法。

①学习生字"蚊""咬"：引导学生说说用什么方法猜出这两个生字的读音。

②学习生字"断"：读准字音，理解字义。

（3）学习第二句话。

①学习生字"挣"，理解"一挣""挣断"的意思。

A. 指名读第2句，读通句子。

B. 再读词语"一挣""挣断"，纠正字音。

C. 师动作演示，帮助理解"一挣"。学生模仿做动作，加深体会。

D. 读好词语"一挣""挣断"。

②将词语放回第2句，齐读。

（4）齐读第一自然段。

2. 学习第二自然段。

过渡：挣断尾巴的小壁虎此时又在想什么呢？（指名读第二自然段）

（1）指导读出焦急语气。

①你觉得没了尾巴小壁虎心情怎么样？（难过、伤心、着急）

②带着这样的心情,你再读读这句话!

③齐读。

(2)读好小壁虎心里的想法。

(3)齐读第二自然段。

3. 说话练习。

师:现在我们知道小壁虎借尾巴的原因了,请你看看插图,借助这些词语说说第一第二自然段的内容。(出示词语以及插图:咬住、挣断、难看)

(1)指名交流。

(2)请学生自己说一说。

(四)学习借尾巴的经过

1. 初步感知小壁虎借尾巴的经过。

过渡:小壁虎没有尾巴多难看呀!他要去哪里向谁借尾巴呢?

(1)指名接龙读3—5自然段。其他同学边听边思:"小壁虎去了哪里,向谁借了尾巴?"圈出关键词。

(2)借助关键词、学会表达。

请学生借助句式说一说(出示句式:小壁虎来到_____,向_____借尾巴。)

正音:"房檐"。

(3)表达拓展。

师:那怎么把这三个句子连起来说呢?老师请来几个连接词帮忙,谁来试试?

出示句式:
小壁虎首先来到_____,向_____借尾巴,然后来到_____,向_____借尾巴,最后来到_____,向_____借尾巴。)

师:用上连接词,我们能把小壁虎借尾巴的过程说得更清楚、更有条理了!

(出示板书:

小鱼　小河边

老牛　大树上

燕子　房檐下）

2. 研读第3自然段，了解第一次借尾巴经过。

（1）学生轻声读第三自然段，注意读准字音、读通句子，再数数有几句话。

（2）学习第一句，比较句子，体会小壁虎的辛苦。

① 学生读第一句话：小壁虎爬啊爬，爬到小河边。

老师读句子：小壁虎爬到小河边。

思考：句子有什么不同？

② 在朗读中体会词语作用："爬啊爬"能删去吗？读读句子，从"爬呀爬"中你感受到什么？（小壁虎爬的时间久、路程长）

③ 引导读好"爬呀爬"：读的时候要慢一点，读出小壁虎爬了很远很久，很辛苦！

④ 指名读，齐读。

（3）学习第二句话，体会小鱼的自由自在。

① 出示第2句，指名读。

② 学习生字"摇"：联系生活、做做动作，理解字义。（出示板书：摇）

③ 朗读指导，读出鱼儿的自由自在

（4）学习第3、4句话，读好不同角色的语气。

① 分角色读读小壁虎和小鱼的对话。

② 深入读懂、读好对话。

A. 学习第3句：

a. 师：小壁虎说话的态度怎么样？你是从哪里看出来的？

b. 关注词语——尊称："您"；表示商量的语气："行吗"。

c. 朗读指导。

B. 学习第4句：

a. 正音：拨。连成词读：拨水。

b. 理解动词"拨水"。

追问：拨水是什么意思？（可以用动作表示）

（出示动图）瞧！这就是拨水，我们一起做做拨水的动作。

c. 联系第2句话，再次体会小鱼尾巴的作用。

师：看看图，做做动作，联系上下文，都是理解词语的好方法。

（5）分角色朗读第3自然段。

① 小组练一练，教师进入小组指导：角色扮演的小游戏，三人一组，分角色朗读第三自然段。

② 演一演，评一评。

（6）看图讲故事

预设1：课后，小朋友还可以借助板书、看看插图，把这部分内容说给爸爸妈妈听。

预设2：现在，请你借助板书，看看插图，讲讲小壁虎向小鱼借尾巴的过程吧！要注意语言连贯哦！

（五）指导书写

1. 词语复习（帮小壁虎回家）。
2. 指导书写"爬"：

（1）说说关键笔画。

（2）老师范写。

（3）学生练写。

（4）评价（出示写字评价表）。

（六）总结，布置作业。

1. 总结。

师：经过今天的学习，我们知道了小壁虎借尾巴的原因，以及它是怎样向小鱼姐姐借尾巴的，那接下来，它又是如何向老牛、燕子借尾巴的呢？我们下节课再来学习。

2. 布置作业。

说一说：借助课文第1、2幅插图说说第1—3自然段。

写一写：借助书写小视频，练写"爬"。

三、反思教学设计，解读要素呈现

（一）字词分类，多法识记

新课标指出，低年级孩子的识字要求是"喜欢学习汉字，有识字的欲望"，而该篇课文作为继《小蜗牛》《咕咚》后的第三篇没有全文注音的课文，需要教师充分创设机会，让学生运用近期学习的识字方法——如借助图画、形声字构字特点、联系上下文等猜读字音、字义。

在分析本课生字分布时笔者发现，课文的第1自然段中聚集了大量生字，若用集中识字法会显得枯燥，但若采用以往随文识字的方法，又会将课文语言割裂、造成课堂节奏停顿过多的问题。因此，笔者将这些生字根据"是否有拼音标注"分为两类，其中"壁、断"这样带有拼音的生字主要培养孩子对字义的理解，"墙、蚊、咬"这类没有拼音标注的则把重点放在对字音的猜读上。例如，在学习"壁"和"墙"这两个字的时候，通过听记、联系插图的方法，让学生猜读字音，也通过形声字的特点来猜测字义。在同学们的分享和老师的帮助下，学生进一步提炼猜字的方法，体会猜字识字的乐趣。而"断"字的学习，主要通过联系上下文、做做动作的方法，来体会其在文中的意思。

在讲解"拨"的时候，笔者从配套练习册上"猜猜下列加点字的意思"这道题中受到启发，先让学生借助动作演示"拨水"的意思，并在此基础上通过"小鱼拨水"的动图强化学生对该动作的直观感知，引导学生发现"拨"和上文中"小鱼摇着尾巴，在河里游来游去"的对应关系，让学生体悟"联系上下文猜解字义"的方法。

在学习过程中，笔者始终让学生感受到"学过的字能读，没学过的字也能想办法读"，让他们不再惧怕"生字"这个拦路虎，不再一味依赖拼音这根"拐棍"，才可及早点燃阅读兴趣、扩大阅读视野。

（二）巧用插图，读懂课文

连环画课文中的情境图不仅生动有趣，更是猜读和理解课文内容的最佳"工具"。利用课文情境图，让学生在这一部分的学习中落实前文所学的"猜读"方法，并且在有梯度的说话练习中逐步感知故事大意，这是提高学生"主动性和主体性"的体现，更是激发其学习兴趣的体现。

在整体感知环节中，笔者通过让学生边读课文边思考"课文插图分别对应了哪几个自然段？"，培养他们观察插图、对应文本的能力，同时也帮助他们更好地理解故事。在第1、2自然段学习完以后，笔者又让学生聚焦小壁虎借尾巴的过程，即第3—5自然段，让他们提炼、圈画"小壁虎去了哪里、向谁借尾巴"的关键词。同时在有梯度的说话练习时对应呈现插图画面，在潜移默化中帮助学生强化了文本关键词与插图呈现之间的关联。

（三）创设情境，以情带读

《义务教育语文课程标准（2022年版）》指出"要结合上下文和生活实际了解课文中词句的意思，在阅读中积累词语，借助读物中的图画阅读"。因此在本课的教学中，笔者十分重视读的训练。同时在"以读为主，情感体验"的教学思想引领下，为学生创设多种情境，引导由读通到读懂，再到读出不同的语气，并在读后给予鼓励性的评价，让他们在读中感悟，在读中促进思维的发展。

如在朗读第2自然段小壁虎失去尾巴时难过的内心活动时，笔者通过"老师范读""学生加上表情模仿读""在评价中引导读"等方式引导学生读出小壁虎的伤心、难过、着急的心情。

再如朗读第3自然段小壁虎和小鱼姐姐的对话时，为了让学生从"读正确"到"读出语气"，笔者设计了"指名读、读正确""比较朗读，体会'爬呀爬'的表达作用""理解词语'摇、拨'的含义，读懂小鱼尾巴的作用"，"体会人物形象、读出小壁虎和小鱼不同的语气"四个环节。再利用在线平台classin的功能将学生分组，使得每个学生都能拥有分角色朗读的练习机会。通过"小组展示读"方式，引导学生在琅琅的读书声中收获了情感体验、感受了人物语言的生动。

（四）搭建支架，规范表达

一年级的课文虽然内容浅显，但教师仍应该努力挖掘，注重学生理性思维能力的培养，而"表达"正是培养学生思维、语言能力的重要途径。

如在了解了故事起因之后，笔者为学生提供了课文插图及部分关键词作为表达的支架，让学生看看插图、讲讲第1、2自然段的故事，这不仅锻炼了学生借助插图提取信息的能力，同时也培养了他们借助关键词语连贯、完整表达的能力。

在整体感知中，笔者发现课文第3、4、5这三段内容形式相似，情节反复，因此笔者借助课文的这一特点，在图文对应的基础上，聚焦"小壁虎借尾巴"的过程，让学生一边朗读一边圈画关键词，锻炼他们提取重要信息的能力；同时给予他们一定的表达支架——"小壁虎到（哪里），向（谁）借尾巴。"锻炼孩子的概括、表达能力，帮助学生揣摩文章的写作思路和表达方法，为学生借助图画复述课文和分角色朗读课文打下坚实的基础。同时，笔者并没有满足于单句的表达练习，而是在此基础上增设"连接词"，帮助学生将三个短句合成一个长句，规范表达。

　　语文课堂的教学效果和语文要素的落实质量是息息相关的，这不仅需要教师结合前后教材准确理解要素内容，还需要将其与每篇课文的文本特点结合，通过精心设计，呈现于教学的具体环节中。本文只是简单以《小壁虎借尾巴》单篇课文为例进行了教学设计与实践，而针对不同学段、不同文体的课文，如何将各类语文要素落到实处，还需各位教师同仁们一同思考与探索。

（作者系上海市宝山区第一中心小学教师）

编后记

这几年，因为研究儿童文学、语文教育，也在创意写作和作文教学这一块有一些理论探索和实践经验，于是，得到了一些同仁的肯定和支持。我们上海大学基础教育处的处长李志芳非常信任我，多次和我交流，让我参与附属学校的教学指导。这给我了很大的鼓励，也一下子找到了一个发挥一点特长的机会。

于是，在上海大学基础教育处的肯定和鼓励下，我开始给附属学校做一些语文教学和作文教学的讲座，还在文学院的支持下，共同举办了多场童话教学、诗歌教学的论坛，并直接到上海大学附属小学做系列文体教学的指导。指导由上海大学附属小学周骏青副校长带队的"敏思文体教学"团队，开展了差不多每月一期的定期指导，效果很好。该校朱燕校长给予了大力支持，也受到了家长的好评。

去年冬天，在上海大学基础教育处的处长李志芳、副处长肖青峰的大力支持下，上海大学基础教育处和语文教育研究中心合作举办了"新时代语文教育的新变"的论坛，邀请了上海市多位特级教师和校长参加发言，还有幸邀请了《语文教学通讯》杂志的副社长裴海安做了专题发言。来自上海大学附属学校的三十多位语文教师和来自无锡、嘉善、天津、广州等地的六十多位语文教师也结合自身的教学实践作了主题发言。还有不少语文教师线上参与讨论，论坛激发了附属学校语文教师的教学热情，取得了很好的效果。

会后，我收到了一些参与论坛和旁听论坛的一线教师的论文和教学设计。于是，我向李志芳处长汇报，能否出版一本语文教育教学论文集，没想到她非常支持。我自己也觉得这个论文集一来可以展示上海大学附属学校语文教师的探索与实践，二来可以展示上海大学基础教育处注重抓好附属学校语文教育教学质量的务实精神，三来可以团结全国各地语文教育教学同仁，加强与外界的联系。

  需要特别说明的是，收入这本论文集的34篇论文和教学设计只是论坛的部分作品，它们半数是上海大学附属学校的语文教师的探索之作，有几篇是我特约的，还有几篇是我带领研究生撰写的研究论文。在收集和编辑这本论文集的过程中，肖青峰副处长多有督促，童晓萍老师和我密切协作。还得到了上海松江区语文特级教师谈永康和上海大学附小副校长周骏青的大力协助。在此表示衷心感谢！

  期待这本论文集能给一线语文教师一些理论和方法，相信上海大学附属学校的语文教育教学会更上新台阶！

谭旭东

2023年初秋教师节